国家社科基金项目(编号: 13BGL101)

全球治理非法采伐的
贸易影响及对策研究

QUANQIU ZHILI FEIFA CAIFA DE
MAOYI YINGXINAG JI DUICE YANJIU

◎ 管志杰 ／ 著

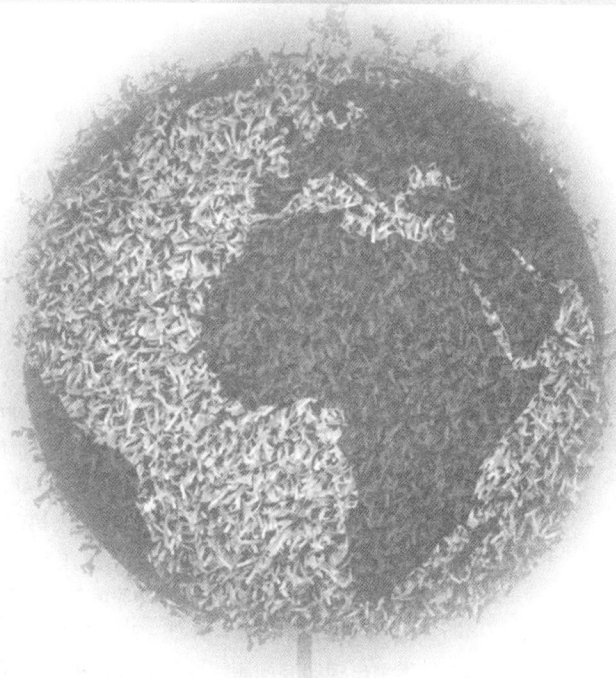

中国财经出版传媒集团
经济科学出版社
Economic Science Press

图书在版编目（CIP）数据

全球治理非法采伐的贸易影响及对策研究／管志杰著.
—北京：经济科学出版社，2016.9
ISBN 978 - 7 - 5141 - 7193 - 8

Ⅰ.①全…　Ⅱ.①管…　Ⅲ.①采伐 - 森林法 - 研究 -
中国②林产品 - 国际贸易 - 研究 - 中国　Ⅳ.①D922.634
②F752.652.4

中国版本图书馆 CIP 数据核字（2016）第 201442 号

责任编辑：凌　敏　程辛宁
责任校对：隗立娜
责任印制：李　鹏

全球治理非法采伐的贸易影响及对策研究

管志杰　著
经济科学出版社出版、发行　新华书店经销
社址：北京市海淀区阜成路甲 28 号　邮编：100142
教材分社电话：010 - 88191343　发行部电话：010 - 88191522
网址：www. esp. com. cn
电子邮件：lingmin@ esp. com. cn
天猫网店：经济科学出版社旗舰店
网址：http://jjkxcbs. tmall. com
北京密兴印刷有限公司印装
710×1000　16 开　14.25 印张　240000 字
2016 年 9 月第 1 版　2016 年 9 月第 1 次印刷
ISBN 978 - 7 - 5141 - 7193 - 8　定价：42.00 元
（图书出现印装问题，本社负责调换。电话：010 - 88191502）
（版权所有　侵权必究　举报电话：010 - 88191586
电子邮箱：dbts@ esp. com. cn）

前　言

　　非法采伐已经成为国际森林问题中一个突出的问题，得到有关国家政府、国际机构、非政府组织的高度重视，发展成为联合国森林论坛的主要议题之一，非法采伐的源头主要是木材贸易。木材主要消费国家纷纷出台政策或制定法律法规对非法采伐进行打击，研究治理非法采伐及其对贸易影响，进而提出进一步的对策显得很重要。研究过程分析了全球林产品贸易的现状，界定了非法采伐的含义、分析了非法采伐的起因、现状和影响，研究了非法采伐的治理进程，治理对国际贸易比较优势和贸易的影响，使用案例分析了治理非法采伐的效果，提出了全球治理非法采伐的政策主张，最后在分析中国林产品贸易现状和治理基础上，提出了中国治理非法采伐的对策。研究过程中主要采用了文献归纳分析和计量经济学的分析方法。研究得出的结论如下：

　　非法采伐是指木材在收获、运输、加工和买卖过程中违背了法律。造成非法采伐形成的因素有经济因素和政治因素，非法采伐主要表现在生产国的生产和消费国的进口，非法采伐直接造成全球森林面积减少，同时在经济层面、社会政治层面、生态环境层面产生影响。目前治理非法采伐主要是一些国家法律法规禁令、政府采购政策、国际进程、国际公约和一些治理非法采伐的双边协议。全球治理非法采伐呈现出一定的积极效果，但治理非法采伐还需要进一步深入。

　　治理非法采伐对林产品国际贸易比较优势产生的影响程度不一，对家具、原木、锯材、人造板、其他木材和林产品总体净出口产生影响是显著的，从影响的流向来看除对其他木材（木炭，木片和碎料）产生的影响是负向的，降低了这些产品的净出口，对其他各类林产品包括林产品总体的影响都是正向的。进一步对解释能力较高的原木和木家具进行分析，验证结果也证明了这一点。

治理非法采伐对贸易的影响。局部均衡理论分析了治理非法采伐贸易效应，市场需求扩大和实施生产补贴的社会福利效应变化，认为治理非法采伐产生了数量限制效应，同时对于贸易大、小国，贸易条件效应也不一样；在市场需求扩大和实施生产补贴情况下，进口国消费者、生产者和政府的收益都发生了变化。一般均衡理论定性分析了治理非法采伐社会福利变大和减少情况，以及在产能扩大下的福利变化状况。非法采伐治理对出口国企业产生了影响，从保护市场角度出发，出口国政府会以产品产生外在的环境效应对生产过程实施补贴，补贴实施与不实施产生的效果截然不一样，而给予补贴数量又与企业的成本有关系，企业成本越低获得的补贴就越多。监督管理过程中监督有效性与被监管企业的经营成本，灰色收入和处罚力度有关。被监管企业的违规率又与监管商监管成本、监管过程额外收入和监管失败给予的处罚有关。治理非法采伐对双边贸易的影响，运用引力模型对中国与主要国家林产品贸易的分析，发现治理非法采伐的措施对中国林产品贸易产生了正面的影响，中国与一些国家签订的打击非法采伐的双边协议对中国林产品的双边贸易产生了负面的影响。

全球治理非法采伐政策建议。以东盟和喀麦隆为案例，对这两个地区和国家非法采伐现状，治理政策和效果进行了分析，结合所有这些，剖析了全球治理非法采伐的框架，指出全球治理非法采伐还要采取进一步的深入措施。国际层面：加强治理非法采伐的多边讨论，为建立更强大的国际制度提供帮助；国际公约或文件要得到很好的贯彻。区域层面：区域合作打击非法采伐应该进一步深入。国家层面：治理还要进一步深入；加强非法采伐数据收集；关注小规模生产；建立跨部门的合作体制。

中国治理非法采伐的政策建议。对中国林产品贸易状况进行分析，结合中国在全球林产品贸易链中的地位，在分析现有措施的基础上，提出中国治理非法采伐，一方面要结合中国绿色和可持续的发展战略，从供应链入手，建立生态供应链，并围绕生态供应链，在国内和国际层面，从生产、加工到消费采取具体措施，建立起良好的监管体系。另一方面要结合创新驱动发展战略，把林产品绿色采购与企业的技术创新结合在一起，构建绿色创新体系，围绕绿色技术创新采取一系列的策略。

管志杰

2016 年 7 月

目　　录

第1章 引 言

1.1 选题的价值和意义

非法采伐已经成为国际森林问题中一个突出的问题，得到有关国家政府、国际机构、非政府组织的高度重视，发展成为联合国森林论坛的主要议题之一，非法采伐的主要源头是木材贸易，非法采伐及其贸易问题已经成为国际森林问题中一个突出的问题。目前全球已经相继形成四个打击非法采伐和贸易的林业部长级进程，世界主要国家纷纷开始制定规章制度或从法制层面对林产品的采购或贸易方面做出规定。中国作为林产品贸易和消费大国，少数国家和非政府组织认为，中国的大量进口是导致非法采伐的主要原因之一，这使中国在全球打击非法采伐活动中备受关注。

1.1.1 理论价值

（1）把全球治理非法采伐措施与比较优势和引力模型等传统国际贸易理论相结合，突出全球治理措施对比较优势影响和双边贸易的影响。

（2）采用多种方法揭示相关政策措施效应、对林产品贸易的影响，从而补充或完善现有研究。

1.1.2 实践价值

（1）中国林产品贸易快速发展，中国已成为世界林产品生产和贸易大国，在全球治理非法采伐的背景下，中国作为一个负责任的大国，理应承担起相应的责任。

（2）中国目前强调建设生态文明社会，森林在生态文明社会建设过程中发挥着重要作用，有效制止非法采伐，对中国建设生态文明社会有很大的促进作用。

（3）全面、系统地探讨全球治理非法采伐的政策措施，揭示相关政策措施对贸易的影响，基于新视角提出具有前瞻性、全面性和科学性的政策建议和制度建设取向，为相关部门决策提供参考。

1.2　研究现状述评

1.2.1　国外研究现状述评

目前国内外学者关于治理非法采伐研究可概括为以下几个方面：一是关于非法采伐的定义；二是关于非法采伐的危害；三是非法采伐的治理；四是非法采伐治理的影响。

关于非法采伐的形式。英国皇家国际事务研究所（Chatham House）、世界自然基金会（WWF）、国际热带木材组织（ITTO）、欧盟《木材法规》、美国《雷斯法案修订案》、澳大利亚《非法采伐禁令》和资源提取监控组织（REM）都对非法采伐进行了定义，这些定义总体上都认为非法采伐主要指木材的砍伐、运输和贸易环节违反了相关法律，这些相关法律包括国内法律和一些国际公约，但是没有具体的国际定义，因为是否违法取决于各个国家的法律（Seneca Creek[1]，2004）。一些学者在研究过程中，对非法采伐也做了定义，这些定义总体上与国际组织或法律法规规定的定义是一致的。如Bisschop[2]（2012）认为非法采伐呈现很多形式，包括使用腐败方法获得森林采伐权，没有获得采伐权进行采伐或从受保护的区域进行砍伐，或砍伐珍贵树种，或采伐超过规定的界限。Nemeth 等[3]（2012）认为非法采伐包括在公共和私有林盗窃木材，采购范围超越了合法的份额，砍伐稀有品种或在受保护林地砍伐，采购的许可证是合乎规定的，采伐过程中不道德的行为，为获得个人利益蓄意森林火灾，非法运输，贸易，木材走私。Rhodes 等[4]（2005）认为非法采分成两个阶段：第一阶段是采伐者，工厂主和运输者在采伐、生产加工和运输过程中违背了起源国的法律；第二阶段是砍伐过程是获得允许，合法的，但是砍伐权限获得是通过受贿或腐败获得的。Brack 和Hayman[5]（2001）认为非法采伐是木材在收获、运输和买卖过程中违背国家的法律制度。Callister[6]（1999）较为详细的指出在森林区域的非法状况包括非法采伐、木材走私和逃漏税三个方面。

关于非法采伐的危害。Reboredo[7]（2013）认为非法采伐损害了当地居民的人权，导致土壤退化，损坏了生物多样性，提高了二氧化碳排放和气候变暖。Moiseyev 等[8]（2010）、Tacconi[9]（2007）、Bala 等[10]（2007）和 Kinnaird 等[11]（2003）认为非法采伐及其相关的贸易问题对实现森林可持续经营管理产生了重大障碍，它严重破坏森林资源，森林生物多样性和其他环境服务。Gutierrez-Velez 和 MacDicken[12]（2008）认为非法采伐严重减少了国家的财政收入，增加了失业，降低了采伐效率，对经济、社会和环境产生了影响。Aubad 等[13]（2008）等通过对安第斯森林残余物的景观结构及树种丰富度变化，认为非法采伐是珍贵树种减少的主要因素。Tacconi[9]（2007）和 Smith 等[14]（2003）认为非法采伐引起或支持其他不良后果：腐败，洗"黑"钱，犯罪等，这些非法行为的增长，降低了合法经营者激励遵循法治的积极性。非法采伐并不会给采伐者带来很大收益，Kishor 和 Da-mania[15]（2007）认为非法采伐者所获得的利润很低，仅有 2% 的产品利润，其余的收益都归经纪人、买者、生产商和出口商。Magallona[16]（2004）认为非法采伐破坏了森林的保护功能，形成了泥石流滑坡和暴雨过后的洪灾。

　　关于非法采伐的治理。Obidzinski 等[17]（2014）分析了自愿伙伴关系和合法性认证系统实施在印度尼西亚面临的挑战，他们研究认为自愿伙伴关系和合法性认证系统对于印度尼西亚大企业实施具有可行性，但是对于小型企业由于成本和未来收益的不确定性实施有难度，而通过加强小型企业主对合法性认证系统的认知，给予财政支持，增加小型企业认证的能力建设，未来这种状况会取得改善。Overdeves 和 Zeitlin[18]（2014）分析了欧盟的《森林执法、治理和贸易行动计划》（EU FLEGT）实施状况，他们认为 EU FLEGT 运动的 VPA 导致签约国森林治理显著改善，通过 VPA 谈判，大大提高了民间团体的组织能力，参与森林管理的过程，引发这些国家的法律改革，但是在这些国家实施面临的难度是由于木材跟踪系统的技术要求较高，更重要的是将揭露发展中国家的行贿和受贿的腐败系统，要求这些国家现有体制进行改革。Springate 等[19]（2014）分析了缅甸林产品贸易状况，在缅甸推动的 FLEGT 运动进程面临的机遇与挑战，他们认为缅甸要在林权制度、木材生产、军事管理、打击非法采伐规则、人民参与法律制定等方面进行改革，才能确保 FLEGT 运动进程在缅甸实施。Tegegne 等[20]（2014）研究分析 VPA 实施框架指标，他们提出了 46 个指标评价 VPA 实施的影响。Jong 等[21]

（2014）分析了玻利维亚北部木材合法性供应链情况。他们认为一些新的参与者在木材供应链中脱离了合法性供应链的约束，却在交易中受益。除非新的森林法规中能充分地意识到这种新的状态，否则这些木材价值链的生产和贸易将继续运行。Kishor[22]（2012）认为热带地区木材的非法采伐主要依靠国内和国际市场，减少非法采伐的有效方法是在生产国和消费国不同的政府部门都要对非法采伐进行有效的监控。Simula[23]（2006）研究分析了林产品公共采购政策及其影响，Watson[24]（2006）和 Garforth[25]（2004）建议了禁止非法采购的方法，White 和 Sarshar[26]（2006）明确了合法采购源。

关于非法采治理的影响。Prestemon[27]（2015）分析了美国《雷斯法案修订案》对美国木材和胶合板的进口的影响。通过对《雷斯法案修订案》的量化效果进行研究，发现数量效应是负面的，而且比价格效应要大得多。模型显示，从秘鲁、巴西、印度尼西亚、马来西亚、玻利维亚等地区进口的木材价格有两位数的上涨和进口量呈现两位数的减少。从巴西、印度尼西亚和马来西亚进口的胶合板同进口价格和数量呈现同样的变化，但变化数量较小，而且统计结果也不显著。Bosello 等[28]（2013）使用 CES 模型评估了欧盟非法采伐禁令实施后全球木材市场需求的分配和进口状况，研究结果认为欧盟禁令把全球市场的非法木材消除了，但是一些非法采伐的次生品在一些非法采伐国家产生了，这些次生品伴随在出口过程中，减少了欧盟禁令的作用。Li 等[29]（2008）等认为非法采伐木材的不断减少，将会被合法木材替代，因此世界木材供给量会减少，木材市场世界价格将会提高，木材加工品的价格将会提高，这个对非法采伐严重的国家、对木材加工国和消费国都会产生不同程度的影响。Turner 等[30]（2008）认为打击非法采伐对一些非法采伐国家的森林可持续经营、生态环境产生积极的作用，他们同时认为一旦没有非法采伐木质产品的价格和生产都会大量增加，因此减少非法采伐具有经济刺激作用。Putz 等[31]（2008）分析了采伐减少的影响：机会与挑战，提出了减少非法采伐后面临的各种状况。

1.2.2 国内研究现状述评

从对非法采伐研究的现状来看，国内这几年对非法采伐的研究大大增加。国内的研究主要表现在非法采伐定义，非法采伐治理，治理非法采伐的贸易影响等方面。

对非法采伐定义也进行了研究。刘金龙和龙贺兴等[32]（2014）认为至今为止非法采伐没有确切的定义，一定程度上成为国与国之间政治化操作的议题。陈积敏[33]（2013）系统梳理国内外学者和组织对木材非法采伐概念的界定，对非法采伐概念的界定进行实质性探讨，他认为非法采伐概念探讨的实质是森林资源与利益的博弈。因为概念节点范围的不同，直接影响到原产国，加工国和消费国。从统计数据来看，目前木材消费的主要国家是在欧美等发达国家，这些国家的木材消费量占到全球木材消费量的50%以上。姜凤萍和陆文明等[34]（2013）区分了非法采伐狭义和广义的概念。付健全[35]（2010）、胡杨[36]（2010）认为非法采伐指的是木材的采伐、加工、流通的每一个环节均为不合法，包括违反国际公约的行为。王清军[37]（2010）认为违反森林采伐管理制度的采伐行为均为非法采伐行为，如超额采伐、滥砍盗伐等行为。孙久灵和陆文明[38]（2009）认为非法贸易是与非法采伐相关的，非法贸易包括从生产国的林场直接进口；使用伪造的生产国的文件；从第三方进口非法采伐的产品。程宝栋和宋维明[39]（2008）认为非法采伐认定在面对不同国家的不同情况时，其标准仍然缺乏科学性与认同性，因此具有模糊性。

在非法采伐治理方面。李剑泉和陈绍志等[40][41]（2014）就中国应对木材非法采伐相关贸易法规的对策建议。陈积敏和钱静[42]（2014）认为打击非法采伐要从法律规则、执法主体、执法程序和执法监管这4个维度。刘金龙和龙贺兴等[32]（2014）分析了非法采伐语境下相关方的行动及其策略，并结合中国实际情况，提出了中国的策略。陈洁和徐斌等[43]（2014）提出了中国木材合法性认定体系路径。陈积敏和杨红强[44]（2014）对非法采伐的影响因素和形成机理进行分析，为打击非法采伐行为提供了法理依据。陈绍志和李剑泉等[45][46][47][48][49]（2013）分析了中国应对非法采伐的法规、制度、政策和行动。姜凤萍[50]（2013）介绍欧盟、美国等国家打击非法采伐的措施和相关立法，为中国制定相关林业政策提供借鉴。莱拉[51]（2013）分析了马来西亚1987～2010年期间的非法采伐案件数的趋势，并评估了实施的打击非法采伐策略的有效性。缪东玲[52]（2011）分析了木材非法采伐及其贸易全球治理的进展、成效和局限性，探讨木材及木材制品国际贸易特殊性，分析了全球治理的前景。孙久灵和陆文明等[53]（2010）阐述了国际上针对非法采伐问题争论的主要进程，认为非法采伐问题是一次森林资源利用的再分配过程。李桂梅和孙久灵等[54]（2009）提出解决非法采伐的原则与对策。孙久灵和陆文明[38]（2009）探讨了非法采伐的定义、现状，从生产国与市场的角度分析了非法采伐产生的原因与影响，提出了解决措施。程宝栋和宋维明[39]（2008）给出中国应对非法采伐策略。李剑泉和陆文明等[55]（2007）提出推进国际森林公约、参与跨国联合行动、提高木材供给国执法能力、加强消费国木材监管体系建设、重视非政府组织意见、加强行业信用评价、积极开展森林认证和引导消费者的态度等加强森林执法管理与控制木材非法贸易的对策建议。

治理非法采伐对贸易的影响方面。缪东玲和田禾等[56]（2014）分析了合法性认证对中国木质林产品贸易的影响。黄冬辉和校建民等[57]（2014）分析了木材合法性在中国面临的挑战。田禾和陈勇等[58]（2014）分析了APEC框架下我国开展打击非法采伐及相关贸易工作面临的机遇和挑战。曾伟和曾寅初等[59]（2014）分析欧盟《木材法规》出台原因与本质属性，认为其降低了非法采伐，本质是贸易技术壁垒。董加云和刘金龙等[60]（2014）认为企业一方面认可欧盟《木材法规》打击非法采伐的作用，另一方面认为其是一项新的贸易壁垒，法案的实施会增加企业出口成本，降低企业市场竞争力和市场份额。徐斌和李岩等[61]（2014）提出了中国林产品出口企业应对欧盟《木材法规》策略。程宝栋和翟瑞一[62]（2013）阐述欧盟、美国、澳大利亚等主要木材消费国应对非法采伐与相关贸易的行动、印度尼西亚、马来西亚主要木材生产国应对非法采伐与相关贸易的行动，在此基础上提出对中国发展木材加工贸易的启示。韩沐洵和田明华等[63]（2013）分析了中国木质林产品贸易与国际非法采伐相关性。

此外针对非法采伐的法律定性方面，国内也有学者做出了研究。缪东玲和程宝栋[64]（2014）研究了打击木材非法采伐及其相关贸易的立法现状，他们认为现有的立法已经覆盖了进口和国产木材，目的是迫使木材的生产、进口、加工和消费部门履行尽职调查义务，针对合法性要求和尽职调查，私人部门也开始认真对待。冯锦华[65]（2012）通过一起发生在林改后的非法采伐林木案件分析，说明非法采伐认罪的定性。资建勋和王一兵[66]（2011）揭示非法采伐、毁坏国家重点保护植物罪中的存在的问题，提出完善资源保护的相关法律法规及司法解释。蒋兰香[67]（2010）以具体案例分析来说明非法采伐、毁坏国家重点保护植物罪的概念及构成特征。

从国内外学者目前的研究成果看，主要在环境保护与林产品贸易之间的关系，治理非法采伐措施影响及我国的主要政策措施等方面。分析方法为投入和产出分析，局部均衡和一般均衡分析，以及一些新制度经济学分析方法等。研究内容以定性描述为主，全球治理措施对林产品贸易影响：贸易流量走向和贸易模式变化等方面研究显得不足，而目前呈现出量化研究的趋势。林产品很大一部分作为资源型产品，把全球治理非法采伐的政策措施与要素禀赋理论、比较优势理论相结合，对政策措施进行分析，从而提出相关对策可以有效弥补研究领域的不足。

1.3 研究内容与基本观点

1.3.1 研究内容

（1）分析林产品贸易及非法采伐的现状。本部分将从全球和国别（含中国）两个层面主要对以下三个方面的内容展开分析：第一，全球林产品贸易现状、林产品的主要贸易流向和贸易模式与贸易地理方向状况；第二，可持续发展背景下全球治理非法采伐的现状，包括非法采伐含义、非法采伐的起因、非法采伐的现状：生产国和消费国案例数据、非法采伐的影响；第三，可持续发展背景下全球治理非法采伐的现状，治理非法采伐的进程、主要国家的政策法规，国际协定或国际公约，非法采伐治理效果评价。

（2）分析全球治理非法采伐对国际贸易比较优势和国际贸易的影响。本部分主要涉及三个方面的内容：第一，林产品国际贸易比较优势：技术差距论、资源要素禀赋差距，林产品国际贸易比较优势指数。第二，用局部均衡和一般均衡分析治理非法采伐对社会福利的影响，涉及数量限制、贸易条件和市场需求变化的影响。第三，非法采伐治理下的博弈分析：出口补贴政策博弈；运营商和供应商之间的博弈。

（3）实证研究全球治理非法采伐对国际贸易模式的影响。本部分基于全球与国别层面的相关数据，运用多种计量分析方法，实证研究政策措施对贸易流向和比较优势的影响。具体研究内容包括：第一，构建实证模型与选择实证方法。构建对比较优势影响的实证模型和对现有的引力模型进行改进。第二，选择样本。分别对 HOV 模型和引力模型选取数据样本。第三，实证检验与分析。运用计量软件得出实证结果，全球治理非法采伐政策措施对比较优势的影响和对贸易流量的影响。第四，通过构建预测模型。基于相关数据，运用计量方法对政策措施影响贸易流向和比较优势的未来趋势进行预测和推理。

（4）全球治理非法采伐具体措施的政策建议。本部分将以东盟和喀麦隆在全球可持续发展背景下发展林产品进出口，治理非法采伐的措施为例，运用案例研究法进行研究。本部分的内容包括：第一，评析东盟和喀麦隆近几年林产品进出口状况和治理非法采伐的政策措施，分析评价东盟和喀麦隆所采取的政策措施效果。第二，结合前述研究背景和案例，分析全球治理非法采伐的框架。第三，从全球治理非法采伐的框架提出全球治理非法采伐的政策建议。

（5）中国政府主要的政策措施。首先分析中国林产品贸易现状：进出口现状；进出口地理方向。其次分析中国治理非法采伐的政策措施，并对治理效果进行评估。最后结合前文的现状研究、理论分析、实证研究和案例研究的结果进行归纳总结，紧密联系中国当前发展战略，分别从可持续发展和创新驱动两个角度构建生态供应链和绿色技术创新体制的政策体系。政策体系包括了国际层面和国别层面，政府层面和企业层面两个方面。

1.3.2　基本观点

（1）非法采伐客观存在，主要受贸易利益的驱动，全球治理非法采伐措施包括采购政策、政府间打击非法采伐的相关协议及行动计划、政府的行政法规，世界主要国家都开始采取具体措施治理非法采伐。

（2）全球治理非法采伐的本质是全球对生态环境的保护，具体治理措施通过成本变化对比较优势产生影响，同时影响了贸易的经济效应，具有关税壁垒相似的作用，但结合外部效应看，其对社会产生的社会福利效应不一定减少，要综合考虑。

（3）全球治理非法采伐措施对贸易模式影响来看，对比较优势不会产生冲击，反而会进一步推动比较优势的形成。对贸易流向影响来看，从长远看，治理非法采伐促进了国际贸易的发展。

（4）东盟和喀麦隆在治理非法采伐方面取得一定的效果，但效果还是不明显。全球治理非法采伐已经形成了框架，非法采伐现象得到了改善，但全球深度治理非法采伐还需要在国际层面、区域层面和国别层面进一步深入。

（5）中国已经成为林产品的贸易大国和消费大国，中国在全球林产品贸易链中处于加工国的地位。中国已经在法律法规、采购政策、监管体系等方面采取了一系列政策治理非法采伐。中国治理非法采伐取得了一些效果，但是与中国林产品贸易大国不适应，结合中国可持续发展战略和创新驱动战略，中国应该构建生态供应链和绿色技术创新体系，并围绕这两方面采取具体的对策。

1.4 研究思路、方法与创新

1.4.1 研究思路

从理论和实践两个角度进行分析。理论分析从非法采伐理论机制入手，评析非法采伐的含义、起因、影响、治理非法采伐的政策措施，全球治理措施对国际贸易比较优势和贸易的影响。实践角度，从分析全球治理非法采伐现状入手，用计量方法实证分析全球治理非法采伐政策措施对比较优势和贸易流向的影响，用案例分析世界主要国家治理非法采伐具体措施。最后，结合理论和实践分析，对现有的研究结果进行归纳总结，得出具有普遍意义的总体结论。

主要分析思路，如图 1-1 所示。

1.4.2 研究方法

（1）文献查阅与归纳法。运用此方法，全面收集、整理、分析非法采伐内涵定义、相关数据、资料和文献，为研究提供参考资料、数据和理论参考。

（2）实证检验分析方法。采用实证检验方法分析全球治理非法采伐对国际贸易模式的影响。根据 Leamer 采用的 HOV 模型检验国际比较优势，结合 Tobey 引入环境变量的影响，实证研究政策措施对比较优势是否会产生影响。具体 $N_{it} = C_{i0} + b_{i1} V_{1t} + b_{i2} V_{2t} + L + \cdots + b_{i11} V_6 t + \mu_{it}$。对现有的引力模型进行改进，在原有的基础上，增加治理非法采伐政策工具数量变量，实证研究对贸易流量影响。$\ln T_{ij} = \alpha_0 + \alpha_1 \ln(GDP_i \times GDP) + \alpha_2 \ln(POP_i \times POP_j) + \alpha_3 \ln D_{ij} + \alpha_4 \ln E_{ij} + \alpha_5 \ln N_{ij} + \mu_{ij}$，分别对 HOV 模型和引力模型，选取样本数

现状分析

全球林产品贸易现状
- 林产品界定、贸易统计口径
- 贸易状况：流量与模式

治理非法采伐现状
- 非法采伐含义、起因、现状
- 非法采伐影响、治理措施

理论分析

政策效应
- 国际贸易比较优势影响：机制因素
- 贸易的影响：社会福利；政策博弈

实证分析

模型构建与方法选择

样本选择

主要政策措施对比较优势的影响：基于HOV模型的实证研究

主要政策措施对国际贸易的影响：基于引力模型的实证研究

预测

政策分析

案例选择

东盟案例

喀麦隆案例

案例总结、治理现状

全球治理框架

全球治理政策建议

中国对策

中国林产品贸易现状

现有治理政策分析评价

政策体系的建议

背景与现状

视角：可持续发展和创新驱动
政策体系：生态供应链；绿色技术创新

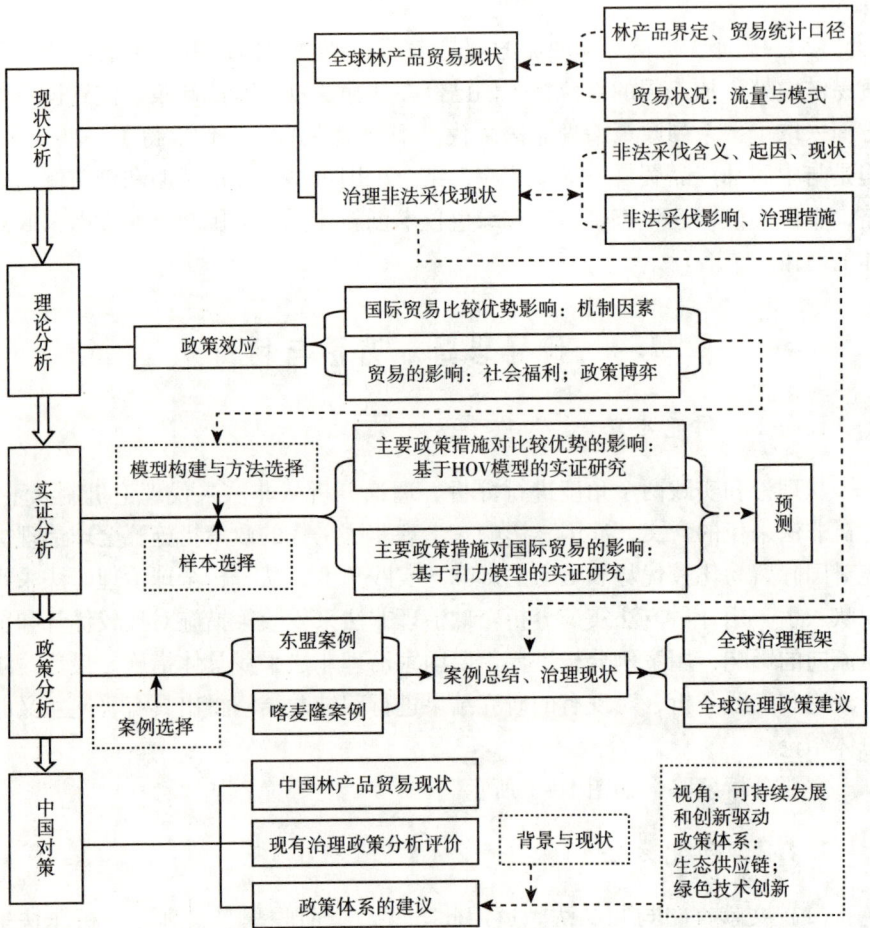

图 1-1 技术路线

据，运用计量软件得出全球治理非法采伐对比较优势和贸易流量影响的实证结果。

（3）采用局部均衡和一般均衡方法分析全球治理非法采伐措施的贸易经济效应。局部均衡理论分析了治理非法采伐贸易效应，市场需求扩大和实施生产补贴的社会福利效应变化。一般均衡理论定性分析了治理非法采伐社会福利变大和减少情况，以及在产能扩大下的福利变化状况。

（4）案例分析法。以东盟和喀麦隆为例，评析世界主要国家治理非法采伐的具体措施，提出全球治理非法采伐的对策。

1.4.3　创新

视野创新：本书从全球治理非法采伐这一新领域入手，结合中国强调建设生态文明社会的要求，对全球非法采伐及其治理措施进行深入分析，同时结合要素禀赋，比较优势和引力模型等传统国际贸易理论进行分析，提出的政策措施。

方法创新：结合比较优势理论，分析全球治理非法采伐的措施对资源性产品影响的机制和路径，对原有的 HOV 和引力模型进行修订，构建新的 HOV 模型和引力模型，并进行实证研究。

对现实的作用：中国作为林产品贸易和消费大国，在全球治理非法采伐的活动中备受关注。选取全球治理非法采伐的贸易影响及对策研究为题，通过深入分析，提出治理非法采伐全球和中国层面应该采取的对策措施，对现实有很大的促进作用。

第2章 全球林产品贸易现状

随着全球经济的快速发展，特别是 2011 年以来，全球经济的复苏，对林产品的消费需求进一步增加，林产品贸易量进一步增加。分析全球林产品贸易现状，为以后的研究打下基础是这一章的主要目的。本章首先对本书研究的林产品概念进行界定，然后分析全球林产品贸易现状，林产品贸易的主要国家，各类林产品的贸易情况，林产品产业内贸易和区域贸易。

2.1 林产品界定

2.1.1 林产品界定

关于林产品的定义很多，《中国林业统计年鉴》联合国《国际贸易标准分类》（SITC）、联合国粮农组织（FAO）分别对林产品进行了定义，《中国林业统计年鉴》把林产品分为木质林产品和非木质林产品，SITC 和 FAO 把林产品分为原木、木炭、木片、碎料和剩余物、锯材、人造板、木浆和回收纸、纸和纸板。由于非法采伐研究主要涉及国际层面，SITC 和 FAO 的分类标准为国际社会所接受，但 FAO 数据统计"中国"标准包括了中国台湾，这一定程度上夸大了中国贸易（刘艺卓[68]，2007）。结合上述情况，为与国际接轨，本书主要采用 SITC 的分类标准，结合非法采伐治理对木质家具也会产生影响，研究过程中也考虑了木质家具。

在具体研究过程中，根据 1982 年 FAO 出版的《林产品的分类和定义》，将属性相近的林产品划归一类，加上木质家具，合计 7 大类林产品：原木、其他原材、锯材，人造板、木浆和回收纸、纸和纸板、木质家具。原木包括工业用原木和木制燃料；其他原材包括：木炭、木片、碎料和剩余物；锯材包括针叶锯材和非针叶锯材；人造板包括单扳、胶合板、碎料板和纤维板；木浆和回收纸包括机械木浆、半化学木浆、化学木浆、溶解木浆、其他纤维浆和回收纸；纸和纸板包括新闻纸、印刷纸、书写纸、其他纸张和纸板，木质家具包括办公室用木家具、厨房用木家具、卧室用木家具、其他木家具。本书后续研究过程中所指的林产品主要是指这 7 类产品，简指原木、其他木材、锯材、人造板、木浆、纸张、家具。

2.1.2　林产品贸易统计口径

林产品贸易研究中还存在不同的统计口径，主要是 SITC 和世界海关组织《商品名称及编码协调制度》（HS）两种口径衔接的问题。SITC 中林产品分类具体到五位目的产品，HS 中林产品的分类具体到六位目的产品，这种不同的林产品分类方式下，林产品贸易数据统计口径不同。从目前研究看，HS 统计方式比 SITC 对各类产品的分类更为详细，因此本书采用了 HS 统计口径。为了更清晰的说明问题，以 HS 产品范围为基准，将 SITC 口径下的林产品内容对应到 HS 口径下（见表 2 - 1）。本书研究过程中所采用的林产品贸易数据如果没有特别注明数据来源的，都来自世界贸易中心的数据库，或者是对数据库中贸易数据整理计算的结果。

表 2 -1　　　　　　　　　　林产品分类

林产品分类	HS 编码	SITC 编码
工业原木	4403	247
锯材	4407	248. 2 248. 4
其他原材	4401、4402	245. 01 245. 02
人造板	4408、4410、4411 4412	634. 1 634. 22 634. 23 634. 3 634. 4634. 5
木浆和回收纸	4701 4702 4703 4704 4705 4706 4707	251. 2 251. 3 251. 4 251. 5 251. 6 251. 91 251. 92 251. 1
纸和纸板	4801/02/03/04/05/06/08/09/10/12/13	641. 1/2/3/4/5/61/62/64/69/71/72
木质家具	940330、940340、940350、940360	

2.2　世界林产品贸易状况

随着全球经济的发展，对林产品的消费量猛增，2001 年以来，世界林产品贸易额波动变化平稳，总体呈上升趋势。以分类统计的林产品为标准，2013 年全球林产品贸易总额达到 3100 亿美元，2001～2013 年，世界林产品贸易额年均增长率 7.4%。从各类林产品贸易额来看，纸张的贸易额最大，2013 年贸易额达到 1173.36 亿美元，占世界林产品贸易总额的 37.73%；其次是木浆、家具、锯材、人造板，2013 年贸易额达到 511.68 亿美元、418 亿美元、366.33 亿美元和 343.08 亿美元，分别占世界林产品贸易总额的 16.45%、13.44%、16.78% 和 11.03%，原木和其他木木材的贸易额较小，只有 198.19 亿美元和 99.59 亿美元，占世界林产品贸易总额的 6.37% 和 3.2%。图 2－1 展示了各类林产品贸易额百分比。

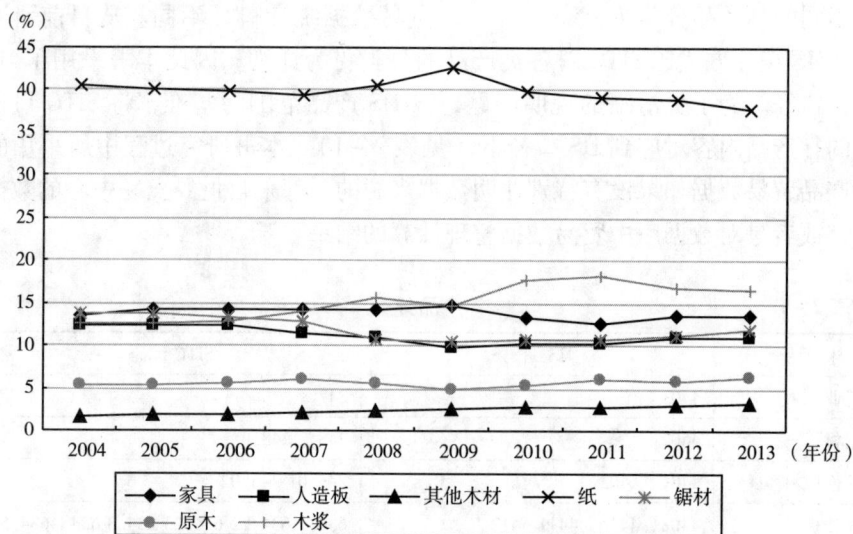

图 2－1　2004～2013 各类林产品贸易额百分比

资料来源：国际贸易中心贸易统计。

2001 年以来，由于对林产品需求较大，导致各类林产品的贸易额均有不同幅度的增长。除纸张、锯材、家具的年均增长率略低于林产品总体年均增长率，其他各类林产品的年均增长率都高于林产品总体增长率。如图 2－2 所示，各类林产品除 2008 年、2009 年由于金融危机和 2012 年欧债危机影响，呈现负增长外，其他年份增长都较快。纸张和木浆由于贸易额数量较大，增加的比例不高，其他木材贸易额数量少，显示的增长比例较高。令人感兴趣的是原木和锯材的比例增长较高，这与全球经济发展对木材需求的大量增加有关，家具和人造板的年增长比例几乎与林产品总体增长比例持平，这说明全球对加工制成品的需求保持平稳。

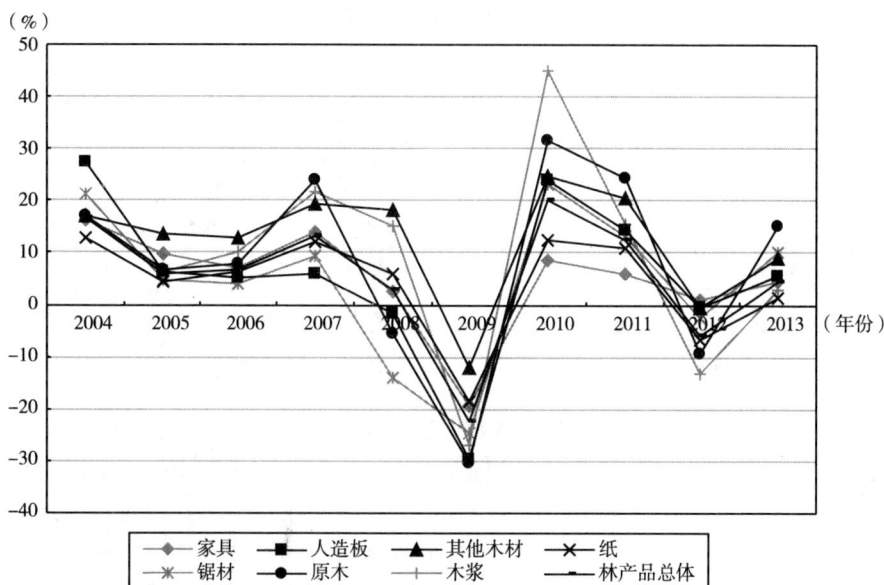

图 2 - 2　2004 ~ 2013 各类林产品贸易增长率

资料来源：国际贸易中心贸易统计。

2.2.1　林产品贸易主要国家

全球林产品主要出口国家有加拿大、德国、美国、瑞典、中国等国家，进口国家主要有美国、中国、德国、英国、日本等国家，表 2 - 2 和表 2.3 列出全球出口和进口排在前 10 位的国家，这些国家的林产品进出口总值占到全球进出总值的 55% 以上。进出口排前 10 位的国家中，除中国为发展中国家外，其他都为发达国家。发达国家经济的高速发展催生了对木材成品的大量需求，高速发展的林产工业又促使出口大量半成品和木质原材料产品。

表 2 - 2　　　　主要国家林产品出口状况（前 10 位国家）　　　　单位：亿美元

国家	2004 年	2005 年	2006 年	2007 年	2008 年	2009 年	2010 年	2011 年	2012 年	2013 年
美国	173.80	188.04	204.20	231.54	249.43	209.70	261.59	290.84	280.85	289.95
德国	196.80	223.46	249.44	290.56	302.22	241.98	263.76	291.92	260.71	264.25

续表

国家	2004 年	2005 年	2006 年	2007 年	2008 年	2009 年	2010 年	2011 年	2012 年	2013 年
中国	63.57	88.01	121.52	151.22	153.26	147.21	195.35	230.39	245.72	261.96
加拿大	318.69	319.39	309.24	286.70	258.70	182.16	226.48	241.51	232.55	256.17
瑞典	138.51	141.20	153.62	176.40	184.16	150.48	167.88	183.18	168.33	170.04
芬兰	139.61	124.52	147.00	163.13	157.33	113.45	134.31	146.03	132.60	141.48
俄罗斯	63.10	76.33	87.20	112.08	104.68	76.32	84.94	98.08	95.41	100.83
意大利	73.20	74.93	82.14	99.41	104.84	79.23	87.26	96.54	90.98	95.51
法国	87.12	88.64	93.30	105.85	108.61	85.31	90.02	99.91	86.09	85.88
奥地利	66.61	65.16	71.80	88.51	90.01	70.04	74.67	82.68	74.38	76.43

资料来源：国际贸易中心贸易统计。

表 2 - 3　　　　　　　　　主要国家林产品进口状况（前 10 位国家）　　　单位：亿美元

国家	2004 年	2005 年	2006 年	2007 年	2008 年	2009 年	2010 年	2011 年	2012 年	2013 年
中国	143.08	154.02	169.27	210.72	238.62	210.69	291.16	388.85	360.30	395.96
美国	442.75	468.40	466.52	420.82	372.69	269.29	313.29	313.74	321.58	349.77
德国	172.04	182.70	201.54	225.36	236.16	188.96	221.64	252.49	221.67	229.05
日本	141.47	133.11	141.98	140.45	139.69	114.65	135.67	159.59	152.82	147.99
英国	147.62	144.41	153.09	171.22	162.49	115.37	143.20	142.52	125.29	132.51
法国	113.93	116.13	121.69	147.77	154.54	122.03	131.55	139.09	121.58	119.45
意大利	102.26	105.56	115.28	133.54	129.44	97.44	118.37	126.29	104.80	110.49
比利时	63.25	64.67	70.99	87.70	89.25	70.81	75.09	82.06	75.16	81.95
荷兰	66.04	68.03	73.26	86.93	93.13	69.16	74.05	93.87	80.06	81.95
西班牙	67.00	68.51	72.11	87.39	80.46	56.25	59.22	64.20	53.07	55.39

资料来源：国际贸易中心贸易统计。

　　美国、德国、中国、法国和意大利既是林产品的出口大国，也是林产品的进口大国。中国作为林产品进出口的大国，这与中国经济快速发展对木材的大量需求有关，中国一方面大量进口原木、锯材、木浆等大量原材料成品，另一方面又大量出口家具、人造板等加工制成品。美国是林产品进口和出口大国，主要进口家具、人造板、木浆、锯材、纸张等产品，主要出口原木、锯材、木浆、家具、人造板、纸张和其他木材。德国与美国相比是各类林产品的进出口大国，所有各类产品的出口量很大，进口量也很大。法国主要进口锯材、木浆、纸张、人造板和家具，出口纸张和人造板。意大利主要进口原木、锯材、木浆、纸张、人造板和其他木材，出口家具和纸张。其他主要出口国家，加拿大出口原木、锯材和木浆；瑞典出口木浆和纸张；芬兰出口锯材、木浆和纸张；俄罗斯主要出口原木、锯材、人造板和其他木材；奥地利主要出口锯材、纸张和人造板。其他主要进口国家，日本主要进口原木、锯材、木浆、人造板、家具和其他木材；英国主要进口锯材、纸张、人造板、家具、其他木材；比利时主要进口锯材、纸张、家具和其他木材；荷兰主要进口锯材、纸张、人造板和家具。西班牙则主要进口纸张。

2.2.2　各类林产品贸易

2.2.2.1　原木

由于数据统计的关系，缅甸、巴布亚新几内亚与所罗门群岛在 2011 年之前的出口数据没有，但是从统计的 2011 ~ 2013 年的数据来看，这几个国家出口的原木数据都很大，2013 年出口的原木分别排到第 4 位、第 6 位和第 9 位。美国、新西兰、加拿大和欧盟国家捷克、德国等一系列发达国家是原木的出口大国，这些国家人工林很发达，原木的产量大，是原木的出口大国。俄罗斯、缅甸、巴布亚新几内亚、马来西亚、所罗门群岛森林资源相对丰富，这些国家森林资源面积占到国家总面积比例较大，例如，俄罗斯占到62%、缅甸48%、巴布亚新几内亚63%、马来西亚62%、所罗门群岛79%。从原木进口的主要国家来看，中国、印度、日本、奥地利、韩国等国家是原木的主要进口国，这与这些国家在全球木质产品生产链中的地位有关，例如，中国是木材加工国，进口原材料加工成成品后出口，其他几个国家日本、韩国、印度、瑞典、奥地利、芬兰、意大利和加拿大等国家主要是木材的消费国家，以消费制成品为主，进口部分原木产品主要用于生产制成品，这些制成品用于国内消费或部分用于出口。也有些国家在进口的同时，出口部分原木到国外市场，如加拿大和德国，这主要是一些品种木材国内没有，需要进口，而一些品种木材国内显得过剩，国外又有需求产生出口，具体见表 2 - 4。从增长的状况来看，出口方面除俄罗斯和德国总体出口增长呈现减少趋势，其他国家都呈现增长趋势。进口方面，中国、印度、奥地利、韩国、德国、瑞典总体呈增长趋势，其他国家都呈减少趋势。值得注意的是并不是所有森林资源大国都是原木的出口国，相反很多森林资源丰富的国家是

原木的进口国,这一方面与各个国家对原木的进出口政策有关,例如,有的
国家限制原木出口,鼓励原木进口,发展加工制成品。有的国家从外汇增长
角度出发,为获得外汇,鼓励原木出口。另一方面与国内基础工业发展有
关,一些国家原木加工业发达,对进口的原木可以加工成品或半成品再出口
或用于国内消费,而一些国家木材加工基础落后,经济不发达,砍伐木材,
原料出口是主要外汇来源,因而原木出口较多。

表 2 - 4 　　　　　**2004～2013 年原木进出口状况(前 10 位国家)** 　　单位:亿美元

类别	国家	2004年	2005年	2006年	2007年	2008年	2009年	2010年	2011年	2012年	2013年
出口	美国	15.05	15.08	15.18	17.60	17.44	13.90	18.74	22.53	19.97	24.44
	新西兰	3.10	3.12	3.65	4.49	5.07	5.99	9.62	13.09	12.76	19.29
	俄罗斯	23.34	28.56	32.59	41.38	34.93	18.32	18.45	19.83	15.31	16.41
	缅甸	0.00	0.00	0.00	0.00	0.00	0.00	5.54	9.84	10.62	13.96
	加拿大	4.39	5.66	5.51	4.57	3.64	2.93	4.51	6.85	6.86	8.86
	巴布亚新几内亚	1.52	0.00	0.00	0.00	0.00	0.00	0.00	2.09	2.41	7.26
	马来西亚	5.65	6.53	6.17	6.24	6.19	5.77	6.66	6.38	5.47	5.94
	捷克	1.72	1.81	2.15	2.59	2.44	2.58	3.27	4.17	4.00	5.01
	所罗门群岛	0.00	0.00	0.00	0.00	0.00	0.00	0.00	2.08	4.24	4.37
	德国	3.66	5.08	6.16	7.04	6.32	3.47	3.51	4.28	3.56	3.58
进口	中国	28.04	32.44	39.29	53.56	51.83	40.87	60.73	82.74	72.52	93.20
	印度	8.03	8.43	8.20	11.15	12.81	11.37	13.37	18.37	20.11	20.33
	日本	19.60	16.98	18.36	17.61	13.80	8.17	10.06	11.12	10.30	11.05
	奥地利	5.57	5.99	7.09	7.97	7.40	6.69	7.39	8.14	7.42	8.42
	韩国	7.04	7.08	7.56	9.10	8.39	6.24	7.26	7.94	6.55	7.39
	德国	2.36	3.13	3.79	4.70	3.70	3.34	5.62	7.15	5.85	7.36
	瑞典	5.42	5.27	4.08	6.90	6.54	3.01	4.52	5.80	5.13	5.76
	芬兰	6.75	8.05	7.53	10.46	12.95	2.61	4.40	4.66	3.85	4.60
	加拿大	4.13	4.30	4.14	3.51	3.05	3.02	3.10	2.75	2.96	3.11
	意大利	5.25	4.85	5.27	5.84	5.07	3.29	3.70	4.15	2.97	2.98

资料来源:国际贸易中心贸易统计。

2.2.2.2　锯材

加拿大、俄罗斯、瑞典、美国、德国、芬兰和奥地利等国家是锯材出口的主要国家，中国、美国、日本、英国、德国和意大利等国家是锯材的主要进口国，见表2-5。出口方面除加拿大、奥地利总体呈减少趋势外，其他都呈增长趋势。进口方面，中国、日本、德国、埃及、荷兰、比利时总体呈进口增长，美国、英国、意大利和法国呈现下降趋势。锯材通常指伐倒木经打枝和剥皮后的原木或原条，按一定的规格要求加工后的成材。锯材产量与原木的生产有很大关系，一般一个国家原木产量丰富，国家木材加工业发达，锯材的产量也较大。如前文所述，发达国家人工林很发达，原木的产量大，木材加工业也发达，锯材的产量也较大。例如，加拿大、瑞典、美国、德国、芬兰和奥地利等国家。俄罗斯、罗马、泰国、智利的国内木材工业发展较快且森林资源丰富，原木产量多，因此这些国家锯材出口量也较大。从锯材进口的主要国家来看，除中国和埃及是发展中国家外，其他几个国家都是发达国家。锯材是原木的简单加工，实际上可以作为一种主要的原材料来看，中国进口锯材，加工制造成家具或木地板等产品，再进行出口。埃及这几年木材加工业发展很快，也开始进口锯材。其他几个国家都是木材的消费国家，以消费制成品为主，进口部分原材料产品用于国内成品生产，制造的成品用于国内消费，或部分用于出口。值得注意的是有些国家在进口锯材的同时，也出口锯材到国外市场，如美国和德国，这说明锯材产品存在产业内贸易。

表2-5　　　　　2004~2013年锯材进出口状况（前10位国家）　　　单位：亿美元

类别	国家	2004年	2005年	2006年	2007年	2008年	2009年	2010年	2011年	2012年	2013年
出口	加拿大	89.82	87.34	82.21	69.77	50.70	34.66	49.06	54.26	59.28	74.44
	俄罗斯	15.09	18.99	23.15	32.40	28.23	26.06	29.75	33.83	33.57	36.52
	瑞典	27.13	28.19	33.29	38.84	34.40	29.83	33.18	33.96	31.74	32.76
	美国	19.62	20.45	22.77	21.19	18.43	15.56	22.42	25.52	26.13	30.80
	德国	12.50	16.65	20.92	26.00	23.20	16.49	18.74	20.99	17.73	19.39
	芬兰	17.68	16.16	18.27	22.46	17.05	12.41	15.57	16.44	15.96	18.93

续表

类别	国家	2004年	2005年	2006年	2007年	2008年	2009年	2010年	2011年	2012年	2013年
出口	奥地利	15.32	14.85	16.10	21.20	19.22	13.79	15.52	16.32	13.79	14.44
	罗马	5.20	5.05	5.53	6.15	5.68	5.61	7.20	8.44	8.54	9.41
	泰国	2.10	2.04	2.70	2.73	2.66	3.46	5.39	7.25	7.04	9.01
	智利	6.34	7.14	7.52	8.28	7.38	4.29	5.49	6.77	7.03	8.13
进口	中国	13.83	15.08	16.89	17.68	20.24	23.19	38.69	57.12	55.17	68.26
	美国	93.73	96.49	89.50	69.89	47.44	28.59	36.21	35.87	41.88	53.10
	日本	29.02	26.25	27.33	26.41	23.61	18.92	23.05	27.25	25.27	30.98
	英国	21.86	21.55	22.83	31.13	21.04	15.31	19.03	17.72	16.43	18.47
	德国	10.65	11.86	14.56	14.74	13.40	11.04	12.87	15.04	12.86	13.84
	意大利	19.99	19.77	22.52	25.59	22.11	15.52	17.33	18.15	13.65	13.47
	埃及	3.79	5.41	5.53	7.19	8.96	8.07	8.89	9.84	12.08	10.16
	荷兰	8.95	9.09	11.14	14.02	12.90	8.57	9.33	12.09	9.88	10.15
	法国	10.74	11.79	12.27	16.73	15.53	11.43	12.66	12.34	10.28	9.98
	比利时	6.39	6.80	7.91	9.98	8.73	6.37	7.02	8.46	7.74	8.11

资料来源：国际贸易中心贸易统计。

2.2.2.3 木浆

木浆可以作为原材料用于造纸行业或其他一些工业行业。从木浆主要出口国家来看，美国、加拿大、巴西、智利、瑞典、芬兰、印度尼西亚、德国、荷兰、俄罗斯是木浆的主要出口国。这些国家部分是发达国家，部分是发展中国家，这说明木浆工业在一些发展中国家已经获得了发展，但发达国家仍然是木浆产品主要制造者。从木浆进口的主要国家来看，主要进口国家为中国、德国、美国、意大利、韩国、印度尼西亚、法国、荷兰、日本、印度。进口国家除中国、印度尼西亚和印度为发展中国家，其他国家都为发达国家。中国进口木浆数量远远高于其他国家，这说明木浆工业在中国还很不发达，中国进口的木浆主要用来生产纸制品。德国、美国、印度尼西亚、法国、荷兰、日本既是木浆的主要进口国，也是木浆的主要出口国，这说明木浆产业内贸易严重，这些进出口大国根据产业发展需要既进口一些工业发展需要的木浆产品，也出口一些其他国家急需的木浆产品。具体如表 2－6 所示。

表 2－6　　　　　　2004～2013 年木浆进出口状况（前 10 位国家）　　　单位：亿美元

类别	国家	2004年	2005年	2006年	2007年	2008年	2009年	2010年	2011年	2012年	2013年
出口	美国	46.22	51.80	58.61	70.62	79.41	68.01	88.50	101.18	93.37	90.35
	加拿大	56.69	53.65	58.65	68.24	67.99	46.41	70.79	76.04	67.54	67.83
	巴西	17.22	20.34	24.84	30.24	39.17	33.15	47.62	50.02	47.06	51.86
	智利	11.94	11.90	13.67	23.71	25.54	20.16	24.13	27.93	25.31	28.05
	瑞典	20.25	19.22	19.71	24.38	27.80	20.00	27.05	28.69	25.70	26.66
	芬兰	12.02	10.55	15.75	16.87	15.89	8.04	16.50	19.36	17.53	20.93
	荷兰	5.82	6.50	7.19	9.02	11.78	8.91	24.92	29.19	24.87	20.89
	印度尼西亚	5.91	9.34	11.26	10.68	14.23	8.69	14.69	15.58	15.47	18.46
	德国	7.21	8.87	10.37	12.29	14.08	11.67	14.27	17.49	14.46	15.50
	俄罗斯	6.96	7.64	8.51	10.59	11.80	7.13	11.47	13.61	12.16	11.25
进口	中国	52.95	61.83	71.40	95.90	122.60	106.40	141.78	189.07	172.48	173.06
	德国	29.71	31.81	36.22	43.01	47.02	33.13	50.60	53.95	44.71	47.94
	美国	30.66	31.97	33.36	39.03	41.78	25.57	40.28	41.92	35.02	37.79
	荷兰	9.84	10.76	10.53	12.32	14.40	9.06	25.31	31.52	27.18	24.98
	意大利	18.97	20.43	22.37	25.95	26.36	18.10	26.81	27.10	22.14	23.93
	韩国	15.07	14.78	15.49	18.92	21.45	14.58	22.39	22.61	18.72	19.31
	印度尼西亚	8.25	7.85	8.53	10.23	14.75	9.51	15.96	18.01	15.51	17.33
	法国	13.14	13.22	13.65	15.95	16.94	12.01	18.37	19.03	14.92	16.43
	日本	13.78	12.98	14.54	14.52	15.48	10.47	14.99	16.67	14.50	13.95
	印度	4.69	5.56	6.04	7.46	8.66	7.69	11.07	13.05	12.85	13.70

资料来源：国际贸易中心贸易统计。

2.2.2.4　纸张

表 2－7 列出纸张进出口的主要国家。从表 2－7 看出，纸张出口国家主要是德国、美国、瑞典、芬兰、加拿大、中国、法国、意大利、奥地利和比利时等国家，其中德国和美国出口量最大，远远大于其他一些国家。这些国家中除中国为发展中国家，其他国家都为发达国家，作为制成品，发达国家

纸张加工工业发达，工艺先进，纸张生产量较大，出口量也大。中国经济快速发展，纸质工业发展也很快，出口数量增长很快，从 2004 年的 7.80 亿美元增长到 2013 年的 64.20 亿美元。纸张的进口国家主要为美国、德国、英国、法国、意大利、比利时、中国、荷兰、加拿大、西班牙等国家，主要进口国家是发达国家和中国，美国和德国进口的纸张量最大。这说明纸张产业内贸易量很大，发达国家和中国既是纸张的生产大国也是消费大国。

表 2-7　　　　　　2004～2013 年纸进出口状况（前 10 位国家）　　　　单位：亿美元

类别	国家	2004 年	2005 年	2006 年	2007 年	2008 年	2009 年	2010 年	2011 年	2012 年	2013 年
出口	德国	118.46	129.99	142.29	160.13	166.62	135.25	152.33	164.88	148.10	146.95
	美国	72.94	79.94	85.24	96.89	106.35	90.67	106.38	114.87	112.02	113.27
	瑞典	80.73	82.09	87.76	96.83	105.48	88.03	94.57	106.25	97.37	97.56
	芬兰	98.49	86.36	100.92	109.86	110.49	85.48	94.36	101.19	91.12	92.86
	加拿大	99.24	105.90	103.65	97.41	101.43	73.11	73.67	76.45	67.91	68.90
	中国	7.80	12.88	21.52	30.46	31.74	30.48	36.77	49.74	54.40	64.20
	法国	56.02	56.32	56.86	61.60	64.49	52.22	54.81	60.00	51.23	51.14
	意大利	29.55	31.79	33.66	38.98	40.14	33.22	38.51	43.51	40.18	42.50
	奥地利	33.35	30.95	33.94	38.65	41.76	33.27	34.76	38.10	35.61	35.40
	比利时	29.40	29.07	30.75	33.83	36.25	29.26	32.33	34.06	31.83	34.68
进口	美国	131.46	137.86	143.60	132.88	132.87	101.01	103.85	106.34	102.33	103.95
	德国	92.31	95.22	103.12	114.82	123.00	98.36	102.47	116.52	103.26	102.59
	英国	70.79	69.05	72.98	81.92	75.11	64.34	71.29	70.88	62.37	62.17
	法国	58.06	56.25	59.06	68.61	72.74	58.93	58.69	65.27	56.45	55.04
	意大利	42.23	43.32	45.65	52.67	53.21	43.48	49.76	54.76	47.03	48.26
	比利时	31.99	31.82	33.69	39.37	41.96	33.79	35.79	40.09	36.50	38.39
	中国	38.32	35.35	33.37	34.32	34.57	30.58	35.74	39.15	37.12	35.40
	荷兰	28.90	29.88	31.40	36.22	38.78	30.92	29.85	36.15	32.53	33.20
	加拿大	27.22	28.92	31.96	33.59	33.77	28.88	30.92	30.99	30.73	31.20
	西班牙	34.64	34.04	36.36	42.38	40.90	31.08	30.97	34.84	30.32	31.02

资料来源：国际贸易中心贸易统计。

2.2.2.5 人造板

表2-8列出了人造板主要进出口国家。人造板出口国家主要是中国、德国、印度尼西亚、马来西亚、加拿大、奥地利、俄罗斯、比利时、美国和法国等国家。中国和马来西亚在林产品贸易链中处于加工国的地位,以进口原材料,加工生产制成品出口(Hoare[69],2015)。中国人造板出口量最大,远远大于其他一些国家,从2004年15.17亿美元增长到2013年的68.88亿美元。马来西亚2013年出口数量也达到22.25亿美元,印度尼西亚和俄罗斯人造板工业发展也很快,出口数量在2013年分别排到第3位和第7位。值得的注意的是,德国、加拿大、奥地利、比利时、美国和法国人造板工业也取得了较快的发展,这些国家以先进的工艺和技术加工生产出的高质量人造板出口到世界各地,与中国,马来西亚产品价格低,品牌弱相比,这些国家以品牌和高附加值占领市场。人造板进口国家主要为美国、日本、德国、英国、法国、加拿大、韩国、意大利、俄罗斯和荷兰等国家,进口的国家主要是发达国家,美国进口的人造板量最大,这些国家中除俄罗斯为林产品的生产国外,其他国家都为林产品的消费国(Hoare[69],2015),这也符合林产品的消费特征。

表2-8　　　　2004~2013年人造板进出口状况(前10位国家)　　　单位:亿美元

类别	国家	2004年	2005年	2006年	2007年	2008年	2009年	2010年	2011年	2012年	2013年
出口	中国	15.17	24.22	37.43	48.99	47.85	36.12	47.69	61.05	67.12	68.88
	德国	29.47	31.87	33.12	39.17	41.61	31.15	32.12	33.70	30.07	31.69
	印度尼西亚	16.69	14.44	15.81	16.46	16.21	12.59	17.12	20.33	21.02	22.68
	马来西亚	19.04	19.36	24.34	24.08	20.82	18.64	21.69	22.52	22.57	22.25
	加拿大	45.62	43.49	35.34	25.38	17.43	12.81	14.87	13.96	17.09	21.79
	奥地利	10.74	11.55	13.19	17.03	17.11	13.65	13.94	15.85	14.60	15.16
	俄罗斯	5.24	6.81	7.47	10.31	10.24	7.46	8.89	11.43	13.35	14.63
	比利时	14.63	14.75	15.53	17.43	16.57	11.89	12.21	13.51	11.89	12.73
	美国	11.19	11.02	12.00	12.57	12.48	9.01	11.44	11.44	12.03	12.20
	法国	9.80	10.73	12.22	14.29	13.47	8.89	9.45	11.07	10.12	10.20

续表

类别	国家	2004年	2005年	2006年	2007年	2008年	2009年	2010年	2011年	2012年	2013年
进口	美国	76.60	78.33	71.89	55.58	41.22	30.64	35.79	34.14	41.13	48.05
	日本	26.35	23.73	28.64	26.49	23.43	17.87	22.19	30.46	28.38	28.28
	德国	14.71	16.43	19.41	22.77	22.80	16.59	19.69	24.78	22.19	22.36
	英国	16.08	15.60	16.65	9.86	17.57	1.07	14.28	14.54	11.91	13.48
	法国	8.81	9.71	10.37	13.37	13.87	11.15	12.09	13.30	12.22	12.23
	加拿大	7.86	8.22	9.39	9.92	9.20	7.91	9.50	9.33	10.30	10.18
	韩国	6.83	7.20	8.72	9.81	9.93	7.43	8.00	8.49	8.91	9.81
	意大利	9.26	9.89	10.79	13.44	12.85	8.13	10.18	10.08	8.88	9.58
	俄罗斯	1.89	2.54	3.34	4.79	6.17	3.64	5.12	6.75	8.13	9.00
	荷兰	8.15	6.93	8.27	10.25	11.25	7.59	7.59	9.95	6.04	8.68

资料来源：国际贸易中心贸易统计。

2.2.2.6 家具

表2-9列出家具进出口的主要国家。家具出口贸易位于前10位的国家有中国、意大利、德国、越南、波兰、马来西亚、美国、加拿大、丹麦和印度尼西亚等国家，进口位于前10位的国家是美国、德国、法国、英国、日本、瑞士、加拿大、比利时、俄罗斯和荷兰等国家。从表中可以看出有些国家既是家具的进口大国，也是家具的出口大国，如德国、法国和加拿大，这说明家具产品之间存在着产业内贸易。中国和越南都是林产品的加工国，进口原材料，出口制成品（Hoare[69]，2015），这两个国家劳动力成本相对较低，生产的家具成本较低，出口的家具都主要以价格低获得市场，高端家具和高附加值的家具少。发达国家如意大利、德国、丹麦和法国等以生产高附加值的产品为主，在产品设计，品牌建设方面具有较高的优势，以出口高端和高附加值的家具为主。马来西亚，印度尼西亚和俄罗斯是木材的生产国，现作为出口家具的大国，一方面与这些国家家具工业快速发展有关，另一方面主要是中国在这些国家投资家具产业，促进了家具的出口。从家具的进口国家来看，主要集中在发达国家。以美国和欧盟为主，排在前10位的国家中除美国、瑞士和加拿大外，其他都为欧盟国家。这说明目前家具的市场主要集中在美国和欧盟等发达国家，这些国家的家具消费政策对家具市场将会产生重要影响。

表 2 - 9　　　　　2004 ~ 2013 年家具进出口状况（前 10 位国家）　　　　单位：亿美元

类别	国家	2004年	2005年	2006年	2007年	2008年	2009年	2010年	2011年	2012年	2013年
出口	中国	36.81	46.56	57.51	66.43	68.25	75.88	105.56	113.18	119.11	123.78
	德国	24.61	29.77	34.66	43.05	47.16	40.74	39.91	46.32	42.50	42.95
	意大利	35.64	34.98	39.08	48.15	52.27	37.02	37.05	39.78	38.43	41.06
	越南	6.80	8.71	11.44	13.36	16.20	14.09	17.72	18.36	21.49	34.59
	波兰	15.20	17.04	18.13	23.06	26.88	19.87	21.62	25.18	22.48	25.73
	马来西亚	10.79	11.27	12.98	13.77	15.72	13.50	15.69	16.29	17.41	15.03
	美国	6.88	7.50	8.23	9.66	11.65	9.40	10.51	11.51	11.99	12.25
	加拿大	21.15	21.27	21.34	18.50	14.64	9.46	9.92	10.48	10.48	10.91
	丹麦	17.68	16.47	16.15	17.29	15.61	11.84	10.92	11.41	10.93	10.81
	印度尼西亚	8.60	10.10	10.51	11.01	11.17	9.39	11.06	8.25	9.77	10.20
进口	美国	105.96	118.21	122.35	118.76	105.84	80.85	94.34	92.79	98.33	103.87
	德国	21.43	23.07	22.78	23.16	24.31	24.23	26.60	30.20	28.58	29.21
	法国	19.58	21.48	22.36	27.58	30.41	25.45	26.26	25.60	24.80	22.69
	英国	25.68	24.24	25.68	32.23	31.90	24.85	25.33	23.62	21.88	22.22
	日本	12.33	13.28	13.58	13.87	14.60	14.24	15.47	16.77	17.90	16.91
	瑞士	9.06	9.84	10.46	12.63	13.28	11.60	12.12	14.60	14.43	15.31
	加拿大	7.63	8.97	10.55	12.29	13.62	10.70	12.69	13.17	13.95	14.00
	比利时	9.01	9.15	9.38	11.39	12.72	10.59	9.60	10.19	9.18	12.28
	俄罗斯	2.56	2.94	3.90	5.63	7.56	6.03	6.75	8.13	10.15	10.96
	荷兰	9.42	10.09	10.46	12.17	13.58	10.50	10.53	11.81	10.70	10.83

资料来源：国际贸易中心贸易统计。

2.2.2.7　其他木材

其他木材主要包括木炭、木片、碎料和剩余物，这些产品主要用作燃料或一些碎料板和纤维板等的制造，表 2 - 10 列出其他木材进出口的主要国家。排在前 10 位的出口国家有越南、美国、澳大利亚、德国、加拿大、泰国、拉脱维亚、智利、印度尼西亚和俄罗斯等国家，这些国家中越南和泰国为加工国家，印度尼西亚和俄罗斯为木材生产国，美国、澳大利亚、德国、加拿大、拉脱维亚和智利为木材消费国。一个国家出口其他木材与这个国家的木材加工布局有关，因为其他木材在生产过程中是作为辅料生产出来的。进口排在前 10 位的国家有日本、中国、英国、意大利、丹麦、德国、奥地利、比利时、韩国和瑞典等国家。中国是人造板的出口大国，木片和碎料可以用来生产碎料板和纤维板，因此进口量较大，其他进口国家都为木材消费国家，进口这些产品部分用于国内消费，如作为燃料使用，部分被消费国家利用其先进的工艺制作成其他成品用于国内消费或出口。

表 2-10　　　　2004~2013 年其他木材进出口状况（前 10 位国家）　　　单位：亿美元

类别	国家	2004年	2005年	2006年	2007年	2008年	2009年	2010年	2011年	2012年	2013年
出口	越南	0.51	1.11	1.33	1.84	2.66	2.47	4.74	7.13	8.35	13.13
	美国	1.91	2.25	2.17	3.01	3.68	3.14	3.60	3.77	5.35	6.62
	澳大利亚	6.24	6.34	6.83	8.27	9.61	6.76	8.26	8.00	6.92	6.39
	德国	0.89	1.22	1.91	2.88	3.23	3.21	3.32	4.18	3.77	4.04
	加拿大	1.78	2.08	2.55	2.84	2.88	2.78	3.66	3.73	3.39	3.44
	泰国	0.49	0.39	0.21	0.32	0.94	1.05	2.09	3.13	3.65	3.31
	拉脱维亚	1.05	1.18	1.53	1.98	2.02	2.05	2.71	3.01	2.81	3.23
	智利	1.37	1.62	1.92	2.21	3.39	2.75	3.41	4.12	3.70	3.15
	印度尼西亚	0.76	0.59	0.71	0.84	0.65	1.01	1.33	2.02	2.31	2.85
	俄罗斯	0.45	0.63	0.78	1.02	1.37	1.87	1.97	2.38	2.46	2.69
进口	日本	20.29	21.36	21.97	25.40	30.44	22.47	26.36	28.07	26.73	23.87
	中国	0.46	1.31	1.27	1.71	2.00	3.73	6.99	12.06	13.91	16.19
	英国	0.49	0.88	0.67	0.86	1.60	0.51	1.71	2.68	3.45	7.16
	意大利	1.67	1.70	2.65	2.43	2.19	3.15	4.07	5.07	4.68	6.66
	丹麦	0.89	1.22	1.76	1.71	1.98	2.67	3.48	5.03	4.52	4.75
	德国	0.86	1.18	1.66	2.15	1.93	2.27	2.85	3.78	3.35	4.37
	奥地利	0.51	0.65	1.51	1.69	1.63	2.16	2.37	3.09	2.57	3.58
	比利时	0.74	0.84	1.44	2.40	2.42	3.32	2.42	2.49	3.65	3.36
	韩国	1.24	1.33	1.47	1.47	1.99	1.38	1.81	1.98	2.22	3.00
	瑞典	1.54	1.68	1.90	2.37	2.70	2.70	2.99	3.44	2.70	2.77

资料来源：国际贸易中心贸易统计。

2.2.3　林产品区域内贸易

随着区域经济一体化的建立，区域内降低关税，取消关税壁垒，大大促进了区域贸易的发展。目前全球发展较大的区域经济一体化组织有欧盟、北美自由贸易区、东盟（ASEAN）、西非经济共同体和南方共同市场等。这些区域经济一体化组织在区域内实行零关税，推动产品自由流动，大大促进了区域内产品贸易（见表 2 - 11）。

表 2 - 11　　　　　　　　　区域贸易状况（2013 年）　　　　　　　单位：%

国家/地区	原木	锯材	其他木材	纸张	木浆	人造板	家具	林产品总体
欧盟	73.96	71.85	53.70	88.65	61.02	77.01	72.11	77.71
北美自由贸易区	98.20	84.32	83.29	65.04	70.01	42.38	16.39	53.80
东盟	56.22	47.23	75.68	43.48	14.76	32.50	35.53	36.01
西非经济共同体	1.90	57.59	1.87	0.54	0.63	29.17	50.14	33.02
东部和南部非洲共同市场	9.71	1.38	2.06	3.01	0.26	2.48	3.68	2.69
南方共同市场	84.12	39.49	41.16	26.50	30.68	54.10	38.71	29.28

资料来源：国际贸易中心贸易统计。

如表 2 - 11 所示，欧盟 27 国在 2013 年各类林产品区域内贸易流动达到对外贸易的 50%，北美自由贸易区除家具和人造板两类产品区域类贸易相对较少外，其他各类产品区域内贸易达到 50%。东盟和南方共同市场也发展很快，区域内贸易林产品贸易总体也达到 30%。西非经济共同体国家各类林产品之间贸易发展不平衡，区域内锯材、家具和人造板贸易流动较大，其他各类林产品区域贸易流动较小，林产品总体区域内贸易也占到总额的 33%。东部和南部非洲共同市场虽然是非洲地区成立最早、最大的地区经济合作组织，但在林产品贸易区域内贸易占比不大，一方面这些国家林产品的贸易量不大，另一方面这些国家林产品之间不存在互补性，因此区域内贸易较少。

2.2.4　林产品产业内贸易

产业内贸易是一个国家或地区，在一段时间内，同一产业部门产品既进

口又出口的现象。产业内贸易包括同质产品和异质产品产业内贸易，形成产业内贸易的主要原因有差异产品（水平差异、垂直差异和技术差异）、规模经济、多样化的需求和国与国之间需求重叠。分析产业内贸易指数的主要指标为劳埃德—格鲁贝尔指数，公式为 $T = 1 - |X - M| / (X + M)$，式中：X 和 M 分别表示某一特定产业或某一类商品的出口额和进口额，并且对 X - M 取绝对值。T 的取值范围为 0 ~ 1，该指数值越大，说明产业内贸易越严重。从前文各类林产品的进出口地理方向来看，一些国家既是某类产品的主要进口国，又是该类产品主要出口国，因此林产品产业内贸易客观存在。这里主要分析全球林产品贸易总量排前 10 位的国家产业内贸易情况，其产业内贸易指数见表 2 - 12。

表 2 - 12　2004 ~ 2013 年主要国家林产品产业内贸易指数（前 10 位国家）

国家	2004 年	2005 年	2006 年	2007 年	2008 年	2009 年	2010 年	2011 年	2012 年	2013 年
中国	0.97	0.93	0.90	0.88	0.88	0.91	0.94	0.96	0.94	0.94
美国	0.70	0.69	0.70	0.73	0.75	0.79	0.79	0.79	0.80	0.81
德国	0.88	0.89	0.90	0.89	0.90	0.91	0.91	0.92	0.91	0.90
日本	0.89	0.93	0.94	0.93	0.99	0.97	0.95	0.98	0.95	0.92
荷兰	0.94	0.94	0.94	0.94	0.95	0.94	0.94	0.96	0.95	0.94
法国	0.98	0.95	0.95	0.94	0.92	0.92	0.92	0.91	0.92	0.92
韩国	0.94	0.96	0.97	0.96	0.95	0.94	0.95	0.97	0.97	0.96
英国	0.83	0.85	0.85	0.80	0.81	0.79	0.80	0.84	0.82	0.91
意大利	0.99	0.98	0.97	0.99	0.98	0.99	0.96	0.97	0.99	0.96
比利时	0.96	0.97	0.98	0.98	0.99	0.98	0.98	0.99	0.99	0.98

资料来源：国际贸易中心贸易统计。

从表 2 - 12 中看出各个国家林产品产业内贸易严重，除美国相对低一些外，其他各个国家林产品产业内贸易指数都在 0.9 以上。表中的林产品是 7 类林产品的总额，林产品产业内贸易指数较高，这一方面说明各个国家在进口某类林产品的同时，也在出口另一类林产品，另一方面说明产业内贸易作为全球贸易的一种现象，在林产品领域也不例外。形成林产品产业内贸易的原因与其他一些产业一样，差异产品、追求规模经济、消费者需求多样化和国与国之间经济发展程度相似，形成的需求重叠都是导致林产品产业内贸易的原因。

2.3 本章小结

本章首先界定了林产品定义，限定了本书研究林产品的类别，其次对林产品的贸易现状进行了分析。林产品贸易现状分析包括各类林产品的2004～2013 年 10 年间的进口和出口增长状况，世界林产品主要贸易国家林产品进口和出口情况，原木、锯材、木浆、纸张、人造板、家具和其他木材各类林产品的主要进出口国家，林产品区域贸易内和产业内贸易情况。通过本章分析清晰了全球林产品贸易的状况，为以后的研究奠定了基础。

第3章 非法采伐治理现状

森林具有经济、环境和社会功能，不仅能够为人类提供木材和其他林产品，而且具有吸收二氧化碳、巩固土壤、涵养水源、丰富物种等环境功能。非法采伐对森林生态环境功能产生了严重的破坏，自从1998年八国集团会议提出打击非法采伐，世界各国，特别是西方发达国家纷纷提出具体措施，对非法采伐进行打击。目前全球打击非法采伐的政策措施有政府部门的采购政策、美国《雷斯法案修订案》、欧盟的《森林执法、治理和贸易行动计划》（FLEGT）以及后来《木材法规》，还有一些国际协定和双边协议。本章主要分析非法采伐的含义、起因、非法采伐现状、非法采伐治理措施和措施的实施效果。

3.1 非法采伐的含义

非法采伐的含义目前全球还没有统一的定义，从字面上看，非法采伐主要就是指违反国家或国际的法律制度的采伐。欧盟《木材法规》（2010）认为非法采伐是在砍伐时违背国家的法律，合法木材必须满足以下标准：砍伐必须是合法的；与砍伐相关的税收和费用必须支付；要遵守与砍伐相关的法律和法规，这些法律和法规包括森林管理和生物多样性保护法规，尊重第三方的合法权利和利益；遵守相关的贸易和海关法律。美国《雷斯法案修订案》（2008）认为违背潜在国或美国法律的采伐、收购、贸易和运输都是非法的。澳大利亚《非法采伐禁令》（2012）认为非法采伐为以下标准：木材是盗窃的；砍伐的木材没有获得应有的批准或超越了授权的范围；木材在买、卖、出口、进口、加工过程中违背了法律；木材砍伐或贸易的允许权是通过政府腐败获得的。《国际热带木材组织》（ITTO）认为非法采伐和非法贸易是紧密相关的概念，非法采伐相对简单一些，主要是违背国家的采伐制度，而非法贸易涉及的领域更广，涉及公司，贸易买卖，银行、审计和关税等相关法律制度法。世界自然基金会和绿色和平组织认为非法采伐是在采伐，运输，生产，买卖等环节违反法律法规的行为。英国皇家国际事务研究所（Chatham House）定义非法采伐为一切与木材砍伐、加工和交易相关的违法行为，不局限于森林产业内部的活动，还涵盖了供应链中的一切违法行为。例如，用非法许可证采伐、在保护区采伐、砍伐量超出许可定额、无证加工、逃税以及出口商品未缴纳出口税。定义也包含了非法清林转作他用（即"森林转换"），其中包括无许可而将林地转作其他用途，或者通过腐败等非法途径获取许可进行作业。对非法设立的人工林的砍伐也属于非法采伐行为。在英国皇家国际事务研究所的定义中，小规模生产者无法遵守法律规定的"非正式"采伐活动也列入非法采伐。非法采伐门户网站（illegal logging portal）也认为非法采伐包括砍伐、加工和贸易过程中所有的非法活动。

很多学者也对非法采伐的定义进行阐述。Nemeth 等[3]（2012）认为非法采伐包括在公共和私有林盗窃木材，采购范围超越了合法的份额，砍伐稀有品种或在受保护林地砍伐，采购的许可证是合乎规定的，采伐过程中不道德的行为，为获得个人利益蓄意森林火灾，非法运输，贸易，木材走私。Rhodes 等[4]（2005）认为非法采伐分成两个阶段：第一阶段是采伐者，工厂主和运输者在采伐、生产加工和运输过程中违背了起源国的法律；第二阶段是砍伐过程是获得允许，合法的，但是砍伐权限获得是通过受贿或腐败获得的。Brack 和 Hayman[5]（2001）认为非法采伐是木材在收获、运输和买卖过程中违背国家的法律制度。Callister[6]（1999）较为详细地指出在森林区域的非法状况包括非法采伐、木材走私和逃漏税 3 个方面。非法采伐主要是指：采伐用材树种受国家法律保护；从当地的企业家购买的原木是超过允许范围之外的；采伐超过允许的边界范围；未在合同规定范围内采伐，在邻近的公共区域砍伐树木；在森林资源保护区采伐；在禁区如陡坡，河岸和集水区采伐；提取比授权更多的木材；采伐未经授权；违反合同义务（如采伐前的环境影响声明）；采伐许可是非法获得的。木材走私主要是指进口或出口的珍贵树种违背了国家或国际的协定，或者说进口或出口的珍贵树种没有得到批准。进口或出口的原木违背了国家的禁令，未经授权同意跨区域或跨国界搬运木材；运输非法采伐的木材到市场；出口的林产品数量超过了文件的规定。逃漏税主要指：宣称要素采购价格高，或产品销售的价格低于市场价格，从而以利润少，收入低的名义减少税收；采用不正当的手段如上调等级，低估木材价值等等避免税收和责任；对政府要求的上交的收入如许可采伐费，税收等不缴纳。

国内学者对非法采伐的定义也做了研究。刘金龙等[32]（2014）认为非法采伐一定程度上是国与国之间政治化操作的议题，至今为止没有确切的定义。陈积敏[33]（2013）通过系统梳理国内外学者和组织对木材非法采伐概念的界定，对非法采伐的概念进行了实质性探讨，他认为非法采伐概念探讨的实质是森林资源与利益的博弈。因为概念节点范围的不同，直接影响到原产国，加工国和消费国。从统计数据来看，目前木材消费的主要国家是在欧美等发达国家，这些国家的木材消费量占到全球木材消费量的 50% 以上。孙久灵和陆文明[38]（2009）认为非法贸易是与非法采伐相关的，非法贸易包括从生产国的林场直接进口；使用伪造的生产国的文件；从第三方进口非法采伐的产品。

综合上述各种观点，本书给出非法采伐的定义为木材在收获、运输、加工和买卖过程中违背了法律。非法采伐包括了收获过程中的违法，如利用贿赂手段获得采伐权，未经允许在保护区域采伐，采伐重点保护林木，超出采伐限额采伐林木。运输、加工和销售过程中的违法运输、生产和出口，偷税漏税，欺骗海关等行为。这样的定义与国际上目前比较流行的定义是一致的。从全球治理的角度看，本书认为治理非法采伐需要各方共同参与，从源头开始，生产、加工和消费各个环节进行治理，才能有效制止非法采伐。

3.2 非法采伐起因

Alemagi 和 Kozak[70]（2010）研究分析喀麦隆的非法采伐情况，认为喀麦隆形成非法采伐的因素有像其他国家一样的通用的因素也有自身原因，自身的原因主要表现在制度体制的不合理。Bouriaud[71]（2005）分析了中东欧非法采伐的起因，认为贫穷、土地产权制度和执法薄弱是非法采伐的主要起因。Palmer[72]（2000）认为非法采伐产生的原因有市场因素、政府因素，市场因素主要是由于木材供给和需求的缺口较大，但是市场对森林产品的外部性没有补偿，致使林产品价格较低，在高需求的情况下，致使非法采伐蔓延。政府因素主要是政府的政策失效，例如，政府的税收系统、政府的补贴政策和政府的腐败。本书结合现有的分析，认为形成非法采伐的原因主要有经济因素和政治因素。

3.2.1　经济因素

经济利益推动，森林管理能力的薄弱。全球经济的发展对木材产生了很大的市场需求，高度的市场需求促使木材砍伐量的大量增加。一些国家获得木材采伐许可证须要花费大量成本，而且从申报到领取砍伐许可证花的时间也很长（Alemagi & Kozak[70]，2010）。一些私人企业或个人从加快资金周转、降低成本和增加收入的角度的出发，会采取各种手段增加木材的砍伐量，这必然增加了非法采伐。一些林产品生产国缺乏森林管理和执法能力，对非法采伐缺乏有效的监控，监管人员监管知识缺乏，没有有效的培训。一些国家的森林管理力量薄弱，缺乏森林监管人员和监管设施，有的一些最基本的监管工具都没有，更谈不上森林监管的需要的高科技的手段如 GPS 技术等。

贫穷因素。非法采伐严重的国家大多都是贫穷的国家，失业率高，在高失业率的情况下，从谋生角度出发，违法犯罪的事情也不断增加。大部分林区生活条件更是贫困，当地居民或社区，甚至一些地方组织为了生存只能采伐林木资源。由于贫穷缺乏教育，文化和知识的缺失致使对森林的重要性认识不够，对珍贵树种，高价值的木材价值也缺乏辨识。贫穷造成的砍伐往往使政府、社区和个人在砍伐时各自为政，看重短期利益，不能从长远角度看待周边林区。

林地非法转换。由于经济发展对农产品或其他产品高额需求，促使了大量林地的非法转换，而大规模的林地非法转换是形成非法采伐的一个主要原因。据统计，有一半左右的热带木材贸易是由于林地转换成耕地或派作其他使用造成的，而在这些转换过程中，有 2/3 的转换都是非法的，例如，印度尼西亚 2000～2012 年 80% 的林地转化为商品农业耕地都是非法的，巴西这个数据在 68%～90%（Lawson[73]，2014）。推动林地转换既有农业耕地扩展的原因，也有基础设施建设或矿场开采的需要，但转换过程是非法，体现在转换过程中没有获得相应的许可证，或者在转换后没有相应的补偿措施。

3.2.2　政治因素

政府的腐败。腐败是形成非法采伐的重要因素，因为在高腐败程度的国家，在木材采伐过程中，官商勾结，通过私自发放采购许可证或允许在保护区域砍伐，在木材加工、运输和进出口过程中给予便利，造成逃税、漏税。英国皇家国际事务研究所通过对印度尼西亚、巴西、马来西亚、加纳等国的腐败程度与出口的原木的相关度分析，发现腐败程度与原木供给呈线性相关。Forest Trends[74]（2013）把清廉指数（CPI）低于50的国家定义为高风险的国家，FCPF[75]（2013）认为清廉指数低于35，这个国家是非常腐败，在FCPF19国家中有11个国家都低于这个标准，从FCPF统计的国家来看，这11个国家主要为木材的生产国和加工国家，如印度尼西亚，喀麦隆，刚果（金）、越南等国家。

政府一些政策执行过程形成的推动。政府政策主要表现在政府的财税系统、原木出口限令和补贴政策。政府的财税系统直接涉及林业企业的税收缴纳情况，一些国家对原木砍伐、木材加工和出口征收较高的税收和管理费用，迫使一些企业漏税、逃税，或为了降低费用行贿，滋生腐败。在对原木高需求的情况下，对原木的出口限令使一些企业和个人不报关，走私或瞒报逃避海关监管。政府对合法采伐的财政补贴往往都是对大型企业或大规模砍伐者，对小规模的生产加工者没有明确的支持系统，或者是虽有支持系统，但是制定了一套烦琐的程序，申请很困难，这也促使一些小规模加工企业非法采伐。另外，一些小规模的加工企业由于自身的能力的限制，在信息获取或得到财务支持方面往往处于劣势，在经营中受到大规模企业的剥削和利用，为避免被剥削和利用，一些加工企业开始非法生产。

部分国家或地区的法律和法规不完善。非法采伐严重的地区大多发生在欠发达国家甚至是一些极其落后的国家，这些国家法律、法规缺乏，法规不透明，或者实施机制不健全，或者有法律却实施不到位，这给非法采伐者创造了机会，造成不法分子有机可乘。执法不严和监管不力削弱了相关森林法律的执行力和权威性，据统计一些国家对于非法采伐采取的惩罚措施很弱。法律和法规不完善还表现在部门与部门之间的规定互相矛盾，例如，政府部门的法律与地方林业部门的规定相冲突，国家的林业管理规定与国际组织的管理规相冲突，这些冲突一方面是一些国家法律法规不完善的表现，没能根据国内情况及时修改相关法律法规。另一方面是一些国家没有参加国际组织，对国际组织的一些规定认识不够，有的参加了国际组织，但却没有修改国内相关的规定。

3.3 非法采伐的现状

目前关于非法采伐的数据都是以估计为主，一般主要通过进口国与出口国的数据对比，判断进出口中非法的数量，从消费数量与允许采伐的数量进行对比判断非法采伐的数量。但各个国家统计的方法和路径存在差别，因此这种方法判断非法采伐显得很不完整。英国皇家国际事务研究所采用调查统计和风险分析评价等方式估计非法采伐的现状（Hoare[69]，2015；Lawson[76]，2010；Lawson[77]，2007；Fripp[78]，2006）。联合国毒品和犯罪问题办事处（Lale-Demoz[79]，2013）对亚太地区的非法木制品流向做了估计，世界自然基金会（Hewitt[80]，2006）和国际刑警组织也对世界主要地区的非法采伐产量进行了估计。Forest Trends[74]（2013）把清廉指数（CPI）低于50的国家定义为高风险的国家，欧盟据此分析了风险木材进入欧盟的情况。在本书的研究过程中，沿用了英国皇家国际事务研究所的分析，同时结合清廉指数关于高风险国家的定义，研究分析主要生产国和消费国的非法采伐现状。

3.3.1 主要生产国

非法采伐的主要生产国在非洲和东南亚一带地区，从现有的统计分析来看，有学者认为非法采伐主要发生在亚马孙盆地，中部非洲，东南亚和俄罗斯（Brack & Hayman[81]，2001；Brack et al.[82]，2002），世界自然基金会（WWF）认为非法采伐主要发生亚马孙盆地，波罗的海诸国，刚果盆地，非洲东部，印度尼西亚和俄罗斯。国际刑警组织估计主要的热带林生产国有50%~90%的木材是非法生产，印度尼西亚40%~61%的木材生产是非法的，加蓬70%的木材生产是非法的，俄罗斯25%的出口木材都是非法的。Blaser等[83]（2005）对东欧和北亚几个主要国家进行分析，他们认为摩尔多瓦、塞尔维亚、黑山共和国、乌克兰、波斯尼亚和黑塞哥维非法采伐在0.2%~2.2%之间，阿塞拜疆和塔吉克斯坦在20%~30%之间，吉尔吉斯斯坦、阿尔巴尼亚和格鲁吉亚在7.5%~9.5%之间。所有这些都对非法采伐产地和生产数据做了一个分析，但是这些资料相对陈旧，随着全球对非法采伐的重视，一些治理措施的出台，非法生产现象出现变化的现状没有反映出来。

英国皇家国际事务研究所作为研究非法采伐的权威机构，Hoare[69]（2015）把非法采伐分为生产国、加工国和消费国三类，生产国主要为巴西、喀麦隆、刚果（金）、加纳、印度尼西亚、老挝、马来西亚、巴布亚新几内亚和刚果（布），加工国为中国、越南和泰国。消费国为法国、印度、日本、荷兰、英国和美国。按照英国皇家国际事务研究所估计，2004年为非法采伐的高峰，通过近几年全球对非法采伐的治理，非法采伐的数量出现了下降的趋势，但是2010年以来非法采伐在9个主要生产国家仍然保持着高位的趋势（见表3-1）。

表3-1   **2013年非法木材占全部生产的百分比**

国家	非法采伐比例	变化趋势
巴西（热带林）	大于50%	不变
喀麦隆	65%	下降
刚果（金）	大于90%	下降
加纳	70%	不变
印度尼西亚	60%	不变
老挝	80%	不变
马来西亚	35%	不变
巴布亚新几内亚	35%	不变
刚果（布）	70%	不变

资料来源：英国皇家国际事务研究所研究报告（Hoare，2015）。

据估计9个非法采伐国家生产的非法木材在2013年达到8000万立方米的原木当量。如图3-1所示，非法生产的木材主要来源于巴西、印度尼西亚和马来西亚，其他几个国家喀麦隆、刚果（金）、加纳、老挝、巴布亚新几内亚和刚果（布）虽然非法生产的木材比例较高，例如，刚果（金）非法木材生产的比例几乎是100%，但是总量相对小得多。非法生产较高的比例说明在一些国家监管措施在下降或至少停滞不前。英国皇家国际事务研究所认为至少有两个措施是造成非法生产比例保持高位的原因：一是非正式的小规模的木材生产增加了，这些小规模的木材生产是很难监管；二是大规模的林地非法转换为耕地，林地转换是木材的主要来源，但在转换过程土地规划和管理缺乏，属于非法转换。

（百万立方米）

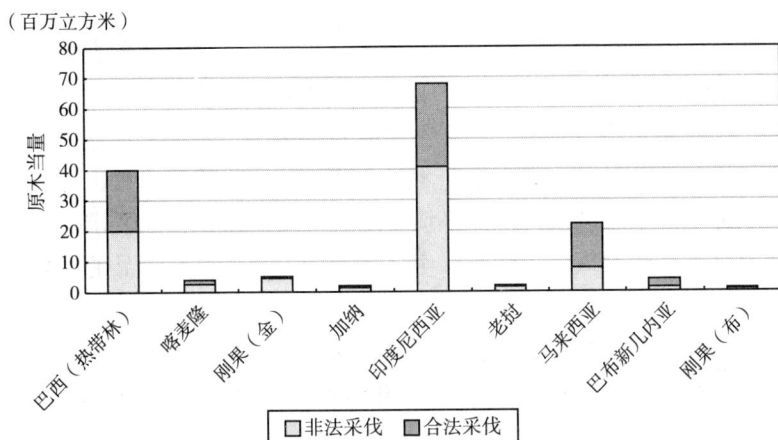

图 3 - 1 2013 年主要生产国非法和合法生产木材数量
资料来源：英国皇家国际事务研究所、国际热带木材组织、联合国商品贸易和国家机构。

从非法生产的形式来看，大规模的非法砍伐得到控制。在非法采伐治理前生产国家砍伐林地没有完整的规划，砍伐未得到许可，或过度砍伐，或在受保护区域砍伐，或未支付相关费用就实施砍伐，在对非法采伐治理后，大规模非法采伐得到控制。据专家 2008 年和 2013 年的调查，由于出口到欧盟和美国等敏感市场，这些市场对产品有合法性要求，促使合法性认证和证明的数量大大增加。小规模传统作坊式生产在非法生产方面并没有显得改善。小规模作坊式的生产都是在政府的控制之外，例如，喀麦隆、刚果（布）和加纳小规模作坊式生产的产品占到总数的 50%、90% 和 70%，这些小规模作坊式生产都是非法的，在一些国家，如巴西、印度尼西亚、巴布亚新几内亚和刚果（金）都有书面记录。由于市场对木材的需求旺，小规模作坊生产的产品数量增长很大，这些数量的增长削弱了一些国家非法采伐控制的效果。例如，喀麦隆在大规模非法砍伐控制方面取得了进步，但是非法小规模作坊式生产增加抵消了取得的成绩，据估计，2000 年 40% 的非法生产中有 10% 是小规模作坊式生产造成的，但是到 2012 年 65% 的非法生产中有 50% 是小规模作坊式生产造成的。

3.3.2　主要消费国

全球经济发展很快，对林产品的消费日趋增加，从全球角度来看，林产品的消费大国主要为美国、中国、加拿大、欧盟、日本、韩国。这些国家或区域不生产非法木材，美国、加拿大和欧盟为敏感市场国家，这些敏感市场国家对环境要求较高，在国内禁止木材非法生产，对进口木材也提出合法性要求。中国、日本和韩国对产品环境要求没有敏感市场国家要求高，但国内对非法木材生产都采取禁止政策。主要消费国家对非法林产品的消费主要来源于进口。

Forest Trends[74]（2013）把清廉指数（CPI）低于50的国家定义为高风险的国家，按此定义，根据国际透明组织清廉指数（Transparency International CPI）2013年的报告，非法采伐高风险的国家以发展中国家和一些极其落后的国家为主，绝大多数为非洲、中美洲、拉丁美洲和一些东南亚国家。如图3-2所示，全球出口高风险的林产品依次为家具、人造板、原木、其他木材、锯材、木浆和纸张。整个林产品出口高风险的比例达到30%，2004～2013年除原木出口的高风险比例几乎保持不变之外，其他各类林产品出口的高风险比例都呈现上升的趋势。

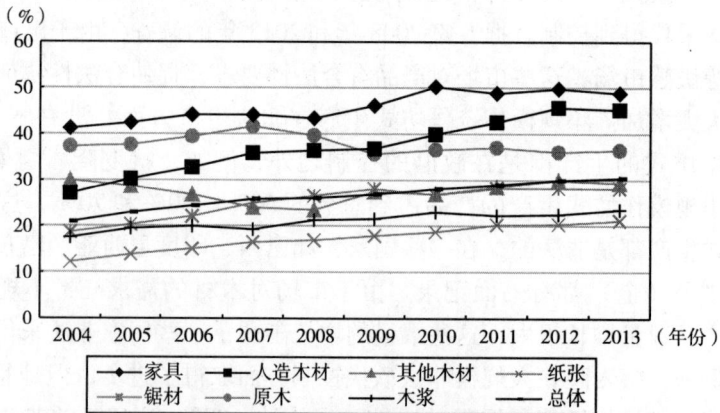

图3-2　2004～2013年全球各类高风险林产品出口比例
资料来源：国际贸易中心贸易统计和国际透明组织腐败印象指数。

进一步分析主要消费国家高风险林产品消费情况（见表3-2）。从

表 3 - 2 中可以看到，2004～2013 年间，主要消费国家消费的高风险林产品总值在增加，英国皇家国际事务研究所 Lawson[76]（2010）认为非法木制品消费 2004 年到了一个高峰，但是到 2008 年开始呈现下降趋势，而 Hoare[69]（2015）认为近几年随着社会对非法采伐关注度的减少，非法采伐从 2010 年后又开始呈现增加的趋势。从分段数据来看，2004～2008 年欧盟、美国和日本消费的高风险林产品总量从增长开始下降，2008 年后所有国家都开始呈现递增趋势。

表 3 - 2　　　　主要消费国家高风险林产品消费总值（2013 年）　　　单位：亿美元

国家	2004 年	2005 年	2006 年	2007 年	2008 年	2009 年	2010 年	2011 年	2012 年	2013 年
欧盟	193.56	211.14	230.67	291.01	287.69	213.20	252.35	262.58	234.96	240.75
美国	110.85	128.44	139.13	137.99	126.44	95.97	115.30	113.71	122.89	132.16
中国	56.19	61.60	70.24	85.53	93.10	80.12	108.65	139.67	131.52	145.63
日本	50.71	48.42	50.30	50.51	47.38	41.95	48.20	60.58	59.36	56.60
韩国	14.29	16.68	19.81	22.20	21.86	15.81	23.15	24.98	23.63	25.95
加拿大	6.48	7.68	9.51	11.68	12.05	9.80	11.97	12.55	13.32	13.77

资料来源：国际贸易中心贸易统计和国际透明组织腐败印象指数。

原木为非法生产的主要产品，从消费大国进口的高风险比例来看，中国、欧盟、日本和韩国的比例最高（见图 3 - 3）。中国进口原木最高峰时达到 80%，近几年虽然有下降趋势，但比例仍然在 50% 以上，这与中国原木进口源有关，虽然中国近几年从美国、加拿大进口的原木数量不断增加，但仍然有很大比例进口来自非洲、中美洲和东南亚一带，这些国家或地区是非法木材生产的集中地，属于高风险地区。欧盟内德国、瑞典、芬兰和意大利是原木进口大国，这些国家进口的原木中有一部分是来自高风险地区的国家。日本和韩国进口的原木高风险比例逐渐下降，主要是从高风险地区的国家，如俄罗斯、巴布亚新几内亚的进口比例下降，从美国、加拿大等国家原木的进口比重增加。美国和加拿大是原木的出口大国，进口原木数量相对较少，且进口来源于环境敏感国。

锯材是原木经过简单加工后的成品，很大程度上也是原材料产品。与原木进口的高风险比例相比，主要国家仍然是中国、韩国、欧盟和日本（见图 3 - 4）。中国是锯材的进口大国，进口来源与原木进口来源差别不大，因

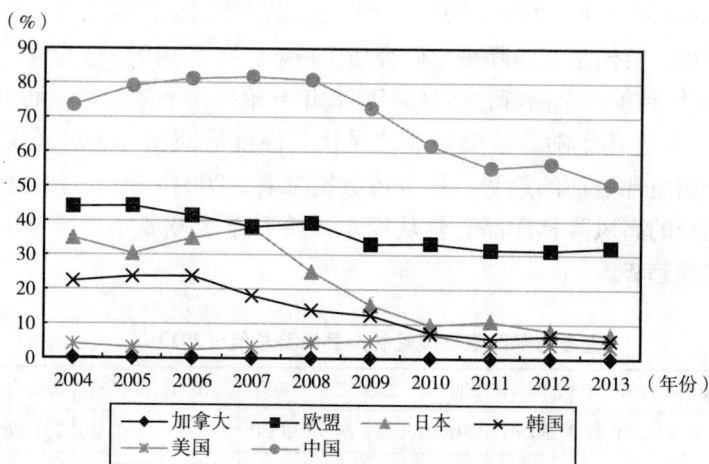

图 3 - 3　2004～2013 年主要消费国原木进口高风险比例

资料来源：国际贸易中心贸易统计和国际透明组织腐败印象指数。

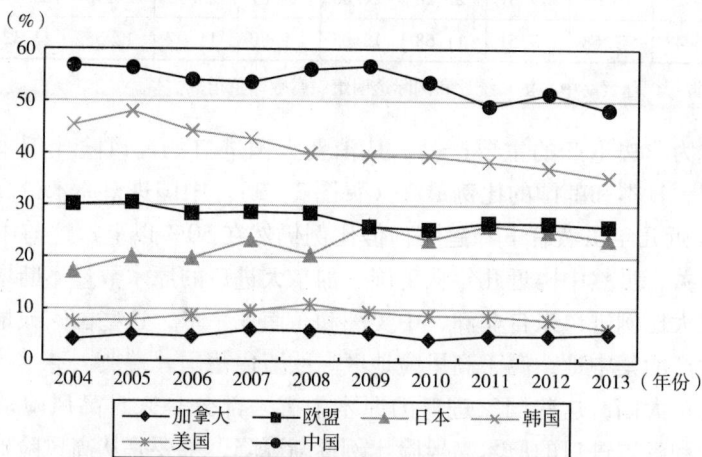

图 3 - 4　2004～2013 年主要消费国锯材进口高风险比例

资料来源：国际贸易中心贸易统计和国际透明组织腐败印象指数。

此高风险比例比较高。韩国从俄罗斯和马来西亚等一些东南亚高风险的国家进口的数量较多，因此高风险比例也较高。欧盟中主要进口大国德国、法国和意大利等进口的高风险地区国家的锯材数量较多，因此高风险比例较高，日本进口的俄罗斯锯材数量比较大，且近几年呈增加趋势，因此高风险比例在上升。美国和加拿大是锯材出口大国，虽然也进口，但是进口源集中在敏感市场国家，因此比例较低。

从木浆进口的高风险比例来看，整体上高风险比例比较高，且呈上升的趋势（见图 3−5）。这与木浆的产品性质有关。木浆作为一种半成品可以作为造纸行业或其他一些工业行业。一些出口大国巴西、印度尼西亚和俄罗斯是作为高风险国家来对待的，而且一些发展中国，随着木材加工业的发展，也开始出口木浆如南非、泰国和阿根廷等国家。低风险国家出口的木浆总产量占全球木浆出口总额的比例不高，木浆出口呈现多元化趋势。因此在这种情况下，主要消费国家木浆进口的高风险比例在提高。

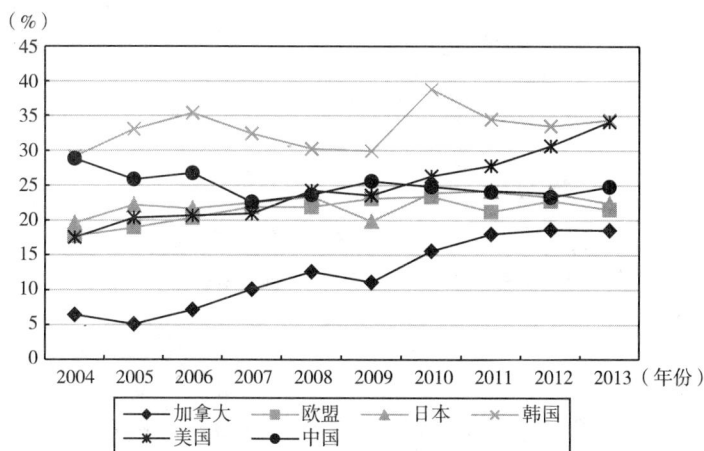

图 3−5　2004~2013 年主要消费国木浆进口高风险比例

资料来源：国际贸易中心贸易统计和国际透明组织腐败印象指数。

从纸张的进口来看，日本和韩国进口纸张的高风险比例比较高，中国、欧盟和美国比较相对较低，加拿大比例最低，维持在 5% 左右（见图 3−6）。日本和韩国进口纸张主要来源中国、印度尼西亚、泰国等国家，其中从中国的进口比例不断增加。中国的 CPI 指数 2013 年为 40，按 Forest Trends（2013）的规定，列入高风险地区的国家。中国、欧盟和美国维持较高的比例，中国进口的纸张数量不大，高风险比例整体呈下降趋势，主要进口国为俄罗斯和欧盟的一些国家，美国主要进口国是东南亚国家、中国和一些欧盟国家，值得注意的是部分欧盟国家 2013 年 CPI 数值也是低于 50，如捷克和意大利。欧盟纸张进口来自欧盟内部，部分来自俄罗斯、中国、巴西、印度尼西亚和南非等国家，进口地区为高风险国家占一定比重，因此高风险比例显得较高。

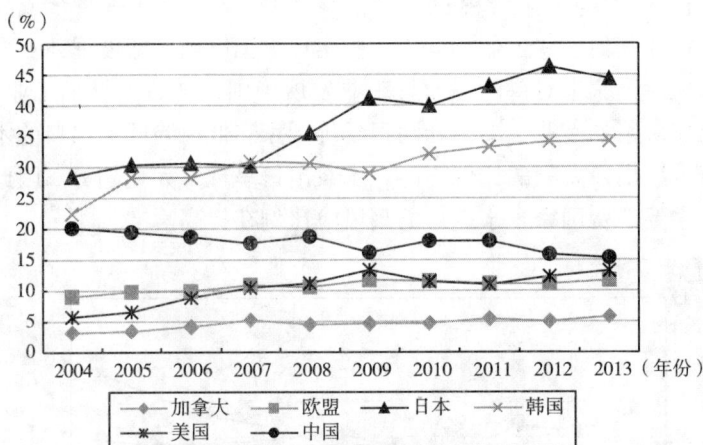

图 3－6 2004～2013 年主要消费国纸张进口高风险比例

资料来源：国际贸易中心贸易统计和国际透明组织腐败印象指数。

从其他木材进口来看，中国和韩国进口风险比例最高，中国高峰时达到90%，而韩国在 2011 年甚至达到 95%，日本、美国和欧盟相对低一些，但是日本 2013 年高风险比例达到 45%，美国和欧盟也达到 30%，加拿大比例很低，基本维持在 1% 左右（见图 3－7）。产生这种情况与其他木材的界定相关，其他木材包括木炭、木片、碎料和剩余物，这些材料主要作为燃料使用，中国、韩国和日本对木炭、木片、碎料和剩余物这些材料进口量较大。中国和韩国主要进口东南亚国家和非洲、中美洲国家，日本主要进口东南亚国家。美国主要进口墨西哥、印度尼西亚和部分中美洲国家，欧盟主要进口欧盟内部、俄罗斯和部分中美洲国家，由于这些国家中有的属于高风险地区国家，因此存在一定的高风险比例。

家具进口的高风险比例较高，总体呈上升趋势（见图 3－8）。主要原因是家具生产大国主要为发展中国家，这些国家基本都定义在高风险地区国家的行列，如中国，越南、印度尼西亚、马来西亚。中国出口家具最多，2013

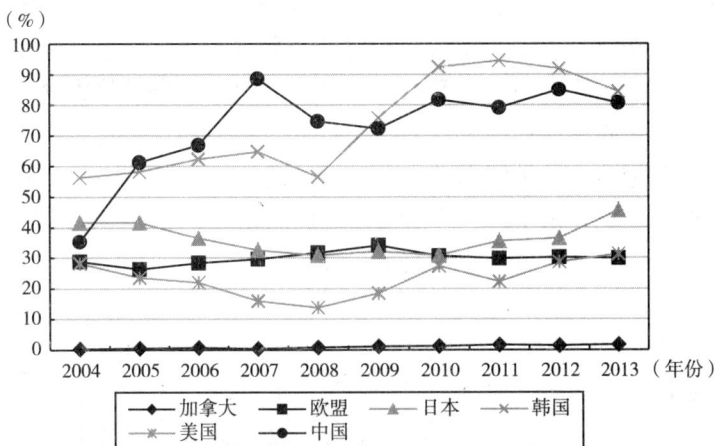

图 3 − 7　2004 ～ 2013 年主要消费国其他木材进口高风险比例

资料来源：国际贸易中心贸易统计和国际透明组织腐败印象指数。

年占全球家具出口总值的 27％，主要出口地为美国、欧盟、日本和加拿大，其次是越南，越南生产的家具主要出口到韩国等地。中国也进口家具，进口地区主要为意大利和印度尼西亚。家具出口大国都为高风险地区国家的现实，推动了主要消费国家进口的家具高风险比例较高。

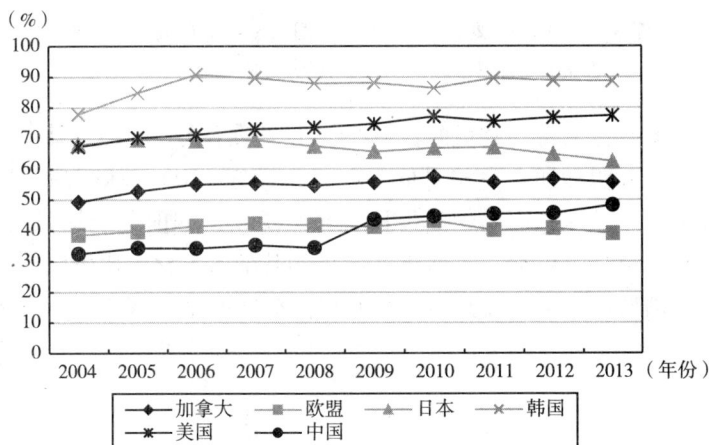

图 3 − 8　2004 ～ 2013 年主要消费国家具进口高风险比例

资料来源：国际贸易中心贸易统计和国际透明组织腐败印象指数。

　　人造板进口高风险比例最高的国家为韩国，2013 年达到 70%，日本、美国和中国也较高，加拿大和欧盟相对低一些（见图 3 – 9）。与家具相比，人造板的生产大国除中国、印度尼西亚、马来西亚为高风险国家和地区外，其他都属于低风险地区的国家。中国出口人造板最多，主要出口地为美国、欧盟、日本和加拿大，中国也进口人造板，进口地主要为泰国、俄罗斯、意大利和印度尼西亚。由于高风险出口国的比例相对低了一些，因此全球进口人造板高风险比例与家具相比也低了一些。

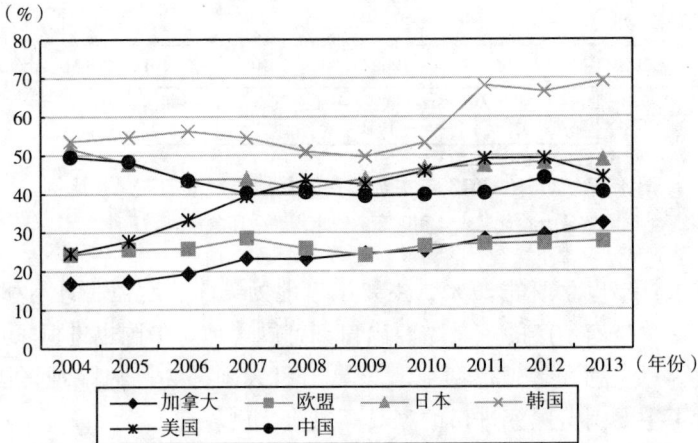

图 3 – 9　2004 ~ 2013 年主要消费国人造板进口高风险比例

资料来源：国际贸易中心贸易统计和国际透明组织腐败印象指数。

　　从林产品总体来看，高风险比例整体上变动不大，中国、韩国、日本和美国的较高，欧盟和加拿大相对低一些（见图 3 – 10）。林产品总体高风险比例与各类林产品在总产品中的占比有很大关系，如前分析纸张占比最高，其次是木浆、家具、锯材、人造板、原木和其他木木材。比较图 3 – 10 和图 3 – 6，主要消费国家林产品总体进口高风险分布基本与纸张进口高风险分布相同。

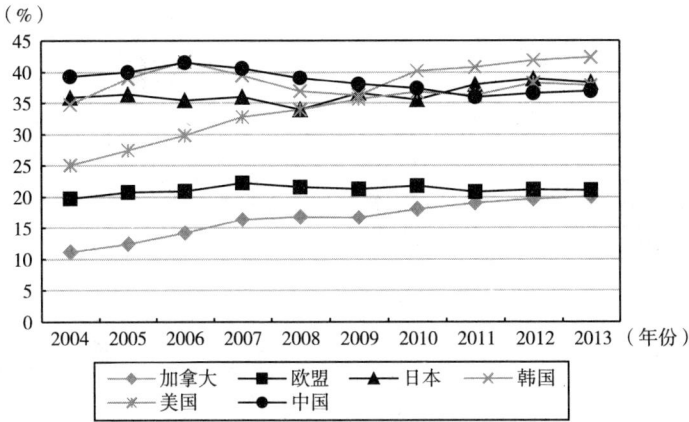

图 3 - 10　2004 ~ 2013 年主要消费国林产品总体进口高风险比例

资料来源：国际贸易中心贸易统计和国际透明组织腐败印象指数。

3.4　非法采伐的影响

　　非法采伐直接造成全球森林面积减少。全球的森林面积不断减少，据2010 年全球森林资源评估报告（FAO[84]，2011），全球森林面积减少了 5211公顷。引起森林面积减少的原因有很多，一方面是自然损耗，另一方面是森林转做他用，森林转换未得到许可，森林砍伐是非法的。目前森林砍伐主要集中在非洲、南美、东南亚等国家，部分国家和地区如美国、加拿大、中国和欧盟等在控制采伐的同时，开始人工造林，例如，中国实施退耕还林和天然林保护工程。尽管一些国家和地区大量造林，但全球森林砍伐率很高，很大一部分属于非法砍伐，全球的森林面积整体仍呈下降趋势（见表 3 - 3）。

表 3 - 3　　　　　　　　　　2005 ~ 2010 年全球森林面积变化

国家/区域	森林面积（千公顷）		年均变化	
	2005 年	2010 年	2005 ~ 2010 年（千公顷/年）	占比（1%）
世界	4060964	4033060	- 5211	- 0.13
南美	882258	864351	- 3997	- 0.45

续表

国家/区域	森林面积（千公顷）		年均变化	
	2005 年	2010 年	2005～2010 年（千公顷/年）	占比（1%）
非洲	691468	674419	-3414.5	-0.495
非洲东部和南部地区	276679	267517	-1838.5	-0.66
非洲西部和中部地区	335770	328088	-1534.5	-0.455
大洋洲	196745	191384	-699.5	-0.36
亚洲南部和东南亚地区	299327	294373	-677	-0.225
中美洲	20745	19499	-248	-1.19
北非	79019	78814	-41	-0.05
加勒比海	6728	6933	50	0.75
亚洲中西部	42880	43513	131	0.305
北美洲	677823	678961	188	0.025
欧洲	1001150	1005001	676	0.07
亚洲	584048	592512	2235	0.385
东亚	241841	254626	2781	1.165

资料来源：2010 年全球森林资源评估报告（FAO，2010）。

从表 3 - 3 中可以看出，南美、非洲是森林面积减少较大的区域。进一步对森林面积减少最多国家分析，发现森林面积减少最多的国家为非洲、南美和东南亚等热带林国家。表 3 - 4 列出森林面积减少最多的前 10 个国家，除澳大利亚外，其他国家都是非法采伐较为严重的国家，如巴西、刚果（金）、缅甸和印度尼西亚在英国皇家国际事务研究所的报告中列为非法采伐的主要生产地，喀麦隆、老挝和巴布亚新几内亚虽然没有列入前 10 位，但也是森林面积减少较多的国家。这些森林面积减少较多的国家在 2000～2012 年间至少 1/3 的热带林砍伐是非法的（Hoare[69]，2015）。

表 3-4 　　　　　2005~2010 年全球森林面积减少国家（前 10 位）

国家/区域	森林面积（千公顷）		年均变化	
	2005 年	2010 年	2005~2010 年（千公顷/年）	占比（1%）
巴西	530494	519522	-2642	-0.495
澳大利亚	153920	149300	-562	-0.37
印度尼西亚	97857	94432	-497.5	-0.51
尼日利亚	11089	9041	-410	-3.665
坦桑尼亚共和国	35445	33428	-403	-1.13
津巴布韦	17259	15624	-327	-1.88
刚果（金）	155692	154135	-311	-0.2
缅甸	33321	31773	-309.5	-0.925
玻利维亚	58734	57196	-289.5	-0.495
委内瑞拉共和国	47713	46275	-288	-0.6

资料来源：2010 年全球森林资源评估报告（FAO，2010）。

非法采伐促使森林面积的减少，森林资源作为人类社会生活中的重要资源，与社会经济发展息息相关，因此研究非法的影响要从经济层面，社会政治层面和生态环境层面考虑。

3.4.1　经济层面

非法采伐直接产生经济损失。美国 Havocscope 估计非法采伐造成的经济损失达到 300 亿美元，在亚太地区的非法贸易达到 170 亿美元。非法采伐产生的经济损失主要表现在两个方面：一方面降低了国家的财政收入。非法采伐的存在，对生产国而言，非法采伐者通过违规或逃避管理的形式获得采伐权，或为获得更多的非法利益，与政府官员相互勾结，形成权钱交易和社会腐败，这些使国家的收入减少。非法生产的木材由于较低的价格对市场资源配置产生了扭曲作用，对正常合法经营产生了冲击，降低了投资者的积极性，对国家吸引外资和投资产生了消极的影响，减少了国家税收来源。非法采伐在运输和销售过程中的偷税和逃税也减少了国家的财政收入。对消费国而言，由于非法生产的木材价格较低，生产制作的成品价格也较低，在进出口过程中减少了加工国和消费国的税收收入，同时较低的价格对这些国家市场价格产生了冲击。另一方面非法采伐增加了监管的成本，从控制非法采伐的角度出发，不论是生产国还是消费国都需要增加额外的成本支出，增加监管人员，须要支付相应的人工成本，增加监控设备也需要购买和添置设备，也要增加支出。

非法采伐影响了国际木材生产供应链的配置。非法生产的木材价格低，冲击了市场，对全球木材生产、加工和消费格局产生影响。一些传统木材加工大国从降低成本角度出发，采购的木材来自非法生产地的木材数量增加，进一步促进了木材的非法生产。一些加工成品由于原材料成本低，以低廉的成品价格冲击成品市场，改变了市场产品的消费结构。

3.4.2 社会政治层面

非法采伐对社会政治层面的影响主要表现在加剧贫困、对社会事业产生危害，形成暴力冲突和危害粮食公共安全方面。非法采伐过程在违法情况下操作，以小规模采伐为主，小规模采伐决定了雇佣的工人数量少，生产效率低，既不利于资源有效配置，又增加了失业。在一些贫困国家，一些居民主要靠林地为生，林地的丧失，将会使他们更加贫困。非法采伐不顾及生态环境的砍伐，极易造成的水灾等次生灾害，对农田灌溉和水利设施产生影响，从而影响粮食安全。非法采伐对林地大量的剥夺，林地所有者为保护自身权益，与非法采伐者之间容易产生冲突，一些贫穷国家，林地所有者为获得更多林地采伐权，林地所有者之间不惜爆发武装冲突。非法采伐过程中的行贿与受贿产生的政府腐败，容易形成政治腐败，败坏社会风气，推动政权更迭。

3.4.3 生态环境层面

非法采伐对生态环境的影响主要表现在对森林生态系统破坏，减少森林碳库，减少稀有资源，破坏地表和减少森林资源及土壤退化等方面。非法采伐对森林过度开采，形成森林品质下降，损害了生物的多样性，摧毁了濒危野生动物的栖息地，破坏了森林的生态系统。非法采伐减少了碳库，据英国皇家国际事务研究所估计，2013 年 9 个主要非法木材生产国生产非法木材8000 万立方米的原木当量，相当于全球木材产量的 1/3，减少森林碳库 1.9亿吨，而丹麦、瑞典和挪威 3 个国家 2010 年释放的碳库总和也只有 1.55 亿吨。非法采伐对稀有珍贵树种的砍伐，一方面使稀有资源减少，另一方面把这些珍贵树种简单作为木材使用，没有发挥出它应有的价值，降低了它们的使用效率。非法采伐破坏森林对自然的保护功能，砍伐后的森林未有明确的恢复或保护措施，破坏了地表层，损耗了地下水资源，同时使土壤退化，森林防水灾的功能消失，退化的土壤使庄稼种植也成为难事。非法采集影响如图 3 – 11 所示。

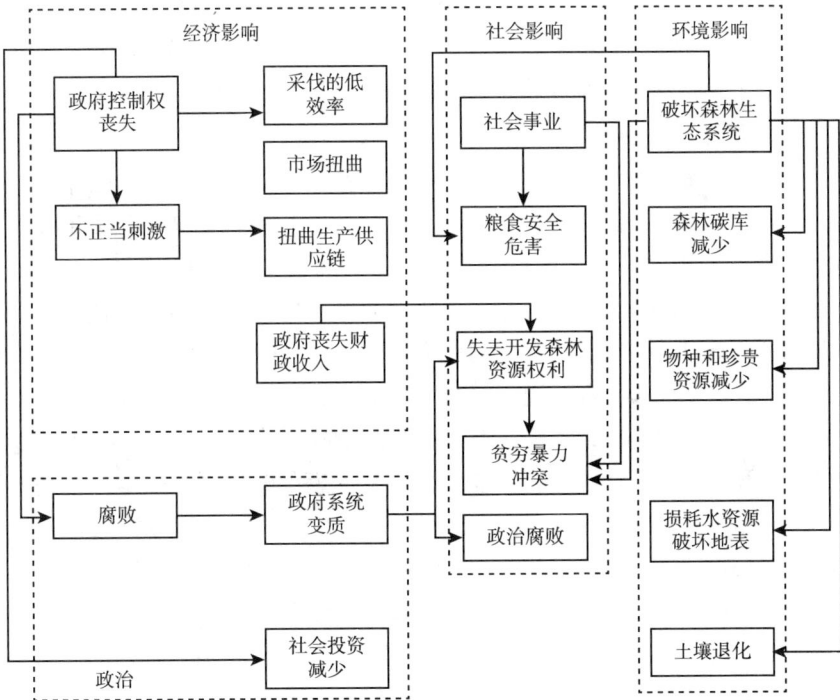

图 3 – 11 非法采伐的影响

3.5 非法采伐的治理

3.5.1 治理政策

由于森林对人类的特殊作用，而非法采伐对森林的生态系统产生很大破坏，因此非法采伐引起了全球的重视（Visseren-Hamakers & Glasbergen[85]，

2007）。八国集团在 1998 年的峰会上最先提出森林行动计划，在美国和英国强烈推动下形成了监管和评估、国家森林项目、私有化、保护区域和非法采伐 5 个议题，为支持这 5 个议题形成了 3 类行动纲领：国内行动、双边互助项目和政府间进程。八国集团关于森林行动计划的方案提出表示发达国家在关注经济发展的同时，开始日益关注到环境，可以说这是一个里程碑的事件，自此之后一些国家开始关注非法采伐。美国在 2000 年八国集团峰会提出了建立区域性政府间森林执法和治理机制（FLEG）进程。之后，东南亚、中非、欧洲也分别通过部长级宣言建立了区域性政府间森林执法和治理机制。东南亚政府间森林执法和治理机制在 2001 年印度尼西亚的巴厘岛召开，会议把非法采伐作为一个政治议题列入会议公告，公告明确了非法采伐及其贸易直接威胁亚太地区森林的生态系统和生物多样性，同时也给本国特别是当地社区造成很大经济和社会危害（Gulbrandsen & Humphreys[86]，2006），会议列出了一个详细行动清单，虽然与会各国没有完全承诺按此执行，但是都考虑到国内森林监管体制需要改革。中非政府间森林执法和治理机制进程 2003 年在喀麦隆的雅温得召开，会议发布了部长宣言，并附带了一系列的行动计划，宣言强调需要加强政府承诺，动员资源分配，推动政府的合作。中非 FLEG 主要目的是通过已有机制或加强已有机制，并根据这些机制展开工作。东南亚和中非的森林执法和治理机制主要是从生产国角度展开的，欧盟作为主要的消费国，欧盟于 2003 年提出了《森林执法、治理和贸易行动计划》（FLEGT）。欧盟的《森林执法、治理和贸易行动计划》不仅从生产领域也从消费领域明确了森林执法和治理机制进程，其主要包括：欧盟和主要生产国之间的自愿伙伴协议（VPA）；成员国政府采购来自合法生产源的木材，推动私有领域制止非法采伐；推动出口和对采伐资助项目的尽职调查。欧盟的《森林执法、治理和贸易行动计划》在 2005 年被欧盟议会接受，开始对欧盟各成员国产生效力。然而欧盟的《森林执法、治理和贸易行动计划》主要针对生产国范围内的非法木材产生效力，对于生产国的非法木材流入域外再流入到欧盟国家是没有约束力的，于是欧盟于 2010 年 10 月通过了欧盟《木材法规》，从法令规定禁止非法采伐，欧盟《木材法规》于 2013 年 3 月开始生效。在欧盟出台法规禁止非法采伐之前，美国通过了《雷斯法案修订案》、澳大利亚通过了《非法采伐禁令》，这两个法律分别于 2008 年和 2012 年开始生效。其他一些国家虽然没有从法律上明确禁止非法采伐，但是政府采购开始要求采购来自合法源生产的木材，如日本、新西兰和中国等国家。一些国际公约像《生物多样性公约》（CBD）、《濒危野生动植物种国际贸易公约》（CITES）和《国际热带木材协定》（ITTA）作为国际公约或协定，对缔约国或协定参与国在制止非法采伐方面还起到了作用。

一些政府组织或非政府组织在推动国际社会关注非法采伐或各国政府采取具体措施制止非法采伐起到了很大作用。例如，美国林纸协会（AFPA）关注非法采伐对美国原木，锯材和出口的冲击，成为美国推动森林执法和治理的主要力量。国际热带木材组织（ITTO）是森林的可持续经营的主要推动者，提出了一系列的森林可持续经营标准。英国木材贸易联盟（TTF）制定了一套负责任的采购政策，作为其成员单位向政府提供木材产品追索的依据。欧洲造纸工业联合会（CEPI）要求其成员组织购买合法采伐的木材。全球森林贸易网络（GFTN）通过成员对企业提供技术支持、共同制订行动计划、进行年度审核评估和建立合法企业国内外市场联系等一系列措施，使成员企业逐步实现合法贸易。亚洲森林伙伴关系（AFP）提供了森林监管执法、控制森林火灾和退化森林土壤的恢复、有效发展森林效能的框架。减少发展中国家毁林及森林退化机制（REDD＋）承诺为木材合法采伐提供资金支持。其他一些森林论坛组织如联合国森林论坛（UNFF）和亚太经合组织（APEC）也为治理非法采伐提供协商讨论的平台。

政府和非政府组织推动的一系列的认证或认定对遏制非法采伐也起到了良好的作用。这里主要介绍了森林认证和合法性认定。森林认证又称森林可持续经营的认证，是运用市场机制来促进森林可持续经营的工具。森林认证包括森林经营认证和产销监管链认证两个内容。森林经营认证是根据所制定的一系列原则、标准和指标，按照规定的和公认的程序对森林经营业绩进行认证，而产销监管链认证是对木材加工企业的各个生产环节，即从原木运输、加工、流通直至最终消费者的整个链进行认证。森林认证之所以由独立的第三方进行，其目的是为了保证森林认证的公正性和透明性（管志杰[87]，2011）。大部分森林认证以市场导向，企业在自愿基础上，向认证机构提出申请，按照改善森林经营或可持续的经营标准对特定森林区域进行自愿的独立认证，企业通过森林认证表明企业的产品符合可持续经营标准。目前森林认证主要包括森林管理委员会（FSC）和森林认证认可计划（PEFC）两大类。合法性认定是由政府和非政府组织机构推动的，具有强制性和自愿性的特点。合法性认定指对林产品生产、加工、运输、销售、消费，各个生产环节进行与所有相关法规和公约条款、森林经营计划、土地管理及森林开发方面规定的符合性和遵守性评估，以证明木材原料及产品都是合法取材和生产的（李剑泉和陈绍志等[88]，2013）。合法性认定作为通过森林认证的一个阶段性的过程，仅仅要求经营商进行合法性认定。合法性认定含合法源验证（VLO）和守法性检验（VLC）。VLO 从源头上检查木材生产商是否生产合法，是否遵循政府部门规定或司法的部门的裁定，VLO 木材的供应商必须采用和维持有证明文件的链状监督系统。VLC 评价获取许可证、采伐规划、税收或费用支付、砍伐整个管理过程是否符合森林相关法律或法规的要求。VLO 是合法性认定的基本要求，证明木材来源有合法采伐权的森林，VLC 是更高要求，规定森林经营活动必须遵守环境保护，野生动物、水、土壤保护以及工人健康和安全等一系列法律。森林认证和合法性认证已经成为政府采购产品判断该产品是否满足合法性要求的标准之一，美国《雷斯法案修订案》、澳大利亚《非法采伐禁令》和欧盟的《木材法规》都把产品是否通过森林认证或合法性认定作为产品是否合法的标准。

在非法采伐治理进程中，一些国家之间签订了打击非法采伐的双边协议，对打击非法采伐起到很大推进作用（Lawson[76]，2010）。如中国与美国在 2008 年，中国与欧盟、澳大利亚在 2009 年、美国与印度尼西亚在 2006 年、日本与印度尼西亚在 2003 年都签订的谅解备忘录，美国与秘鲁在 2006 年签署了打击非法采伐的贸易促进协议。这些谈判达成的双边协议，协议双方认识到了非法采伐的危害，承诺采取相应的措施治理非法采伐，有效推动了全球非法采伐的治理进程。

从整个治理非法采伐进程上看，目前全球治理非法采伐的最有效的工具是《森林执法、治理和贸易行动计划》、国家法律禁令、政府采购政策、国际公约（或协定）和打击非法采伐的双边协议，由于这些治理措施对非法采伐产生实际的限制作用，接下来对这些内容做一个详细的介绍。

3.5.1.1 欧盟的《森林执法、治理和贸易行动计划》

《森林执法、治理和贸易行动计划》（FLEGT）的主要目的是促使欧盟负责任的公司优先从遵守当地法律的供应商那里采购木材，使他们采伐的木材供应者能得到收入，间接为产地的穷人和生态环境负起责任，同时建立欧盟的合法木材市场，鼓励商人和消费者购买合法生产的木材。《森林执法、治理和贸易行动计划》的实施主要是欧盟成员国的政府和木材进口商负责任的采购来实施的。欧盟国家的政府要与希望处理非法采伐的国家建立伙伴关系，要求这些伙伴国家表明出口到欧盟的木制品是合法的，要制定鼓励欧盟国家进口商负起责任的法律，要求他们为购买的木材提供来源地证明。鼓励欧洲国家的政府和采购商采购的是合法木材、可持续发展的纸浆、建筑用木材、办公家具和其他林产品，要让欧盟国家的公司了解采购合法和可持续发展木材的责任，帮助他们建立集体操作的过程和方法。

建立与木材生产国的自愿伙伴协议（VPA）。通过与出口木材到欧盟的国家之间签订双边协议，合作协议对出口国是自愿性，出口国主要委托欧盟帮助其改善森林认证、引进高效规范的森林经营系统、实施对林产品进行追溯和申领对欧盟出口的 FLEGT 许可证。一旦某个出口国签订了双边协议，该国将有一段时间来配备必要的系统，此后只要获得许可的木材就可以入境欧盟。由于 VPA 是双边和自愿性的，合作协议及其在它的原则下建立的特许机制将面对许多挑战，例如，经由不参加合作协议的国家对欧盟继续出口非法木材将很难控制。为此欧盟委员会以"尽职调查原则"为前提，要求木材贸易商执行有关程序来保证他们进口到欧盟的产品或者在欧盟国内生产的产品是来自于合法采伐的木材。

自愿伙伴协议计划在具体实施时，要经过信息通告、准备磋商、磋商、批准和实施、颁发许可证这几个阶段。在具体协商过程中，基于伙伴国国内法特许的透明公开的系统不会很快能确定下来，协议最终签订通常需要若干年谈判才能完成。目前已有 6 个国家为 VPA 签署国，分别是刚果（布）（2010）、中非共和国（2011）、印度尼西亚（2011）、加纳（2010）、利比里亚（2011）和喀麦隆（2010）[①]。VPA 签署后，对于签署国而言，国内相关的法律法规要进行调整，同时须要欧盟提供建立满足欧盟 FLEGT 的支持，对于伙伴国颁发的 FLEGT 的许可证，欧盟要进行评估，这些需要一个过程，因此目前还没有国家开始颁发 FLEGT 许可证，据英国皇家国际事务研究所估计，首张 FLEGT 许可证也要到 2016 年，将由加纳颁布。还有一些国家，

---

① 括号内的为签署日期。

如越南、刚果（金）、加蓬、圭亚那、洪都拉斯、老挝、马来西亚、泰国、科特迪瓦还处于磋商阶段，所罗门群岛、哥伦比亚、柬埔寨、厄瓜多尔、危地马拉、缅甸、巴布亚新几内亚、秘鲁、菲律宾、塞拉利昂、玻利维亚处于通知阶段。

欧盟的《森林执法、治理和贸易行动计划》还包括建议欧盟各个国家建立绿色采购政策要求，绿色采购政策要包括采购产品及其服务的标准。欧盟委员会发布了对欧洲各国政府关于绿色采购的指导意见，其中包含木材。该指导书建议政府应把采购合法木材作为起码要求，在可能的情况下优先采购可持续发展的木材。欧盟的一些国家也都制定了对采购的木材及其制品必须是合法和可持续发展的要求的采购政策。政府采购量要占到整个市场份额的 20% 以上，通过政府的这些政策已经促进了在公共部门和非公共部门中合法和可持续发展的木材的销售。

3.5.1.2 美国的《雷斯法案修订案》

2008 年美国重新修订实施了《雷斯法案修订案》的产品范围，修正案产品范围涉及了木材及木材制品，也包括纸和纸浆，并明确了处罚规定。修正案在管理范围上由"濒临灭绝的动植物管理"扩展到"整个野生植物及其产品"。操作层面上对进口到美国的野生植物及其产品，要求填报"植物及产品申报单"。处罚措施方面规定了对违法植物及产品采取扣押、罚款和没收措施，对申报虚假信息、错误标识也要采取处罚措施。修正案要求进口企业强制申报，相关企业或个人要尽到"应有的责任"，对原材料木材及其制品进行风险评估，从较长复杂的供应链中清除来源非法的木材，最后判定是否合法是基于市场监督方提供的事实，由美国司法部门做出判断（吴盛福和何朝瑞等[89]，2013）。

《雷斯法案修订案》的主要由美国内政部渔业和野生动物服务局，美国农业部动植物检疫局实施，美国海关和监控边境的美国国土安全局参与实施。雷斯法案规定的民事和刑事处罚因当事公司或个人对其违法行为了解程度、涉及货物、船只的价值不同而不同。处罚中最关键的因素采购木材时进口商是否对木材来源的合法性进行调查，进口商对木材的合法性了解的多少很大程度上决定了接受处罚的程度（陈晓倩和吴盛福[90]，2013）。美国《雷斯法案修订案》分 4 个阶段实施，每个实施阶段的时间为 3 到 6 个月。

各个阶段涉及的林产品如表 3 - 5 所示。

表 3 - 5　　　　　　　　《雷斯法案修订案》各阶段涉及的林产品

阶段	主要内容
第一阶段：2008 年 12 月 15 日~2009 年 3 月 31 日	进入美国的野生植物及产品开始要求进口商提供"植物及产品申报单"。美国农业部动植物检疫局在其网站提供申报单式样
第二阶段：2009 年 4 月 1 日（即美国电子申报系统实施日期）~2009 年 9 月 30 日	涉及 HS 编码 44 章（木材及木制品）内的 4401（薪材）、4403（原木）、4404（箍木、木劈条、木桩及削尖木桩）、4406（铁道及电车道枕木）、4407（纵锯木或纵削木）、4408（装饰木板）、4409（任何一边、端或面制成连续形状的木材）、4417（木工具、工具手柄、扫帚手柄）、4418（建筑及木工用木材），均强制要求提供"植物及产品申报单"，并采用电子申报系统
第三阶段：2009 年 10 月 1 日~2010 年 3 月 31 日	除第二阶段内容外，含 HS 编码 44 章（木材及木制品）内的 4402（木炭）、4405［木丝（刨花）］、4410（刨花板）、4411（纤维板）、4412（胶合板、胶合镶板）、4413（强化木材）、4413（木构架）、4415（av 箱、木盒）、4416（木桶）、4419（木质餐具和厨具）、4420（木质镶饰物、木匣、木雕）；47 章（木浆）内的 4701（机械木浆）、4702（化学溶解木浆）、4703（硫酸盐木浆）、4704（亚硫酸盐木浆）、4705（机械化学木浆），均强制要求提供"植物及产品申报单"，并采取电子申报系统
第四阶段：2010 年 4 月 1 日~2010 年 9 月 30 日	除第三阶段内容外，含 HS 编码 44 章（木材及木制品）内的 4421（未列明或未包括在其他章节的木制品）；48 章（纸和纸制品）内的 4801（新闻纸）、4802（未经涂布的书写纸）、4803（卫生纸、面巾纸）、4804（未经涂布的牛皮纸）、4805（其他未经涂布的纸及纸板）、4806（植物羊皮纸等）、4807（复合纸及纸板）、4809（复写纸）、4810（经涂布的纸和纸板）、4811（除 4803、4809 及 4810 外经涂布的纸等）；94 章（家具等）内的 940169（带木框架坐具）、940330（办公用木家具）、940340（厨房用木家具）、940350（卧室用木家具）、940360（其他木家具）、940370（木家具部件），均强制要求提供"植物及产品申报单"，并采取电子申报系统

3.5.1.3　欧盟的《木材法规》

　　欧洲议会于 2008 年 10 月草拟关于木材贸易商社会责任的预案，2010 年 10 月正式颁布《木材法规》，并于 2013 年 3 月 3 日正式生效。《木材法规》是欧盟为阻止非法采伐的木材进入欧盟市场，首次将木材和木制品投放于欧洲市场的运营商以及后续商业活动中买卖这些木材和木制品的贸易商对此类产品的合法性负责。《木材法规》与《森林执法、治理和贸易行动计划》相比，内容进一步拓宽到欧盟内部对非法木材的禁止，范围拓宽到所有的进口国，不局限于自愿伙伴协议国，而且是法规，具有更明确的约束力。

《木材法规》对于"首次将木制品投放于欧洲市场"的规定：除任何首次在欧盟市场上进行木材或木制品销售或使用的商业行为，还包括在1997年5月20日通过的远程销售消费者保护指令（Directive 97/7/EC）上提到的远距离供应行为。对已出现在欧盟内部市场上的木材或木材产品进行销售或使用的行为不构成"首次投放"。明确了采伐国相关法律法规定义"非法采伐"和木材的合法性，这些法律法规包括：持有法定界限内的采伐权，采伐及木材生产相关的税收，木材采伐相关的环境及森林法规，产权、使用权等与木材采伐相关的第三方合法权益，与林业相关的贸易及海关规定。法案在世界范围内没有形成相关概念统一定义的情况下如此规定，相对比较合理，体现了在源头上保证木材的合法性的原则。产品范围：目前大部分主要林产品如原木、锯材、单板、家具等都在法案适用范围内，循环使用材料、乐器及某些情况下使用的包装材料等不在适用范围内。

欧盟《木材法规》已经开始生效，作为满足法规的主要条件，对于生产国而言产品满足《濒危野生动植物种国际贸易公约》（CITES）或获得FLEGT许可证。对于运营商，法规要求运营商需承担两方面责任：禁止向欧洲市场投放非法采伐的木材和木制品和建立尽职调查体系（以下简称DDR）、实施DDR以最大限度地规避非法采伐的木材和木制品进入欧盟市场的风险。其中DDR需要完成三方面工作：一是收集、提供木材和木制产品相关信息，包括产品描述、树种、数量、供应商名称和地址及木材合法性证明文件；二是进行风险评估，利用收集到的信息和风险评估指标评估非法木材及木制品进入供应链的风险；三是积极采取风险规避，即通过向非法采伐风险高的木材和木制品供应商索要更多的数据或证明、验证文件等方式控制风险。此外，运营商还应将其投放到欧洲市场的木材和木制品相关信息至少保存5年。欧盟成员国已按法规要求在各自管辖区内出台实施法规的立法，并将制定和执行具体处罚条例。法规要求各成员国制定的处罚准则必须做到"有效、适当，并且有劝诫性"。内容可包括：没收相关的木材和木制品；

立即吊销贸易牌照；与违法行为所造成的环境破坏、相关木材或木制品价值、税收和经济损失相称的罚款。

3.5.1.4 澳大利亚的《非法采伐禁令》

澳大利亚于 2012 年颁布了《非法采伐禁令》，又于 2013 年颁布了《非法采伐禁令修正法规》，修正法规于 2014 年 11 月 30 号生效，修正法规主要影响进口某些管制的木材和木材产品进入澳大利亚的进口商。修正法规与欧盟《木材法规》有很大相似之处，规定了澳大利亚监管木材产品的进口商和加工商尽职调查要求，主要目的在于减少非法采伐木材进入澳大利亚市场。法规要求澳大利亚进口商和加工商要落实尽职审查制度；在进口或加工某种监管木材产品之前收集信息；识别和评定监管木材产品已被非法采伐的风险；并且规避进口非法采伐监管木材产品的风险。受管制的产品包括大多数木材和木制品，如锯材、胶合板、装饰线条、木工板、胶合板、纸浆、纸张和木制家具。由于新条例实施后一些企业可能需要时间来适应这个新要求，因此在生效起的 18 个月内，澳大利亚农林渔业部帮助进口商和加工企业达到条例的要求，与企业的合作，确保他们有足够的信息来了解和遵守尽职调查的要求

3.5.1.5 国际公约或协定

根据 2010 年森林资源评估报告，目前与森林的相关的公约主要有《生物多样性保护公约》（CBD）、《京都议定书》、《世界遗产公约》、《联合国气候变化框架公约》（UNFCCC）、《联合国防治荒漠化公约》（UNCCD）、《濒危野生动植物种国际贸易公约》（CITES）、《国际热带木材协定》（ITTA）、《国际重要湿地公约》（Ramsar）。从这些协定和公约看来，与非法采伐密切相关的公约有《生物多样性保护公约》、《国际热带木材协定》、《濒危野生动植物种国际贸易公约》。

《濒危野生动植物种国际贸易公约》（CITES）强调管制野生物种的国际贸易，其用物种分级与许可证的方式，以达成野生物种市场的永续。该公约管制国际贸易的物种分为三类：第一类是若再进行国际贸易会导致灭绝的动植物，此类明确规定禁止其国际性的交易；第二类的物种则为目前无灭绝危机，但需要对其进行管制，如若这类物种管制后仍面临贸易压力，族群量继

续降低，则将其升级入第一类；第三各国视其国内需要，区域性管制国际贸易的物种。CITES 对非法采伐的治理主要表现在对珍贵树种的保护上，如中美洲红酸枝、南美红酸枝、中美洲黑酸枝、大叶紫檀等。CITES 目前有 167 个成员，是目前公认的制止非法采伐的最有效的国际公约（Keong[91]，2006）。《生物多样性公约》（CBD）2002 年拓展了森林生物多样性的内容，推动森林治理，包括立法治理非法采伐和加强有效森林监管的法律建设，目前有 172 个国家批准了该项协议。《国际热带木材协定》（ITTA）鼓励对森林进行可持续经营，1994 年协定中承认非法采伐作为一个贸易问题存在，2006 年修改后的国际热带木材协定则明确成员国要加强森林监管和非法采非法采伐治理的能力建设。目前有 70 个国家批准该协定，木材生产国 32 个，木材消费国 38 个。

3.5.1.6 采购政策

一些国家的政府已经开始利用公共采购政策推动合法的和可持续的木材使用。截止到 2014，欧盟 19 个国家（奥地利、比利时、保加利亚、塞浦路斯、捷克共和国、丹麦、芬兰、法国、德国、意大利、拉脱维亚、立陶宛、卢森堡、马耳他、荷兰、斯洛文尼亚、西班牙、瑞典和英国）和至少 7 个欧盟以外的国家（澳大利亚、中国、日本、墨西哥、新西兰、挪威和瑞士）已经在中央政府层面开始实施这方面的采购政策（Brack[92]，2014）。澳大利亚、捷克、芬兰、拉脱维亚和瑞典设置了自愿性的采购指导方针，鼓励公共领域的采购者遵循这些指导方针，没有强迫要求，但在所有其他国家，制定了强制性的采购政策，要求公共采购商必须遵循。涉及林产品采购的内容和标准上看，各个国家涉及的产品范围和标准各不相同。从产品范围上看，有的包含全部产品，有的仅限于某个类别的林产品，如家具、纸张。从验收的标准上看，主要把森林认证（FSC 和 PEFC）作为验收标准的占大多数，一些国家把 FLEGT 许可或合法性认定（VLO 或 VLC）作为验收标准，也有一些国家认可生态标志、供应链认证、行业协会的认定或一些书面的声明。各国木材采购政策，如表 3-6 所示。

表 3-6 木材采购政策比较

国家	标准	产品范围	认可证明	引入/修订时间
比利时	可持续	木材产品，不含纸制品	FSC，PEFC 或同等认证；对于 PEFC 优先选择低风险国家的产品	2005 年/2006 年 3 月
丹麦	可持续发展（包括 FLEGT 和可循环）	所有产品	FSC，PEFC，自然办事处专家鉴定	2001 年热带木材采购；修订 2010 年、2014 年
法国	合法/可持续	所有产品（包括纸张和家具）	任何产品或产销监管认证；生态标签或行业行为准则；独立认证项目是长期目标	2005 年 4 月
德国	合法/可持续	木材产品，不含纸制品	FSC，PEFC 或同等认证	20 世纪 70 年代/2007 年
荷兰	可持续	所有产品	FSC，PEFC 或木材采购委员会依据标准评价	2004 年/2010 年
芬兰	合法/可持续	所有产品	FSC，PEFC，FLEGT，生态标志和其他能证明符合标准要求的证据	2009 年可持续采购政策，2010 年针对木材的采购政策
中国	合法（进口）货符合中国的法律	家具、地板和纸制品	中国生态标志、认证或合法性认证或其他书面证明	2010 年
奥地利	合法的（除家具外）；纸制品纸循环纸	所有产品	FSC，PEFC，FLEGT；其他自愿合法可追溯性计划或合法性和可追溯性声明	2010 年
卢森堡	合法/可持续	欧盟《木材法规》分类	FSC，PEFC	2014 年
挪威	禁止使用热带木材	建筑使用的木材	无	2007 年 6 月
澳大利亚	环境和社会风险最小	所有产品	FSC，PEFC，澳大利亚森林标准	2007 年

续表

国家	标准	产品范围	认可证明	引入/修订时间
英国	合法/可持续	所有产品	FSC、PEFC 和英国政府的木材专家鉴定中心鉴定	1997 年（自愿）/2000 年（强制）/2009 年修订
日本	合法，期望可持续	所有产品	认证和产销链监管认证；行业协会行为规则进行的的认的自我声明，其他可靠方法	2006 年
意大利	可持续或可循环	复印纸和图文纸	FSC，PEFC 或同等（欧洲生态标志、北欧天鹅标志，认证的自我声明）	2013 年
	合法的，可持续的鼓励	办公家具	合法性认定、FSC、PEFC、 FLEGT 许可证	2011 年
拉脱维亚	合法	所有产品	认证或供应链认证、FLEGT	2008 年
墨西哥	合法/可持续	所有产品	VLO 和政府同意的组织颁布的可持续森林经营声明	2007 年
瑞典	合法的	所有产品	合法的：FSC 或 PEFC 或 FLEGT，可接受的：FSC 或 PEFC 增加木材控制或其他	2011 年
新西兰	合法，可持续鼓励不要求	所有产品	认证；合法性认证体系或供应商声明	2006 年/2011 年（强制）
瑞士	合法/可持续	所有产品	FSC，PEFC 或瑞士原产地证书	2014 年
西班牙	循环的，可持续的	纸和家具	FSC，PEFC 或欧洲生态标志、北欧天鹅标志	2008 年
塞浦路斯	合法的（或可循环纸制品），可持续的鼓励	复印和图文纸，家具，墙板	FSC，PEFC，FLEGT，其他第三方认证；供应链可持续的供应商声明	2007 年/2012 年

续表

国家	标准	产品范围	认可证明	引入/修订时间
保加利亚	同上	同上	同上	2012 年
马耳他	同上	同上	同上	2011 年
捷克	同上	家具	同上	2010 年
斯洛文尼亚	同上	纸和家具	同上	2011 年

资料来源：根据 Promoting Legal and Sustainable Timber：Using Public Procurement Policy（Brack[92]，2014）整理。

3.5.1.7　打击非法采伐的双边协议

目前签订打击非法采伐双边协议的国家有中国与美国、中国与印度尼西亚、中国与缅甸、中国与欧盟、中国与澳大利亚、美国与印度尼西亚、日本与印度尼西亚、澳大利亚和印度尼西亚、澳大利亚和巴布亚新几内亚、美国与秘鲁等。这些协议宗旨主要在完善和加强双边合作，共同打击非法砍伐及相关贸易，提高木材市场透明度，促进合法木材及林产品贸易。还有一些协议是国家与非政府组织之间签订的，如马来西亚与全球森林贸易网络，喀麦隆与世界资源研究所，这些协议要求非法政府组织提供治理非法采伐的技术或其他方面的支持，相关国家则采取具体的治理行动。

3.5.2　政策影响

非法采伐治理政策实施以来，从治理的效果来看，对非法采伐的打击的确起到了一定的效果，根据英国皇家国际事务研究所发布的研究报告，在2001～2010 年这十年间，热带林国家的非法采伐现象明显减少。2002 年以来，全球非法木材生产量已减少 22%，其中，巴西、喀麦隆和印度尼西亚等很多国家采取了遏制毁林的积极措施，这些国家的非法采伐与 2004 年高峰期相比减少了 50%～75%，这十年共减少毁林 1700 万公顷，减少二氧化碳排放量达 12 亿吨（Lawson[76]，2010）。

从消费领域来看，消费国家减少了非法木材的消费。非法采伐治理政策措施主要是消费国家推动，从加工、生产、消费的链条建立追踪程序，控制非法采伐。根据森林管理委员会（FSC）的年度报告，从 2008～2013 年森林认证监管链数量从 11847 个增加到 27127 个，增加数量最多的为欧盟，从

5071 个增加到 12593 个，其次是中国和美国，分别从 621 个和 2635 个增加大 3287 和 3289 个，其他主要消费国家加拿大、日本等国家认证数量增长也较大。主要消费国家每百万人口 FSC 监管连认证的数量 2008～2013 年出现了大规模的增长表明主要消费国家对木材的监管链在加强，消费国家加强了非法木材进口的控制，进口的非法数量在减少，发达国家生产的合法木材已经占据了一定的市场。

从生产领域看，一些非法木材生产国减少了非法木材的生产。受主要消费国家非法木材治理政策的影响，一些生产国采取了一些措施对国内的非法木材生产开始控制，一些 VPA 的伙伴国开始实施森林认证或 VLO 或 VLC。如表 3 - 7 所示，巴西、喀麦隆、马来西亚采伐的森林面积合法性比例在 40% 以上，其中马来西亚最高，接近了 70%。

表 3 - 7　　　　　　　　主要生产国非法采伐控制（2013 年）

国家	森林认证		守法性检验		合法源验证		总体	
	面积（万公顷）	占比（%）	面积（万公顷）	占比（%）	面积（万公顷）	占比（%）	面积（万公顷）	占比（%）
巴西	121.76	23.19	0.00	23.19	1.06	0.20	122.82	46.59
喀麦隆	72.77	10.31	117.22	10.31	159.30	22.57	349.29	43.18
加纳	0	0	44.96	0	0	0	44.96	0
印度尼西亚	132.40	5.36	0	5.36	29.43	1.19	161.83	11.92
马来西亚	499.29	34.67	29.25	34.67	0	0	528.54	69.35
老挝	8.28	2.36	0	2.36	0	0	8.28	4.73

资料来源：英国皇家战略研究所（Chatham House）。

从管理链上看，治理政策规范了木材供应链。不论是木材的采购政策，还是美国《雷斯法案修订案》和欧盟的《森林执法、治理和贸易行动计划》以及后来《木材法规》，都对木材运营供应链管理起到有效的规范和约束。禁止向市场投放非法采伐的木材和木制品要求运营商对木材供应链建立起可追溯的控制程序。例如，运营商建立的从生产源头到加工制作等透明的信息管理渠道，做到每一步都有规范可循。又如，欧盟《木材法规》对首次投放市场的、由特定供应商提供的每一种木材和木制品，都实施尽职调查，这样就规范了对整个供应商的管理。

从成本角度看，增加了运营成本。无论是森林认证还是合法性认定，运营商建立规范的有序可循的供应链，无疑会增加成本。一些运营商可以根据自身条件通过三种方式建立生供应链：自己设计、找专门的服务提供者建立、使用经过主管当局认证的第三方监督机构设计的体系。无论采用哪种方式，都将增加运营商的运营成本。而且从满足合法性要求建立起的供应体系，还必须对该体系进行维护和定期评估，这样进一步增加成本。每个产品的供应链渠道不一样，供应链越复杂，运营商收集信息越困难。从满足合法性角度看，还需要对收集的信息进行评估，无疑又会增加运营成本。

从操作层面，实施有一定难度。首先，采购复合材料产品时操作难度大。复合材料产品就是产品在生产制造过程中使用了多种木材或木制品，如纸、纤维板和胶合板等。运营商在采购这些产品时首先需要按要求提供产品所包含的各类木材或木制品的具体信息及合法性信息，然后要对各类木材都进行风险评估和风险规避，确保将非法采伐木材及木制品投放至欧盟市场的概率降至最低。与使用单一材料的木材及木制品相比，采购复合材料产品时运营商的工作量翻了许多倍，难度加大了很多。其次，政策文件模糊，增加实施难度。从所公布的政策文件来看，涉及合法性的说明，主要是依据各国法律来规定，各国法律规定不一，差别很大，这增加了木材合法性认定的难度。从采购政策来看，各国的要求也不一样，对于供应商来说，由于要满足不同国家的采购要求，会出现满足这个又不满足那个现象。合法性认定、森林认证或一些生态标志要求，这些认证体系或要求也不一样，在涉及具体技术规范时的解释也不相同，因此对运营商来说，具体操作有难度。

总的来看，治理政策起到一定效果，但效果还不是十分全面。从全球来看，目前主要是美国、欧盟和澳大利亚等等发达国家从消费领域在推动对非法采伐治理，一些木材原产国如加纳、印度尼西亚和喀麦隆等，受欧盟《森林执法、治理和贸易行动计划》的推动也开始对非法采伐进行治理。从消费领域推动的采购政策对非法木材的出口起到限制作用，但潜在增加的成本又成为实施的阻碍因素（Atyi et al. [93]，2013）。从总体上看，一些森林资源大国和一些传统的非法采伐集中地区在打击非法采伐上是不积极的，2010 年以后非法采伐数量增加了。一方面一些非法木材生产国对森林可持续发展的意义的认识不足，森林非法转换的数量增加，很多非法采伐数量用于国内消费或流失到非法采伐控制不严格的国家，另一方面森林是这些国家的主要经济支柱，前文涉及的非法采伐的原因在这些国家客观存在，一时要全面扭转这种现象也还是有一定难度，尽管已经出现了积极的效果。

3.6　本章小结

本章主要介绍了非法采伐的含义、现状、起因、影响和目前全球治理非法采伐的一些政策措施。从研究分析的结果来看，非法采伐的定义为，木材在收获、运输、加工和买卖过程中违背了法律。造成非法采伐形成的因素有经济因素和政治因素。非法采伐主要表现在生产国的生产和消费国的进口，非法采伐直接造成全球森林面积减少，同时在经济层面、社会政治层面、生态环境层面产生影响。从整个非法采伐治理进程可以看出对非法采伐治理产生实际约束力是欧盟的《森林执法、治理和贸易行动计划》、国家法律禁令、政府采购政策、国际公约（或协定）和打击非法采伐的双边协议。从政策实施效果来看，规范了木材供应链管理，全球治理非法采伐取得了一些效果，但效果还不是十分全面。

第4章　治理非法采伐与国际贸易比较优势

森林作为一种自然资源，森林砍伐直接影响到一个国家的森林资源拥有量，非法采伐治理强调采伐过程满足国家法律的规定，从部分国家采购的标准来看，不仅要合法，也要满足可持续的要求。治理非法采伐究竟对国际贸易比较会产生什么样的影响，这是本章主要研究的目的。本章首先分析了林产品国际贸易比较优势，在此基础上利用赫克歇尔—俄林—瓦耶克（HOV）模型分析治理非法采伐对林产品国际贸易比较优势的影响。

4.1　林产品国际贸易比较优势

传统的比较优势理论包括李嘉图的比较成本理论和赫克歇尔俄林要素禀赋理论。比较成本理论认为，国际贸易的基础是生产技术的相对差别，以及由此产生的相对成本的差别。每个国家都应根据"两利相权取其重，两弊相权取其轻"的原则，集中生产并出口其具有"比较优势"的产品，进口其具有"比较劣势"的产品。李嘉图的比较成本理论认为各国之间劳动生产率差异是形成国际贸易的基础。要素禀赋论认为各国之间产生贸易的基础除了劳动生产率差异之外，还与各国的要素禀赋有关。要素禀赋理论认为，一个国家要素拥有量多少将会对要素价格产生影响，从而影响生产成本，最终导致产品价格不一样，价格不同形成了国际贸易。因此一国应生产该国相对充裕而便宜的生产要素生产的产品，而进口该国相对稀缺显得相对昂贵的生产要素生产的产品。按照传统比较优势理论两国之间发生贸易基础是技术差距和要素禀赋差距。林产品与森林资源密切相关，原木和锯材作为原材料产品，直接以森林资源相关，人造板、家具、木浆、纸张作为加工型的产品除与森林资源相关之外，还与其他要素（如生产技术、工艺流程、员工技能等）密切相关。

4.1.1　技术差距

技术差距与人员的素质有很大关系，一般认为，高素质人员的数量越多，说明该国技术力量越强。表4-1列出了中、高素质人口占全球人口总数百分比的情况①。从所列的排前15位的国家看，中国由于人口基数最大，中，高素质人口总数也最大。表中所列的中国、德国、美国、印度尼西亚是家具和人造板的出口大国，越南是家具出口大国，俄罗斯是人造板出口大国。巴西和日本是木浆出口大国，其他一些国家林产品贸易量不是很大，但林产品制成品出口整体呈现不断增长的趋势。虽然中、高劳动力素质数量不是决定资本和技术具有要素丰裕的决定性因素，但是知识和技术在林产品制成品生产制作过程中无疑有很大的作用。

表4-1　　　　　　　2013年人员素质、资本要素情况（前15位国家）

国家	占比（%）	国家	占比（%）	国家	占比（%）
中国	20.25	俄罗斯	2.21	菲律宾	1.23
印度	11.25	日本	1.72	孟加拉国	1.21
美国	4.52	墨西哥	1.57	德国	1.16
印度尼西亚	3.22	巴基斯坦	1.30	尼日利亚	1.03
巴西	2.62	越南	1.25	土耳其	1.00

资料来源：根据世界银行数据库整理所得。

4.1.2　资源禀赋差距

按照比较优势理论，如果一个国家资本和技术薄弱，森林资源相对丰富，则出口的产品应以原木和锯材为主，进口则以人造板、家具等制成品。一个国家如果资本和技术相对丰富，森林资源贫乏，则应该出口人造板、家具、木浆、纸张等制成品，进口原木和锯材，表4-2从森林资源面积占全球森林面积的比，森林面积占本国国土面积的比和人均拥有森林面积这三个方面列出了全球排在前15位的国家情况。森林面积占全球森林面积的比例反映了该国在世界上森林资源拥有的比例，反映了这个国家的森林资源要素

①　中、高素质人口为总经济人口减去文盲人数。

总量，森林面积占本国国土面积的比例反映森林资源在这个国家拥有量的多少，而人均拥有森林面积拥有量则反映出该国人均可以支配使用的森林资源。全球森林面积比和本国国土内森林面积比都是相对指标，表明了这个国家森林资源拥有程度，人均森林面积表明这个国家森林资源拥有的要素指标，直接表明这个国家的要素禀赋。从表 4－2 的来看，按 3 个指标衡量，部分国家是重叠的。例如，俄罗斯、加拿大、澳大利亚和玻利维亚占全球森林面积比例较高，人均拥有森林面积也较高。苏里南、圭亚那、加蓬、刚果（布）、所罗门群岛、不丹和芬兰人均拥有森林面积比较高，森林面积占本国国土面积的比较也比较高。

表 4－2　　　　　　　2013 年森林资源要素禀赋情况（前 15 位国家）

序号	按占全球森林面积		按人均拥有森林面积		按占本国国土面积	
	国家	占比（%）	国家	人均（平方公里）	国家	占比（%）
1	俄罗斯	20.14	苏里南	94.58	苏里南	0.28
2	巴西	12.87	塞舌尔	88.48	圭亚那	0.19
3	加拿大	7.72	帕劳	87.61	加蓬	0.13
4	美国	7.58	加蓬	85.38	加拿大	0.09
5	中国	5.22	不丹	84.90	澳大利亚	0.07
6	刚果（金）	3.83	所罗门群岛	78.86	俄罗斯	0.06
7	澳大利亚	3.69	圭亚那	77.24	博茨瓦纳	0.06
8	印度尼西亚	2.33	圣卢西亚	77.05	玻利维亚	0.05
9	印度	1.71	芬兰	72.91	刚果（布）	0.05
10	秘鲁	1.69	瑞典	68.73	中非共和国	0.05
11	墨西哥	1.61	日本	68.55	不丹	0.05
12	哥伦比亚	1.50	老挝	67.91	伯利兹	0.05
13	安哥拉	1.45	刚果（金）	67.85	芬兰	0.04
14	玻利维亚	1.42	赞比亚	66.32	所罗门群岛	0.05
15	苏丹	1.37	刚果（布）	65.59	巴布亚新几内亚	0.05

资料来源：根据世界银行数据库整理所得。

　　结合第 2 章的分析，从占全球森林面积比例来说，表中俄罗斯、加拿大、美国是原木和锯材出口排在前 10 位的国家。从人均森林面积的角度分析，表中加拿大、俄罗斯、所罗门群岛和巴布亚新几内亚是原木出口排在前 10 位的国家，加拿大、芬兰和俄罗斯是锯材出口排在前 10 位的国家。从占国土面积来看，表中所罗门群岛是出口原木排在前 10 位的国家，芬兰和瑞典是出口锯材排在前 10 位的国家。当然从这三个方面作为分析森林资源要素禀赋指标，发现一些国家虽然森林资源要素禀赋丰富但并不是原木和锯材的出口大国，反而是进口大国，如中国、日本、巴西和澳大利亚。出现这样的情况与各个国家对森林资源的政策有很大关系，例如，中国实施天保工程，采取限伐的政策，日本则以保护环境为目的，同样对森林开发予以限制。表中有一些国家是小国，原木出口数量相对本国贸易量已经很大，但与世界其他国家相比数量还显得很少，如刚果（金）、印度尼西亚、加蓬、老挝、赞比亚和刚果（布）。还有一些小国如安哥拉、玻利维亚、苏丹、苏里南、圭亚那、博茨瓦纳、塞舌尔、帕劳、不丹、圣卢西亚森林资源未全面开发，或贸易数据未统计，目前数据缺乏或量很小。

　　一些国家从要素禀赋角度看，森林资源是丰富的，资本和技术也是丰裕的，因此这些国家在林产品贸易中既出口原材料产品，也进口制成品，例如美国、德国和俄罗斯。有些国家只出口资本和技术要素相对富裕的产品，如中国、日本和印度尼西亚。当然从新贸易理论角度看，很多现象可以用新贸易理论解释，例如，产业内贸易理论、规模经济贸易理论、技术差距论和产品生命周期理论等。

4.1.3　林产品显示性比较优势

　　美国经济学家巴拉萨在 1965 年提出了显示性比较优势指数（Revealed Comparative Advantages，RCA），用它来衡量比较优势。其公式为：

$$RCA_{ij} = \left[\frac{X_{ij}}{\sum\limits_{j=1}^{n} X_{ij}} \div \frac{\sum\limits_{i=1}^{m} X_{ij}}{\sum\limits_{j=1}^{n} \sum\limits_{i=1}^{m} X_{ij}} \right] \times 100 \qquad (4.1)$$

　　其中，X 表示一国的出口值，i 与 j 分别表示行业（服务）和国家，n 代表国家数量，m 代表行业数量。如果 RCA > 2.5，那么就表明该国的产品或服务在国际市场上具有极强的竞争力, 如果 $1.25 \leqslant RCA \leqslant 2.5$, 那么就表明该国的产品或服务在国际市场上具有较强的国际竞争力, 如果 $0.8 \leqslant RCA < 1.25$, 那么就表明该国的产品或服务在国际市场上具有中度的国际竞争力, 如果 $RCA < 0.8$, 那么就表明该国的产品或服务在国际市场上的竞争力很弱。表 4 - 3 列出了全球林产品贸易显示比较优势指数。

表 4 - 3　　　　　　林产品贸易比较优势分布 (2013 年)

产品	比较优势指数 (表中数据为国家或地区数量)			
	RCA > 2.5	$1.25 \leqslant RCA \leqslant 2.5$	$0.8 \leqslant RCA < 1.25$	RCA < 0.8
原木	39	15	7	95
锯材	31	25	14	87
其他木材	27	15	13	102
纸张	1	31	25	100
木浆	16	21	11	109
人造	18	25	14	100
家具	22	18	15	102
林产品总体	26	13	20	98

资料来源: 根据国际贸易中心贸易统计整理。

从表 4.3 中看出具有明显竞争优势的国家数量并不多, 相对而言原木和锯材两类产品具有较强竞争力的国家数量多一些, 分别达到 61 个和 69 个国家 (RCA 指数大于 0.8), 其他几类产品具有较强竞争优势的国家数量相对较少。林产品总体中具有较强贸易比较优势的国家数量达到 59 个, 说明各个国家各类产品国际竞争优势不均匀, 有的国家总体上仍有较高的竞争优势。

表 4 - 4 列出了各类林产品贸易比较优势排在前 10 位的国家, 从表中看出各类林产品具有比较优势的国家大多都是非洲热带林国家或者是东南亚国家 (除少数国家, 如韩国在纸张出口方面具有比较优势, 冰岛和荷兰分别在木浆和家具出口方面具有比较优势)。就林产品总体的出口优势来看, 排在前 10 名的国家中, 除芬兰、瑞典和新西兰 3 个国家外, 其他都为非洲国家和东南亚国家。这说明非洲国家和东南亚国家在林产品贸易中出口优势强劲, 虽然有的出口总额相对进出口大国不是很高, 但由于具有明显的竞争优

势，是林产品国际贸易发展的重要力量。

表4-4　　　　　林产品贸易比较优势前10名国家（2013年）

排名	原木	锯材	其他木材	纸张	木浆	人造板	家具	林产品总体
1	所罗门群岛	柬埔寨	索马里	布隆迪	伊拉克	不丹	塞尔维亚	所罗门群岛
2	巴布亚新几内亚	伯利兹	科摩罗	韩国	阿尔及利亚	冈比亚	荷兰	中非共和国
3	利比里亚	马达加斯加	古巴	以色列	牙买加汇总	委内瑞拉	尼日尔	芬兰
4	塞拉利昂	埃塞俄比亚	尼日利亚	几内亚	冰岛	巴基斯坦	多米尼加	老挝
5	赤道几内亚	莫桑比克	巴拉圭	塔吉克斯坦	乌兹别克斯坦	马拉维	布基纳法索	缅甸
6	缅甸	圭亚那	纳米比亚	卢旺达	塞浦路斯	爱尔兰	埃及	喀麦隆
7	安哥拉	斐济	委内瑞拉	突尼斯	乍得	加纳	摩尔多瓦	拉脱维亚
8	中非共和国	赞比亚	澳大利亚	哥伦比亚	安道尔	厄瓜多尔	丹麦	巴布亚新几内亚
9	苏里南	喀麦隆	阿尔巴尼亚	沙特阿拉伯	巴西	斯里兰卡	阿曼	瑞典
10	刚果（金）	黑山共和国	越南	新加坡	圣卢西亚	加蓬	越南	新西兰

资料来源：根据国际贸易中心贸易统计统计整理。

4.2　HOV模型的应用

赫克歇尔—俄林—瓦耶克（HOV）是在赫克歇尔—俄林理论上的扩展，赫克歇尔—俄林理论（HO）揭示了要素禀赋、要素价格、要素密集度、产品价格之间的关系，HOV模型在要素禀赋（要素供给）与净贸易量之间建立了确定的数量关系，从而使通过计算贸易的净要素含量来实证检验以要素禀赋为基础的比较优势成为可能（谭祖谊[94]，2013）。在具体应用方面，Tobey[95]（1990）采用了 Leamer[96]（1984）的 HOV 模型框架和 11 项资源禀赋变量，用 Walter 和 Ugelow[97]（1979）计算的环境规则的定性指标，检验了环境规则对污染工业品贸易的影响。陆旸[98]（2009）用 2005 年 42 个国家的样本数据，在 HOV 模型基础上，用国际地球科学信息中新网（CIESIN）计算的环境监管指标和人均国民收入作为环境规则检验了污染密集型商品的比较优势。本书在研究过程中首先分析 HOV 模型在林产品贸易领域的推导，之后采用实证研究的方法进行分析。

4.2.1　HOV 模型

在一般情况下，林产品贸易流量的大小和流向是由地理位置，经济规模，森林资源禀赋特征和政府政策决定的（Lundmark[99]，2010）。古典贸易理论认为贸易的发生是因为贸易伙伴国之间相对成本的差异生产。赫克歇尔—俄林模型（赫克歇尔[100]，1919；俄林[101]，1933）阐述了净贸易流量，价格和资源禀赋之间的联系，预测一个国家某项商品的净出口的与它的资源禀赋呈正相关，与他的收入负相关。模型在具体应用时有几个假设条件（Prestemon & Buongiorno[102]，1997）：第一，两个贸易国家之间要素不能自由流动；第二，市场是完全竞争的，自由贸易没有任何障碍；第三，技术完全相同，并能充分获得；第四，消费与收入是位似效用函数关系。顺着 Leamer[96]（1984），Maskus[103]（1985），Bonnefoi 和 Buongiomo[104]（1990）以及 Prestemon 和 Buongiomo[102]（1997）研究思路，决定林产品净贸易与其经济规模相关的森林资源要素有关，这形成了赫克歇尔—俄林—瓦耶克模型（Vanek[105]，1963）在林产品贸易领域运用。模型推导过程如下：

设有国家 i，并假设平衡贸易（即要素需求与要素供给相等），商品 j 产量 Q_{ij} 是森林资源要素禀赋 E_i 的函数，见方程（4.2）。

$$Q_{ij} = u_i E_i \qquad (4.2)$$

u 是 转换系数（表示 1 单位森林资源要素转换为林产品数量），把方程（4.2）推广到全球林产品生产领域则得到方程（4.3）：

$$\sum_i Q_{ij} = \sum_i u_i E_i \qquad (4.3)$$

一个国家商品 j 的消费函数 C_{ij} 定义成如下方程式：

$$C_{ij} = S_i \sum_i Q_{ij} \qquad (4.4)$$

S_i 是一个国家消费的全球林产品份额（Vanek[106]，1968），从方程（4.2）和方程（4.3）可以得到一个国家 i，j 商品净贸易量能够定义成方程（4.5）。

$$T_{ij} = Q_{ij} - C_{ij} = u_i E_i - S_i \sum_i Q_{ij} \qquad (4.5)$$

把方程（4.2）代入方程（4.4），得到方程（4.6）。

$$T_{ij} = u_i E_i - S_i \sum_i u_i E_i \qquad (4.6)$$

方程（4.6）就是 HOV 方程，假设要素价格均等化并且不同国家之间位似偏好相同，单个国家的消费份额可以写成如下：

$$S_i = Y_i / \sum_i Y_i \qquad (4.7)$$

Y 是国民收入，如此，方程（4.6）就可以写成

$$T_{ij} = u_i E_i - Y_i \left(\sum_i u_i E_i / \sum_i Y_i \right) \qquad (4.8)$$

方程（4.8）括号内的系数对任何国家都是一致的，因此方程（4.7）显示，一个国家特定商品的净贸易流量 T_{ij} 与这个国家的森林资源要素禀赋 E_i 呈正向线性相关，而与这个国家的国民收入呈负的线性相关。

4.2.2 研究方法

一些学者开始把 HOV 模型用到林产品贸易领域。Lundmark[99]（2010）使用扩展的 HOV 模型检验欧盟成员国之间的比较优势，他的研究结果显示森林资源要素是解释限定的林产品净贸易变化的一个重要的决定因素，但是表示需求水平的收入却不是。刘艺卓和田志宏[107]（2007）基于 HOV 模型对世界林产品贸易的适用性做了检验。他们用 54 个国家的数据，对 1995 年、1998 年、2001 年和 2004 年各年度的数据进行分析。研究结果为除纸张外，林产品总体、原木、其他原材、锯材、人造板以及木浆的世界贸易流向

均符合贸易的比较优势理论。他们用一国签订的环境数量和有无提交环境报告作为环境变量检验对林产品贸易流向影响，结果并不显著，但并不能排除一国政府的环境政策对林产品贸易流向的影响。Uusivuori 和 Tervo[108]（2002）用 18 个经合组织国家 1977～1998 年的面板数据研究森林要素禀赋和经济活动如何影响林产品净出口。研究过程中把林产品分成两组：一组是在研究期内林产品净出口呈现增长趋势的国家，另一组是林产品净出口保持停滞或下降的国家，结果显示第二组国家验证了 HO 理论，第一组国家的数据却不能验证 HO 理论。就纵向数据来看森林要素禀赋和经济活动对林产品净出口变化都不会产生持久影响。Bonnefoi 和 Buongiorno[104]（1990）实证检验了 HOV 模型，他们的研究结论表明森林资源要素对于原木、锯材、人造板、木浆和纸张净贸易有正向的促进作用，进一步发现，用国民收入的衡量国内需求对净贸易起到负效应，研究得出的两个结论都符合理论预期。

　　基于 HOV 模型，在传统国际贸易比较优势理论基础上，研究治理非法采伐对贸易流量的影响，如果治理非法采伐促进了贸易流量，认为治理非法采伐促进了林产品国际贸易比较优势，反之则降低了林产品国际贸易比较优势。具体研究过程中将 HOV 模型进行扩展，引入了治理非法采伐这个变量，把它作为环境变量，研究治理非法采伐如何影响贸易的比较优势。与刘艺卓和田志宏[107]（2007）的研究相比，这里做了这么几个方面的拓展：第一，在林产品选择上首先与 FAO 的定义保持一致，并增加了加工型产品家具，研究更完整；第二，样品选择扩展到 91 个国家，包括了主要的林产品贸易大多和森林资源丰富的国家，这些国家的林产品贸易额占世界总贸易额的95％；第三，对非法采伐治理的集聚效应进行研究，将研究数据从 2005～2011 年扩展到 7 年，研究治理非法采伐 7 年来对比较优势产生集聚影响；第四，把非法采伐治理的规则数目和人均收入列入解释变量。人均收入影响林产品的市场需求，同时随着人们收入的提高，人们会增加对环境的关注度，会更加重视环境，人均收入与环境关注度之间高度相关（Dasgupta, et al.[109]，2001）。

　　基于这些针对林产品总体、原木、其他木材、锯材、人造板、木浆、纸张、家具，分别建立多元线性回归模型。模型中的被解释变量为一国各产品的净出口额；解释变量分别为该国资本存量、按教育水平划分的三类劳动力、森林面积、治理非法采伐规章制度和人均国民收入。本书的基本模型如下：

$$NET_{iK} = CK + \beta_0 LAB_{1i} + \beta_1 LAB_{2i} + \beta_2 LAB_{3i} + \beta_3 LAND_i$$
$$+ \beta_4 KS_i + \beta5 EN_i + \beta_6 PCI_i + \epsilon_{ik} \tag{4.9}$$

其中，i 标记国家，K 表示产品，NET_{ik} 表示第 i 个国家第 K 种产品的净出口总值；C_k 为 K 种产品的常数项；KS_i 为 i 国的资本存量；LAB_{1i}、LAB_{2i}、LAB_{3i} 表示第 i 国的高、中、低等素质的劳动力，$LAND_i$ 代表 i 国的森林面积；EN_i 为 i 国提交的非法采伐管理制度，PCI_i 为 i 国的人均国民收入，ϵ_{ik} 表示 i 国 K 种产品的随机干扰项。

关于应变量 NET_{ik} 值的选取，Bonnefoi 和 Buongiorno（1990）选取 RCA 指数作为应变量，Lundmark[99]（2010）在研究过程中既用 RCA 指数又用了净贸易量。Uusivuori 和 Tervo[108]（2007）选取贸易流量与 GDP 的比值作为应变量；刘艺卓和田志宏[107]（2007），Prestemon 和 Buongiorno[102]（1997）选取国家的净贸易流量进行研究。本书在研究过程中应变量是选取产品净贸易量作为变量，主要基于如下考虑：首先，本书研究过程中选取的自变量较多，有劳动力素质、资本存量、森林面积、人均国民收入等一系列指标，与 Lundmark[99]（2010）研究相比增加了解释变量。其次，研究目的也不相同，Lundmark[99]（2010）主要研究欧盟内部 19 国受森林资源要素、能源政策对比较优势的影响，欧盟是区域集团，很多政策都有共同性，本书主要就世界范围非法采伐治理贸易比较优势的影响，范围要大得多。最后，从解释过程来看，RCA 是相对指数，而自变量都是绝对数值，回归结果 R-square 值也低，不能有效说明自变量与应变量的关系

本书对世界林产品贸易中比较优势的验证分为两个部分：第一部分，采用多元线性回归模型对原木、其他木材、锯材、人造板、木浆、纸张、家具和林产品总体的比较优势进行检验；第二部分，加入环境规则变量后对比较优势进行检验，研究增加非法采伐治理措施环境变量对比较优势的影响。

4.2.3 数据准备

由于非法采伐的治理提出时间不长，从现有的文献统计资料看，主要集中在 21 世纪，因此研究单个年度影响很难得到具体结论，为保证结果的客观性和可靠性，本书把 2005～2011 年一个时间段作为横截面来处理，即把

这个 7 年度看成是一个时间段，用 91 个国家的这个截面数据对世界林产品贸易中的比较优势进行检验。这 91 个国家涵盖了林产品的主要生产国、消费国和加工国，也包括了森林资源要素丰富的大国，这些国家的林产品贸易额占世界林产品贸易总额的 95% 以上，样本具有广泛的代表性。

研究过程中林产品贸易数据来自 international trade Centre 的 trade statistic，该数据库主要来源联合国统计司 COMTRADE 统计数据库。下面分别介绍资本存量、劳动力和土地等要素禀赋以及环境变量的定义以及资料来源。

4.2.3.1 资本存量

本书沿用 Leamer[96]（1984）对资本存量的计算方法，即把各年投资净值进行累加得出。其公式如下：

$$KC_i = \sum_{t=0}^{n} (1 - r)^t (I_{it}/P_{it}) \tag{4.10}$$

$$KS_i = KC_i \times P_{i0} \times XRAT_{i0} \tag{4.11}$$

其中，KC_i 为不变价格计算的共 15 年的投资；r 为折旧率，沿用 Leamer[96]（1984）对资本存量的计算方法，将资本折旧年限设定为 15 年，资本折旧率为 13.3%；I_{it}/P_{it} 为不变价格计算的 15 年投资；P_{i0} 为计算期的 GDP 平减指数；$XRAT_{i0}$ 为计算期的汇率；KC_i 为按当地货币计算的资本存量；KS_i 表示按当期美元价值计算的资本存量。本书沿用了这一方法计算了 2005 年到 2011 年各样本国家的资本存量。原始数据来自世界银行数据库，该数据库有按本国不变价格计算的各样本国的投资额。本书使用了数据库中 1991~1997 年的原始数据，然后加权累加求出按本国货币计算的 2005 年不变价资本存量，再利用 2005~2011 年的 GDP 平减指数和各国的汇率换算成为按各年度的资本存量。

4.2.3.2 劳动力数据

本书根据教育程度对劳动力进行划分，这种处理方法将人力资本与普通劳动力进行了有效区分。数据来源世界银行的《世界发展指标》数据库和联合国教科文组织。按照受教育程度不同，劳动力数据分为 3 类，高素质劳动力，中等素质劳动力和低等素质劳动力。高素质劳动是受教育水平最高的劳动力，低等素质劳动力是文盲组成的劳动力，中等素质劳动力是介于文盲和受过高等教育之间的劳动力。本书把经济人口作为一国劳动力总量，遵循刘艺卓和田志宏[107]（2007）计算高素质劳动力的方法，以世界银行发展指标数据库劳动力中学注册入学百分比和高等教育注册入学百分比的平均乘以总经济人口。该注册百分比是按照各年龄段累计人数汇总得出百分比。把总经济人口减去文盲人数和高素质教育人数就得到中等素质教育人数。

4.2.3.3　土地变量

一些学者在研究过程中把土地瓜分为可耕地面积、森林和木材林面积、其他土地面积、永久性草地面积等，本书研究过程中主要选用森林面积作为研究对象，数据来源于世界银行数据库。

4.2.3.4　环境变量

环境规则数据的查询并不是很容易，目前有学者在用 HOV 模型进行研究时很多采用的是定性指标，例如，Walter 和 Ugelow[97]（1979）将 UN COMTRADE 提供的 20 多个国家的环境信息进行问卷设计，建立一个环境指标，该环境指标从严格到宽松，并用 1～7 表示，近视代表国家环境监管的程度，Tobey[95]（1990）正是采用该类指标进行的贸易关系分析。Dasgupta 等[109]（2001）对联合国环境与发展会议提供的报告进行分析后，提出了 31 个国家的环境政策指标。但这些样本是有限的，且针对非法采伐并不十分全面。

国家地球科学信息中心网提供了全球 146 个国家的环境可持续发展指标，但是这些环境规则对非法采伐治理也并不是十分有效，因此本书在研究过程中结合 FAO 森林资源评估报告（2010）各国提交的与森林资源相关的环境制度，结合第三章的分析选取与非法采伐密切相关的 3 个环境制度：《生物多样性保护公约》、《国际热带木材协定》、《濒危野生动植物种国际贸易公约》作为全球打击非法采伐的环境制度。本书也把一些国家提出旨在治理非法采伐的国内政策法规，如采购政策、美国《雷斯法案修正案》、欧盟的《木材法规》，也列为打击非法采伐的制度。《森林执法、治理和贸易行动计划》的欧盟成员国，与欧盟签订自愿伙伴协议（VPA）的成员国，也都视为提交一项打击非法采伐的环境制度。所有的环境制度计算以生效时间开始，如没有生效时间则以加入或签字时间计算，正在商谈中的本书都没有列入。

4.2.3.5 人均国民收入

人均国民收入直接影响到市场需求，同时随着收入提高人们开始增加对环境的关注，一些学者也把人均国民收入作为环境规则的内生指标，例如，陆旸[98]（2009）以人均国民收入作为定性指标，研究环境规则对污染型商品的比较优势，张英姿[110]（2012）在研究环境规则与农产品贸易比较优势时把人均国民收入作为环境的内生指标。本书认为人均国民收入的提高会增加对环境的关注，但是收入提高也会扩大对林产品的需求，这一定程度上也会扩大森林的砍伐，影响效果很难确定。因此本书研究过程中也把人均国民收入作为一个指标，分析该指标变化对林产品净贸易影响，该数据主要来源世界银行数据库。表4-5陈列了数据的主要特征。

表4-5 数据的主要特征

变量含义	变量	均值	最大值	最小值	标准差
高素质劳动力（千人）	LAB_1	20600.11	534090	11.79	59832.33
中等素质劳动力（千人）	LAB_2	13078.75	759788.2	10.67	52805.97
低素质劳动力（千人）	LAB_3	6604.79	287355.5	0	31361.78
森林面积（平方公里）	LAND	350424.30	8091500	23	1102780
资本存量（十亿美元）	KS	73253.58	1860000	66687.73	214000
非法采伐制度（定性指标）	EN	2.68	5	0	1.13
人均国民收入（美元）	PCI	15020.42	99697.76	146.07	18446.17
原木净出口（千美元）	ROUND	-48376.14	4136007	-8267412	713788
锯材净出口（千美元）	SAWN	-1413.84	8183556	-704502	1070136
其他木材净出口（千美元）	OTHER	-51418.4	956749	-3038581	331399.4
人造板净出口（千美元）	PANEL	35941.86	5637603	-5743315	755686.1
木浆净出口（千美元）	WOODPULP	-106461.8	7236411	-18676452	1654300
纸张净出口（千美元）	PAPER	46407.57	10477538	-5835378	1772898
家具净出口（千美元）	FURNITURE	21352.34	10915734	-11411831	1448686
全部林产品净出口（千美元）	TOTAL	-103968.4	25804489	-27048409	4139098

4.2.4 经验分析结果

在对模型估计之前，对变量之间的相关系数矩阵见表 4 - 6，有虚线形成三个区域：第一个区域是解释变量之间的相关系数，表示资源要素之间的相关性。第二个区域是解释变量与被解释变量之间的相关系数，表示资源要素禀赋发生变化，对林产品净出口的影响程度。第三个区域是被解释变量之间的关系，表示当各类林产品净出口之间的相互关系，是替代还是互补以及相关程度。

通过对表 4 - 6 进行分析，得到如下结论：

4.2.4.1 解释变量的相关性

高素质劳动力与中等素质劳动力、低素质劳动力和资本存量相关系数超过 0.5，中等素质劳动力与低等素质劳动力相关系数也超过 0.5，而且都表示显著，这反映劳动力资本化程度的差异。由于相关系数较高，对解释变量的多重共线性进行检验，发现 LAB_1，LAB_2，LAB_3，LAND，KS，EN 和 GNI 的 VIF 值分别为 6.3，3，2，1.2，2.5，1.8，2，由于 VIF 值较低（都小于10）因此认为不存在多重共线性。

4.2.4.2 解释变量与被解释变量

检查发现，劳动力除对家具和人造板影响为正外，对其他产品影响都为负，资本存量对各类林产品的净出口影响都为负，森林面积除对家具影响为负外，对其他产品净出口影响都为正数。这表明一国人力资源越富有，就会不断促进加工型产品家具和人造板的净出口，这与发展中国家主要出口家具和人造板相吻合。森林面积越大鼓励各国原料型林产品净出口增加，原料出口增加了，加工型的木家具生产减少，出口也相应减少。一个国家资本越丰富则减少这个国家所有林产品的净出口。

4.2.4.3 独立变量之间的相关性

原木和纸张、家具之间，木浆和家具之间呈现负相关，负相关表示产品之间可以互相替代，而锯材和其他各类林产品净出口之间呈现明显的正相关，正相关表示产品之间呈互补性，具体见表 4 - 6。

表 4 – 6

各变量系数的相关矩阵

变量	1	2	3	4	5	6	7	8	9	10	11	12	13	14	15
1. LAB$_1$-	1														
2. LAB$_2$	0.786**	1													
3. LAB$_3$	0.622**	0.562**	1												
4. LAND	0.356**	0.225**	0.079*	1											
5. KS	0.616**	0.311**	0.106**	0.358**	1										
6. EN	0.122**	0.037	-0.003	0.016	0.272**	1									
7. PCI	-0.005	-0.120**	-0.150**	0.045	0.305**	0.656**	1								
8. ROUND	-0.591**	-0.685**	-0.339**	0.242**	-0.147**	-0.071	0.016	1							
9. SAWN	-0.305**	-0.208**	-0.056	0.251**	-0.456**	-0.04	-0.013	0.302**	1						
10. OTHER	-0.136**	-0.085*	-0.002	-0.016	-0.243**	-0.143**	-0.108**	0.307**	0.247**	1					
11. PANEL	0.282**	0.445**	0.118**	0.130**	-0.236**	0	-0.150**	-0.381**	0.429**	0.214**	1				
12. WOODPULP	-0.516**	-0.597**	-0.202**	0.203**	-0.084*	0.014	0.149**	0.708**	0.455**	0.126**	-0.380**	1			
13. PAPER	-0.092*	-0.057	-0.077	0.057	-0.112**	0.128**	0.217**	-0.095*	0.643**	-0.042	0.346**	0.197**	1		
14. FURNITURE	0.220**	0.463**	0.141**	-0.092*	-0.396**	-0.043	-0.237**	-0.586**	0.184**	-0.039	0.730**	-0.602**	0.177**	1	
15. TOTAL	-0.309**	-0.198**	-0.116**	0.203**	-0.426**	0.012	0.033	0.242**	0.930**	0.255**	0.497**	0.454**	0.779**	0.262**	1

注：**，* 分别表示在1%和5%水平上显著（双尾检验）。

4.2.5　结果讨论

对方程（4.9）采取以下几种方法进行估计，混合最小二乘法（Pooled OLS），固定效应（FEM）和随机效应（REM）进行估计，豪斯曼检验显示 FEM 优于 REM，因此忽略掉了 REM 估计，主要用 Pooled OLS 和 FEM 进行估计，考虑多存共线性和面板数据时间序列自相关的存在，在回归过程中采用 stata xtscc 命令对多重共线性和自相关进行了纠正。为了能够分析非法采伐治理对贸易净流量的影响，回归时首先不含治理非法采伐变量，其次加入非法采伐治理后在进行回归，通过比较变量系数值的大小和方向的变化，来分析治理非法采伐对净贸易流量的影响。具体见表 4-6 和表 4-7。

4.2.5.1　不含环境变量的回归

表 4-7 显示的不含环境变量，即不治理非法采伐时的结果。分析固定效应和混合的最小二乘法回归的结果，从回归结果来看，FEM 回归的 R-squared 值比 Pooled OLS 要低，表明 Pooled OLS 回归过程中自变量更能解释应变量，一些变量的系数值和显著性在回归过程也不一样。如对林产品总体，劳动力素质 3 个变量 FEM 回归都是显著，但是 Pooled OLS 回归，这些变量都不显著，资本存量在 FEM 回归时呈正向效应，但是在 Pooled OLS 回归呈负向效应，相同情况在其他产品回归时也存在。出现这样的情况主要是回归方法的不同，混合估计模型假定对任何个体和截面都具有相同的回归系数，固定效应模型假定对于不同的个体和截面回归系数不一样。在具体选取回归方式要根据研究目的而定，在 HOV 模型下研究要素变量对贸易净流量的影响，一般是以某个年度作为一个横截面来研究对比较优势影响，本书在研究时是把 2005～2011 年，7 个年度来作为一个横截面，研究要素变量对贸易比较优势的影响，不研究单个个体的影响，研究的整体的集聚效应，认为任何单个个体和截面都具有相同的回归系数。因此分析结果主要是看 Pooled OLS 回归。

从 Pooled OLS 回归结果来看不同的要素禀赋对林产品的净贸易有不同的影响。资本存量对各类林产品（包括林产品总体）影响显著，对原木和木浆影响是正向效应，对其他产品影响是负向效应。这意味着资本存量有利于原材料的净贸易，但对加工后的林产品的净贸易不利。森林地面积对各类

表 4－7　无环境变量的回归结果

变量	方法	C	LAB₁	LAB₂	LAB₃	LAND	KS	PCI	R-squared
总体	FEM	4787225	-102.4852***	-95.68**	285.52***	-11.92	22.65***	-59.72**	0.18
	Pooled OLS	-341947.7***	-7.336	-1.93	2.37	1.64***	-11**	41.69***	0.37
原木	FEM	734077.8	-11.79***	-9.04**	46.14***	-2.2	0.018	2.9	0.48
	Pooled OLS	56563.05**	-9.56***	-6.27***	7.52***	0.32***	1.04***	-4.32***	0.75
锯材	FEM	-271731.6	-24.62**	-20.89*	120.43***	0.23	5.97**	-17.49***	0.23
	Pooled OLS	-47125.09**	-2.21*	-1.79*	3.97**	0.5*	-2.97**	8.79***	0.45
木浆	FEM	7135274***	-19.75*	-14.09	113.59***	-21.54***	0.91	5.38	0.66
	Pooled OLS	-106109.4***	-26.85***	-10.82***	27.7***	0.66***	3.05***	3.71***	0.66
其他木材	FEM	322950.3**	0.28	0.37	13.94***	-1.29**	-0.26	-0.42	0.32
	Pooled OLS	20948.43**	0.13	-0.42	0.38	0.025*	-0.4**	-0.63	0.07
家具	FEM	-1809086***	-6.26***	-7.57***	-46.24***	6.53***	4.65***	-17.73***	0.64
	Pooled OLS	84062.03***	19.628***	11.532***	-22.36***	-0.129**	-6.435***	3.092**	0.68
纸张	FEM	-434734	-23.7728***	-25.4735***	23.53052*	2.535702	6.388628***	-13.84451***	0.19
	Pooled OLS	-296551.8***	1.572	1.078	-3.595**	0.198**	-2.328**	28.048***	0.1
人造板	FEM	-889525.5	-16.56588***	-18.98663***	14.13416	3.811489**	4.972233***	-18.51997***	0.36
	Pooled OLS	-11838.26**	9.948***	4.754***	-11.257**	0.074***	-2.948***	3*	0.51

注：* 表示显著水平在10%以内，** 表示显著水平在5%以内，*** 表示显著水平在1%以内。

林产品净贸易影响显著，除对家具影响负外，对其他各类林产品影响都为正，这说明森林面积仍是影响林产品国际贸易比较优势的重要因素。中、高素质劳动力对初级林产品如原木、锯材和纸浆的净贸易影响呈负向效应，但对加工型林产品家具，人造板和纸的净贸易影响呈正向效应。低素质劳动力呈现的效应与中、高素质劳动力相反，对林产品总体和加工型林产品呈负向效应，而对初级林产品的影响是正向效应。人均收入除了对原木和其他木材影响为负外，对其他各类林产品净贸易影响呈现正向效应，这说明人均收入对不同类的林产品净贸易影响是不一样的。

4.2.5.2 含环境变量的回归

根据前文的介绍，同样主要分析 Pooled OLS 的回归情况。表4-8结果显示增加了治理非法采伐的环境变量后，R-squared 值变化不大，这说明增加变量后，解释能力变化不大。对于家具、其他木材和人造板，增加环境变量后，与之前相比，人均国民收入显示了相反的效应，同时对于人造板，人均国民收入影响不显著。除木浆和纸张外，环境变量对其他林产品影响都是显著的。就影响效应而言，对于家具、原木、人造板、锯材、木浆、纸张和林产品总体的净贸易影响是正的，对于其他木材净贸易影响是负向的。这些结果显示治理非法采伐推动了绝大多数林产品净贸易，对绝大多数林产品国际贸易比较优势的影响是正向效应。应该注意到其他木材和纸张的 R-squared 值是很低的，这说明模型对这两类产品的解释能力很低。

4.2.6 进一步分析

模型中原木、木浆和家具的 R-squared 值较高，说明对这3类产品有较高的解释能力，环境变量对木浆影响不显著，对原木和家具影响显著，因此下面进一步检验分析环境变量对原木和家具净贸易影响。

4.2.6.1 原木

表4-8显示，环境变量对原木的影响为正，也就是说治理非法采伐后，原木的净贸易反而增加了，这个从表面上看似乎很难解释，即全球治理非法采伐推动了原木的净贸易。进一步对治理非法采伐较为严格的几个主要国家和地区2005~2011年的原木净出口情况进行分析。根据前述统计，全球对

表 4 - 8　　　　有环境变量的回归结果

变量	方法	C	LAB₁	LAB₂	LAB₃	LAND	KS	PCI	EN	R-squared
总体	FEM	-667928.4	-90.14 **	-85.11 **	254.68 ***	-14.32 *	19.47 **	-70.94 **	2425046 **	0.24
	Pooled OLS	-1037314 ***	-7.87	-2.27	2.09	1.67 ***	-11.05 **	27.86 ***	341160.8 *	0.38
原木	FEM	437004.4	-11.13 **	-8.46 **	44.46 ***	-2.331421	-0.15	2.29	132061.6	0.49
	Pooled OLS	-2326.869	-9.6 ***	-6.295 ***	7.498 ***	0.325	1.03 ***	-5.49 **	28892.6 **	0.75
锯材	FEM	-1821334	-21.11 *	-17.89 *	111.67 ***	-0.45	5.06 **	-20.68 **	688863.7 **	0.28
	Pooled OLS	-162425.1 ***	-2.3 *	-1.85 *	3.93 **	0.5 *	-2.98 **	6.5 ***	56568.58 **	0.45
木浆	FEM	6141090 ***	-17.5 *	-12.16	107.97 ***	-21.98 ***	0.33	3.34	441956.6 **	0.67
	Pooled OLS	-134326.1 ***	-26.87 ***	-10.83 ***	27.69 ***	0.66 *	3.05 **	3.15 **	13843.67	0.66
其他木材	FEM	305173.9 *	0.32	0.4	13.84 ***	-1.3 *	-0.27	-0.45	7902.38	0.32
	Pooled OLS	34334.53 **	0.18	-0.39	0.41	0.023 *	-0.4 *	0.47	-27122.96 ***	0.07
家具	FEM	-2550984	-4.59 **	-6.13 ***	-50.44 ***	6.21 ***	4.22 **	-19.26 ***	329805.1 *	0.66
	Pooled OLS	-274926.6 ***	19.35 ***	11.36 ***	-22.5 ***	-0.12 *	-6.46 ***	-4.05 **	176127.2 ***	0.69
纸浆	FEM	-1505458	-21.35 ***	-23.4 ***	17.48 *	2.06	5.76 **	-16.05 **	475981.8 **	0.22
	Pooled OLS	-318365.8 ***	1.556	1.067	-3.6 **	0.2 *	-2.33 **	27.61 ***	10702.5	0.1
人造板	FEM	-1673420 **	-14.79 ***	-17.47 ***	9.7	3.47 **	4.5156 ***	-20.13 ***	348474.4 ***	0.39
	Pooled OLS	-179277.6 ***	9.82 ***	4.68 ***	-11.32 ***	0.079 *	-2.96 **	-0.33	82149.2 **	0.52

* 表示显著水平在 10% 以内，** 表示显著水平在 5% 以内，*** 表示显著水平在 1% 以内。

非法采伐打击的主要地区和国家有欧盟、美国、加拿大、澳大利亚、新西兰、加纳。这几个国家 2005 年到 2011 年原木净出口情况如下表 4 - 9。

表 4 - 9 　　　　　　　　2005 ~ 2011 年原木的净出口情况

对比项	2005 年	2006 年	2007 年	2008 年	2009 年	2010 年	2011 年
全球进口份额（%）	39.31	37.45	37.47	36.03	30.76	29.17	27.18
全球出口份额（%）	43.78	42.16	42.67	44.90	48.66	52.95	57.55
净贸易（百万美元）	-378.44	-391.47	-415.31	30.84	1072.26	1994.84	3242.42

资料来源：国际贸易中心贸易统计。

从上述分析可以看到，从 2005 年以来，全球治理非法采伐的几个主要国家和地区进口的原木占全球进口份额的份额不断减少，从 2005 年的 39.31% 下降到 2011 年的 27.18%，而出口份额却不断增加，从 2005 年的 43.78% 增加到 2011 年的 57.55%，净贸易额也从原来的负变为正，即从进口变为出口。这些治理非法采伐国家的生产的原木合法比例高，原木净出口不断增加，在出口市场的比例不断提高，因此有理由认为随着打击非法采伐的不断深入，合法木材（原木）在出口市场上的比例不断加大，治理非法采伐对原木净贸易是有利的。

对原木净贸易影响另一个因素人均国民收入，回归发现其与原木净贸易是负相关。这一点可以从收入的效应角度来理解，随着人们收入的增加，收入增加会增加需求，但是收入增加也会引起人们对环境的重视，即收入增加后，人们会增加对环境友好型商品的需求。原木是资源型产品，其直接来源于森林的砍伐，收入提高后，人们出于对森林生态环境的重视，相继出台一系列制度禁止随意采伐，对森林进行保护，对原木出口实施较高关税，例如，中国就是如此，而一些收入较低的发展中国家由于收入较低，主要靠伐木收入作为生存手段，随意采伐屡禁不止，因此人均国民收入对原木净贸易是一个负的变量。

4.2.6.2 家具

回归发现治理非法采伐对家具的净贸易影响为正，人均国民收入对家具净贸易影响为负，即治理非法采伐促进了家具的净贸易，而人均国民收入减少了家具的净贸易。治理非法采伐促进家具净贸易是表现在促进出口增加还是减少了进口，就这一点，需要做进一步回归，因为家具是加工产品，一方面治理非法采伐推动了合法木材生产的家具出口，另一方面合法木材成本高，价格高，高价产品又降低了对家具的需求。因此对 91 个国家进行重新划分，把家具净贸易为正（家具出口国）的 27 个国家分成一组，家具净贸易为负（家具进口国）的 64 个国家分成一组，对两组分别进行回归，分析治理非法采伐对各自的影响，主要数据特征如表 4 - 10 和 4 - 11。

表 4 - 10　　　　　　　　　　家具进口国数据特征

变量含义	变量	均值	最大值	最小值	标准差
高素质劳动力（千人）	LAB_1	11477	198050	12	26737
中等素质劳动力（千人）	LAB_2	3954	34373	11	5897
低素质劳动力（千人）	LAB_3	2849	49507	0	8675
森林面积（平方公里）	LAND	267334	8091500	23	1075813
资本存量（十亿美元）	KS	67019	1864400	67	233801
家具净贸易（千美元）	FURNITURE	- 330612	42879	- 11411831	1239500
非法采伐制度（定性指标）	EN	3	5	0	1
人均国民收入（美元）	PCI	15135	99698	146	19531

表 4 - 11　　　　　　　　　　家具出口国数据特征

变量含义	变量	均值	最大值	最小值	标准差
高素质劳动力（千人）	LAB_1	42319	534090	747	98722
中等素质劳动力（千人）	LAB_2	34733	759788	83	93170
低素质劳动力（千人）	LAB_3	15522	287356	0	55096
森林面积（平方公里）	LAND	550172	5304940	1365	1147527
资本存量（十亿美元）	KS	88737	1220735	1607	158653
家具净贸易（千美元）	FURNITURE	852085	10915734	- 295066	1573392
非法采伐制度（定性指标）	EN	3	5	1	1
人均国民收入（美元）	PCI	14902	63587	629	15682

继续用 Pooled OLS 方法进行回归，应变量是家具净贸易，回归结果见表 4 - 12。

表 4 – 12　　　　　　　　　　　　家具回归结果

变量	进口国		出口国	
	系数	T 值	系数	T 值
C	– 47765. 59	– 1. 33	– 19865. 04	– 0. 63
LAB_1	– 4. 999	– 1. 01	6. 552 ***	5. 29
LAB_2	16. 083 ***	4. 79	5. 288 ***	6. 84
LAB_3	– 6. 46 *	– 2. 33	– 13. 186 ***	– 8. 23
LAND	0. 0095	0. 26	– 0. 169 **	– 2. 68
KS	– 4. 52 ***	– 4. 66	4. 6 ***	8. 95
PCI	– 5. 178 ***	– 11. 4	0. 0281	0. 01
EN	42710. 72 **	2. 66	98203. 78 ***	4. 62
R-squared	0. 88		0. 82	

注: * 表示显著水平在 10% 以内, ** 表示显著水平在 5% 以内, *** 表示显著水平在 1% 以内。

从分段回归结果来看, 环境变量对家具出口国和进口国净贸易都是显著正向效应, 这说明治理非法采伐已经减少了家具的进口, 促进了家具的出口, 原因是合法性原木在市场上不断增加, 合法原木价格相对较高, 导致家具成本提高, 价格上涨, 一定程度减少了进口需求。人均国民收入对家具进口国影响效应为负, 这说明随着国民收入的提高, 人们增加了对合法木材生产的家具需求, 进口增加了。对出口国影响效应为正, 但是不显著, 说明人均国民收入提高会增加家具出口, 但影响效应不明显。

4.2.7　结论

本书以 2005 ~ 2011 年 91 个国家作为总样本, 采用 HOV 模型, 检验了治理非法采伐对不同类别的林产品比较优势的影响, 检验分析结果显示治理非法采伐对林产品贸易比较优势已经产生了明显正向效应, 进一步的分析显示治理非法采伐增加了合法原木的出口, 减少了家具的进口。研究数据主要在 2005 ~ 2011 年这 7 个年度, Chatham House (Lawson[76], 2010) 报告显示在 2000 ~ 2008 年非法采伐已经下降了 25%, 2004 ~ 2008 年主要国家进口的非法木材也下降了 30%, 研究结论也证实了这个推断。

检验分析过程中的不足。第一, HOV 模型在实施过程中有很多假设条件，例如，没有运输成本，技术水平相同，一致的位似偏好，要素在国与国之间不能流动，仅限于国内流动，而这些条件在现实过程中是很难满足的。第二，2008～2009 年出现的全球经济危机对林产品马贸易产生了影响，这两年整个林产品贸易的数据都较低，这些对整个过程的回归结果不可避免的产生影响。

4.3　本章小结

本章首先用技术差距和要素禀赋理论分析林产品国际贸易比较优势，发现国际贸易流向基本与理论预期吻合，检查比较优势指数发现各类林产品具有比较优势的国家大多都是非洲热带林国家或者是东南亚国家，这些国家是发展林产品国际贸易的重要力量。其次用 HOV 模型验证分析了治理非法采伐对林产品国际贸易比较优势的影响，全球治理非法采伐治对各类林产品国家贸易比较优势产生的影响效应存在差别，对家具、原木、锯材、人造板、其他木材和林产品总体净出口产生影响是显著的。从影响的流向来看除对其他木材（木炭，木片和碎料）产生的影响是负向的，降低了这些产品的净出口，对其他各类林产品包括林产品总体的影响都是正向的。进一步对解释能力较高的原木和木家具进行分析，验证结果也证明了这一点。

第5章　治理非法采伐对贸易影响

治理非法采伐的手段很多，治理非法采伐会增加企业成本。砍伐、运输和进出口过程都要向国家缴纳税收或相应的管理费用，加工制作和销售过程要满足监管控制条件，企业要增加设施和人员，这也会增加成本。对于出口为主的企业成本增加后，产品价格提高，降低了企业的国际竞争能力，但企业产品满足合法性和可持续要求，产品市场会扩大，又会增加收益。本章从国际贸易局部均衡和一般均衡角度分析了治理非法采伐贸易效应，并用引力模型实证分析了治理非法采伐对双边贸易的影响。

5.1　贸易影响定性分析

治理非法采伐对贸易影响的定性分析，主要表现在治理非法采伐的贸易效应分析。贸易效应主要包括数量限制效应、贸易条件变化、贸易扩大效应和社会福利变化。

5.1.1　局部均衡分析

用局部均衡分析治理非法采伐的数量限制效应、贸易条件变化和贸易扩大效应。

5.1.1.1　数量抑制

从分析角度看，首先假设有两个国家 G 国和 H 国，G 国出口林产品，H 国进口林产品，把出口林产品的所有厂商视为一个大的整体，G 国的出口收益即为林产品出口到 H 国带来的收益；同样的，将 H 国内部生产林产品的所有厂商视为整体，H 国内部生产收益即为自身生产林产品带来的收益；受 H 国治理非法采伐影响，G 国企业的林产品完全无法进入 H 国市场。如

图 5 - 1 所示，S_H 表示 H 国内部生产林产品的厂商的供给曲线，D 代表了 H 国内部市场对林产品的需求曲线，S_G 代表了未治理非法采伐时 H 国内部市场林产品的总供给曲线，S_G 与 D 的均衡点为 W_0，对应林产品的价格为 P_0。此时，H 国内部生产林产品的数量为 Q_H，而市场对林产品的需求为 Q_0，需要从 G 国进口的数量为 $Q_0 - Q_H$。

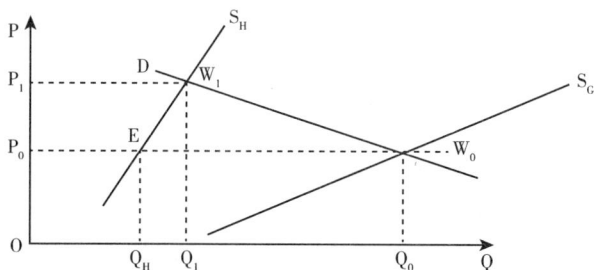

图 5 - 1　短期贸易数量限制效应

短期内，H 国提出治理非法采伐要求后，G 国并未做出任何反应，此时 G 国的林产品因无法满足 H 国的相关要求而无法出口至 H 国。这时，只有 H 国内部自己的厂商提供林产品，即 H 国市场的总供给曲线为 H 国内部生产林产品的厂商的供给曲线 S_H，供求均衡点由 W_0 移至 W_1，决定了林产品新的均衡价格为 P_1，P_1 大于 P_0。在这一价格水平上，H 国内部厂商的生产量增至 Q_1，从 G 国进口的数量为 0。在 H 国提出治理非法采伐要求后，H 国内部企业生产林产品的收益由 OP_0EQ_H 扩大到 $OP_1W_1Q_1$，而 G 国该产品的收益由 $Q_HEW_0Q_0$ 减少至 0。

长期内，G 国做出反应，出口的林产品满足 H 国的要求，但是生产成本提高，价格上涨。供给曲线向左移动到 S_G'，在 H 国需求不变的情况下，此时林产品价格提高，需求量减少，H 国内部厂商的供给的数量增加，变为 Q_2，G 国出口的数量减少变为 $Q_3 - Q_2$，市场价格变为 P_2，P_2 介于 P_1 与 P_0 之间（如图 5 - 2 所示）。此时 H 国提出治理非法采伐要求后，H 国内部企业生产林产品的收益由 OP_0EQ_H 扩大到 OP_2MQ_2，而 G 国该产品的收益由 $Q_HEW_0Q_0$ 变为 Q_2MNQ_3。

5.1.1.2　贸易条件变化

以上是主要分析非法采伐治理产生数量限制效应，还需要进一步讨论治

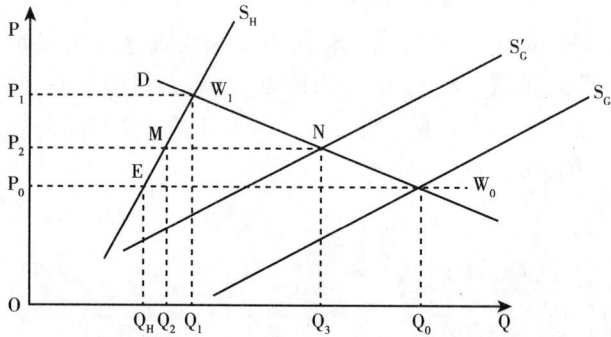

图 5 - 2　长期贸易数量限制效应

理非法采伐对进出口国贸易条件变化的影响。分析治理非法采伐贸易条件改善主要是分析治理非法采伐后出口价格与进口价格的比值，如果出口价格与进口价格比值提高，则意味着这个国家贸易条件得到改善，反之则相反。从治理非法采伐对贸易条件是否改善的传导机制来看主要表现在治理非法采伐对国际市场供求关系影响，供求关系影响世界价格，进而影响单个国家。

对于出口国而言，治理非法采伐成本增加，供给减少，在全球市场需求不变的情况下，如果出口国是贸易大国，就会导致世界价格提高，此时治理非法采伐对出口国反而是有利，对进口国不利。如图 5 - 3 所示，世界市场供给曲线与需求曲线相交点 W_0 得到世界价格 P_w，在实施非法采伐治理后，成本增加，供给减少，由于出口国为贸易大国，则世界供给曲线向上移动 S_1，与需求曲线相交得到世界价格 P'_w，P'_w 大于 P_w，此时贸易大国出口国的产品价格提高，出口贸易条件得到改善。

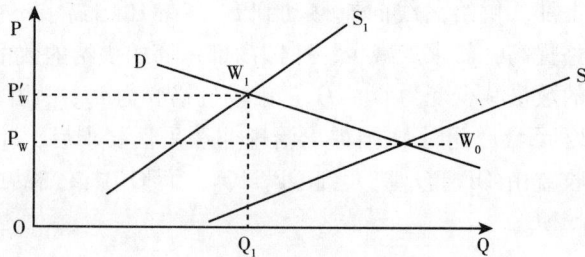

图 5 - 3　出口大国贸易条件效应

如果出口国是贸易小国，则贸易条件不会取得改善。如图 5 - 4 所示，治理非法采伐后，贸易小国成本增加，供给减少，供给曲线移动到 S_2，但是贸易小国不能改变世界市场的供给，只能接受世界市场供给曲线 S 和需求曲线 D 决定的交易价格 P_w，因此贸易条件没有得到改善。

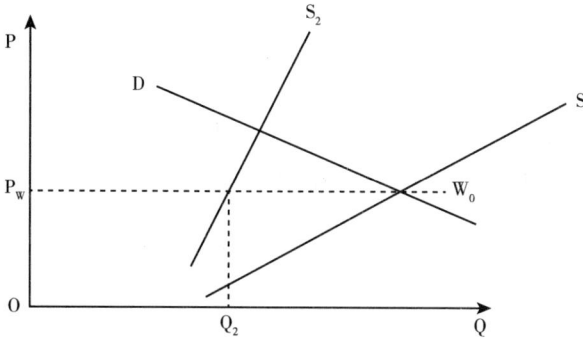

图 5 - 4　出口小国贸易条件效应

对于进口国而言，如果进口国是贸易大国，治理非法采伐后由于全球市场供给量减少将会增加本国合法木材的供给，大国供给数量的增加，将会导致全球市场供给增加，从而降低合法木材的世界价格。如图 5 - 5 所示，世界市场原来供需决定的世界价格为 P_w，在进口大国供给增加后，导致世界市场供给曲线从 S 移动到 S_1，形成新的世界价格 P'_w，P'_w 低于 P_w，进口大国按照 P'_w 的价格进口，进口价格下降，贸易条件得到改善。

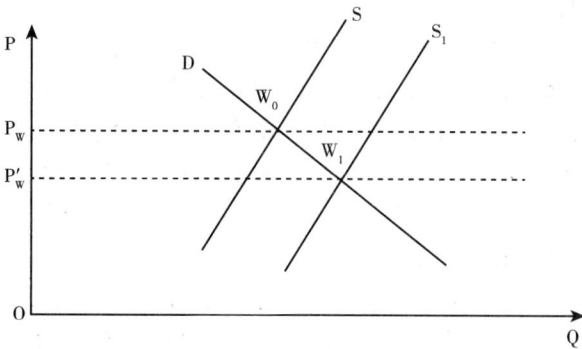

图 5 - 5　进口大国贸易条件效应

如果进口国是贸易小国，则贸易条件不能得到改善，如图 5-6 所示，虽然贸易小国国内增加了供给，供给曲线发生移动，但是由于贸易小国不能影响世界市场，世界市场的价格没有变化，贸易小国只能按照原来的价格进口，贸易条件没有得到改善。

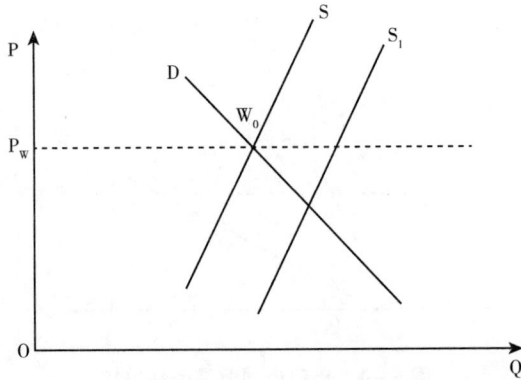

图 5-6　进口小国贸易条件效应

5.1.1.3　贸易的扩大效应

治理非法采伐除了对出口国会产生贸易限制外，还会产生贸易的促进作用。贸易促进的作用主要表现在出口国生产的林产品在满足合法性要求之后，市场需求增大了，同时在生产过程得到财政支持，成本下降，出口量增加了这两个方面。

市场需求扩大效应。如图 5-7 所示，从产品均衡的动态角度看，全球对林产品需求的数量是不会改变的，治理非法采伐后，企业生产成本提高，供给曲线左移，但是市场需求会扩大，最后形成新的均衡。分析比较需求扩大前后主要变化，在之前，价格为 P_0，与市场需求曲线 D 相交于 W_0，进口量为 $Q_0 - Q_1$，治理非法采伐后，成本上升致使价格上升到 P_1，与供给曲线相交于 W_1。在新价格下，进口量为 $Q_3 - Q_2$，要维持整个市场的需求量不变，市场需求扩大，需求曲线移动到 D′，P_1 价格水平与市场需求曲线相交于 W_2，市场需求量与之前保持不变，此时进口量为 $Q_0 - Q_2$，比之前 $Q_0 - Q_1$ 减少。整个社会福利水平调整如下，$P_1 P_0 E W_1$ 为消费者剩余减少，转换为生产者剩余，$W_1 C W_0 W_2$ 为出口国满足合法性要求承担的成本，$E W_1 C$ 为社会福利损失部分，对于消费者来说，消费者剩余减少 $P_1P_0EW_1$，但需求扩大增加了 h。如果需求不变，则消费者剩余减少了 $P_1P_0EW_1$，生产者剩余增加了 $P_1P_0EW_1$，进口量为 Q_3-Q_2，社会损失为 EW_1C 和 ABW_0，出口国承担成本增加 ABW_1C。需求扩大与需求不变相比，出口国承担的部分增加了 ABW_0W_2，主要原因是进口量增加了 Q_0-Q_3，出口国承担部分包括了需求未变前的社会损失 ABW_0。

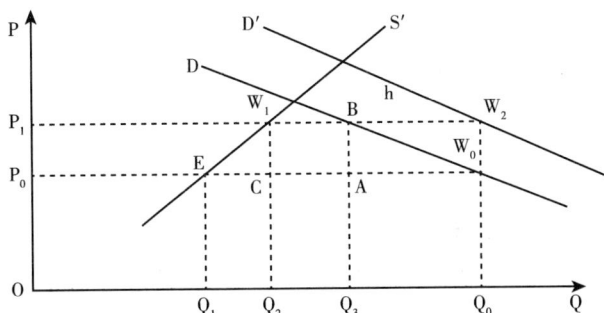

图 5-7 市场需求扩大效应

补贴扩大效应。补贴包括了出口补贴和生产补贴，对于一些生产国来说，治理非法采伐不论是技术和设备都相对缺乏，欧盟在与这些国家 VPA 谈判过程中承诺提供必要支持，这些支持包括了资金、技术和设备，本书认为这些支持将构成生产补贴的一部分，对生产者是有利的。出口补贴是 WTO 规则禁止的，对于出口者来说，即使治理非法采伐产品成本增加了，政府部门也不能够实施出口补贴，因此这里主要研究生产补贴的出口扩大效应。如图 5-8 所示，在实施生产补贴前，生产量为 Q_3，出口量为 Q_3-Q_2，实施生产补贴后，供给曲线向右移动，此时生产量为 Q_0，出口量为 Q_0-Q_1，生产者按照 P_2 的价格生产，但是按照 P_1 的价格进行销售，因此消费者的社会福利未变，生产者获得补贴为 $P_1P_2BW_0$，整个生产提供的补贴为 P_1P_2BC，很显然 BCW_0 损失掉了。

5.1.2　一般均衡分析

与局部均衡分析相比，一般均衡分析主要考虑要素投入与产出，社会福利变化情况，用一般均衡分析，主要考虑社会福利增加、社会福利减少和产

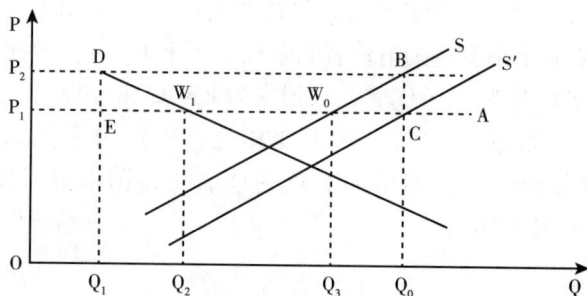

图 5 - 8　生产补贴扩大效应

能扩大这 3 种情况。

5.1.2.1　社会福利变大

如图 5 - 9 所示，设某个国家生产 X 与 Y 两类产品，X 产品为林产品，Y 产品为其他产品，该国出口 X 产品，进口 Y 产品。在非法采伐治理前出口 X 产品数量 AC，进口 Y 产品 A′C，社会福利水平为 U^0，对非法采伐治理后，产品成本上升，贸易条件曲线 AA′变化为 BB′，X 产品出口量减少变为 BC′，Y 产品进口量增加，变为 B′C′，贸易条件改善，此时社会福利变为 U^1，U^1 大于 U^0，社会福利扩大。引起社会福利扩大和贸易改善的原因可能贸易大国在成本提高后，供给减少，世界价格上升，反而对出口国有利。

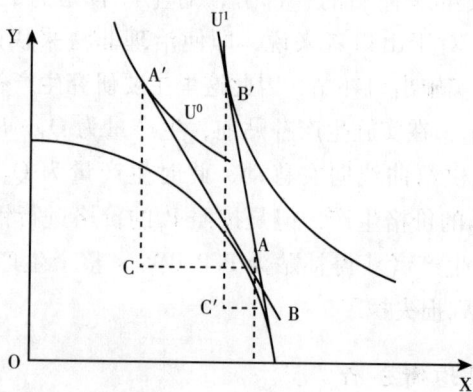

图 5 - 9　社会福利扩大

5.1.2.2　社会福利减少

如图5-10所示为福利减少的情况，同样X产品为林产品，Y产品为其他产品，论某个国家出口X产品，进口Y产品，在非法采伐治理前出口X产品数量AC，进口Y产品A′C，社会福利水平为U^0。对非法采伐治理后，产品成本上升，贸易条件曲线AA′变化为BB′，X产品出口量减少变为BC′，Y产品进口量也减少，变为B′C′，贸易条件曲线比原来平坦，贸易条件恶化，此时社会福利变为U^1，U^1小于U^0，社会福利减少。引起贸易条件恶化和社会福利减少的原因可能贸易小国在成本提高后，供给减少，出口减少，但产品世界价格保持不变，出现整个社会福利下降。

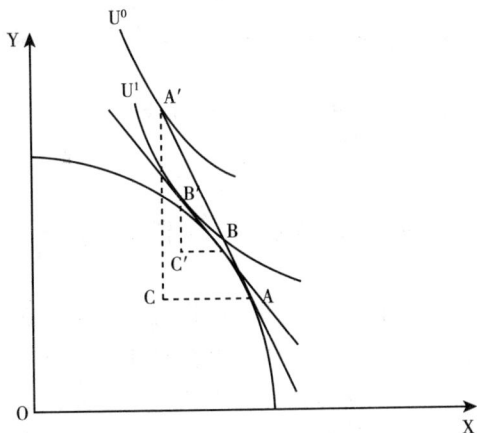

图5-10　社会福利减少

5.1.2.3　产能扩大效应

图5-11产能扩大时的情况，在治理非法采伐后，林产品满足合法性要求，有的还满足可持续要求，这一定程度上维持森林资源不变，甚至会使其增加，对林产品来说，森林资源要素的增加将促使林产品的生产量增加，生产可能线从PP移动P′P′。此时对出口国来说，虽然合法性要求致使成本提高，但是资源要素供给增加，要素价格又下降，因此认为价格不变，此时贸易条件也未发生变动，贸易条件曲线斜率没变，但是社会福利增加了，如图5-11所示，出口量从AC变为BC′，进口量从A′C变为B′C′，社会福利曲

线，从原来的 U^0 变为 U^1，产能扩大增加了社会福利。

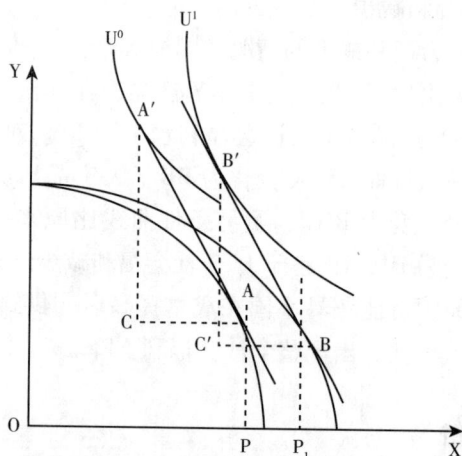

图 5-11　产能扩大

5.2　贸易影响的博弈分析

　　治理非法采伐要求企业生产、加工过程合法。从目前提出治理措施的国家来看，主要集中在发达国家，这些国家在具体实施过程带来的影响有很多的不确定性，取决于进出口商各方的行为选择。首先，加工企业可以通过引进与开发新技术把生产成本降低，维持原来的价格；其次，当出口国意识到治理非法采伐对本国林产工业产生影响后，出口国政府也可通过生产补贴的形式对相关产品给予支持，实施出口保护；最后，出口国企业也可以通过行贿受贿，制造虚假证明，以次充好，达到满足要求的目的，这就需要发达国家进行有效监督，采取有效手段保护自身利益。

5.2.1　出口补贴政策博弈

　　战略性贸易保护理论认为在不完全竞争和规模经济条件下，一国政府适当地运用如关税、补贴等战略性贸易政策措施将有助于扶持本国工业的发展，增强其在国际市场上的竞争能力，从而牟取规模经济之类的额外收益，并借机掠夺他国的市场份额和工业利润，也就是说，实施一定的贸易政策不但无损于其经济福利，反而有可能提高一国的贸易福利。构成战略性贸易理论基础是利润转移论和外部经济效应。利润转移论指在不完全竞争的寡头垄断市场中，国家积极运用战略性出口政策，通过促进出口的政策扶持本国企业的发展，使其获得竞争优势，从而扩大本国企业在国际市场所占的份额，攫取国外企业的超额利润，以增加本国的经济福利。该贸易政策的直接目的就是从国外向本国转移利润。外部经济效应也称外溢效应，是指一个经济单位的经济活动所产生的收益不仅限于其自身，还惠及其他经济单位，从而产生额外收益，但该单位并未根据这种影响从其他单位获得相应的报酬。

在出口市场提出治理非法采伐后，出口企业通过技术提升，降低生产成本，保持产品正常出口，但是如果出口企业不能进行技术改善或通过其他手段降低产品生产成本，则会下降产品在出口市场的竞争力，面临退出市场的风险。从现实的情况来看，对非法采伐进行治理，满足可持续发展的要求，产生了环境的外溢效应，这种环境外部效应有没有获得补偿，因此为实施补贴提供了依据。

战略性补贴政策表明对本国企业的补贴能够提高其在共同出口市场上的销售份额和总利润，而使国外企业的利润减少，一个小额补贴带来的企业利润提高可以超过补贴本身的数值，从而使本国的总国民福利上升。如表 5-1 所示，设有甲、乙两个国家企业，生产的林产品是同质的，且都出口到第三国市场，在第三国市场构成互不勾结古诺寡头垄断，在第三国提出治理非法采伐后，为满足第三国合法性的要求，产品成本增加，此时两者生产的林产品出口到第三国市场都无利可图。生产与不生产收益都一样，收益为 0，但是如果一方不生产，另一方销量增加可以实现规模生产，成本下降，获得收益 a。

表 5-1 无补贴博弈

		乙国企业	
		生产	不生产
甲国企业	生产	0；0	a；0
	不生产	0；a	0；0

假如现在乙国对生产企业给予补贴 b，甲国企业不给予补贴，甲国企业

在长期内由于没有收益，退出第三国市场，而乙国企业由于获得了补贴，在甲国企业退出后获得了额外的市场收益 a，总收益为 a + b，如表 5 - 2 所示。

表 5 - 2 有补贴博弈

		乙国企业	
		生产	不生产
甲国企业	生产	0；b	a；0
	不生产	0；a + b	0；0

在具体分析对企业补贴数量时，Collie 和 Meza[111]（2003）沿用 Brander 和 Spencer[112]（1985）模型对贸易战略政策进行分析。Brander 和 Spencer[112]（1985）模型一般假设处于古诺寡头竞争的两个国家的单一公司将其所有的产品销售到第三国市场进行同质产品竞争。第三国市场的需求函数为 P = P（Q），其中 Q = q_1 + q_2，q_i 表示 i 国公司的产出。第 i 国公司的边际成本是恒定的 c_i，生产补贴为 s_i，因此，公司的利润为 π_i =（P - c_i + s_i）q_i。古诺均衡的一阶条件为：

$$\frac{\partial \pi_i}{\partial q_i} = P + q_i P' - c_i + s_i = 0 \tag{5.1}$$

利润最大化的二阶条件为 $\partial^2 \pi_i / \partial q_i^2 = 2P' + q_i P'' < 0 (i = 1, 2)$。静态比较分析下，关于生产补贴的全微分为：

$$\frac{\partial q_i}{\partial s_i} = \frac{-(2P' + q_j P'')}{\Delta} > 0, \quad \frac{\partial q_j}{\partial s_i} = \frac{(P' + q_j P'')}{\Delta}$$

$$\frac{\partial P}{\partial s_i} = \frac{-(P')^2}{\Delta} < 0, \quad i, j = 1, 2 \ i \neq j \tag{5.2}$$

当古诺均衡唯一且稳定时，则 $\Delta = P'(3P' + QP'') > 0$。i 国的福利为公司的利润减补贴支出，即 $W_i = \pi_i - s_i q_i = (P - c_i) q_i$。其关于补贴的纳什均衡的一阶条件为：

$$\frac{\partial W_i}{\partial s_i} = (P - c_i) \frac{\partial q_i}{\partial s_i} + q_i \frac{\partial P}{\partial s_i} = 0 \quad i = 1, 2 \tag{5.3}$$

利用 6.2 式静态比较分析的结果和 5.1 式的 P - c_i = - $q_i P'$ - s_i 推导补贴

的纳什均衡为：

$$s_i^N = \frac{-q_i P' (P' + q_j P'')}{(2P' + q_j P'')} \quad i, j = 1, 2; \ i \neq j \tag{5.4}$$

当外国公司的反应函数为向下倾斜，即 $P' + q_j P'' < 0$ 时，该国会给予补贴。正常情况下，当两国的公司的反应函数均为向下倾斜，即 $2P' + QP'' < 0$ 时，两国都将给予补贴。

根据更一般的需求函数，福利最大化的二阶条件为：

$$\frac{\partial^2 W_i}{\partial s_i^2} = \frac{(P')^2}{(2P' + q_j P'') \Delta^2} \{ (2P' + q_j P'') (2P' + QP'')$$
$$- q_i [P'P'' + q_j (P'P''' - (P'')^2)] \} < 0 \tag{5.5}$$

利润最大化的二阶条件 $\partial^2 \pi_i / \partial q_i^2 = 2P' + q_i P'' < 0 (i = 1, 2)$ 表明此式的分母为负，并且只要 $2P' + QP'' < 0$，则大括号中的第一项为正，但方括号中的项的正负无法判定。

考虑到比较成本与生产补贴的纳什均衡之间的关系，将两个生产补贴的纳什均衡相加得到：

$$s_1^N + s_2^N = -\frac{P' (QP' + q_1 q_2 P'') (2P' + QP'')}{(2P' + q_1 P'') (2P' + q_2 P'')} \tag{5.6}$$

利润最大化的二阶条件表明此式的分母为正，并且 $QP' + q_1 q_2 P'' = [q_1 (2P' + q_2 P'') + q_2 (2P' + q_1 P'')] / 2 < 0$，因此，两国生产补贴和的正负取决于 $2P' + QP''$ 为正还是为负，正常情况下，$2P' + QP''$ 为负数。由于价格产量的需求函数 P' 为负数，则可得到两国生产补贴之和为正。

两个生产补贴的纳什均衡的差可以表示为：

$$s_1^N - s_2^N = -\frac{(2P' + q_1 P'') (2P' + q_2 P'') + q_1 q_2 (P'')^2}{2P' (2P' + QP'')} (c_1 - c_2) \tag{5.7}$$

假设 $2P' + QP'' \neq 0$，将式（5.6）和式（5.7）相乘，可以得到更为一般的结果，如下所示：

$$(s_1^N)^2 - (s_2^N)^2 =$$
$$\frac{(QP' + q_1 q_2 P'') [(2P' + q_1 P'') (2P' + q_2 P'') + q_1 q_2 (P'')^2]}{2 (2P' + q_1 P'') (2P' + q_2 P'')} (c_1 - c_2) \tag{5.8}$$

从以上的推导可以知道此式中的（$QP' + q_1 q_2 P''$）项为负，且根据利润最大化的二阶条件可知方括号中的项以及分母均为正，所以（$c_1 - c_2$）的系数毫无疑问为负。方程（5.8）表明如果 $c_i < c_j$，则 $|s_i| > |s_j|$。由此得出以下观点：在纳什均衡中，相比于成本高的公司，成本较低的公司的获得的补贴绝对值较大。这也就是说在治理非法采伐影响下，各国在对企业出口进行保护时，实施补贴时，低成本企业获得的补贴要高于高成本企业。

5.2.2 运营商与供应商博弈

欧盟《木材法规》，美国《雷斯法案修正案》和澳大利亚《非法采伐禁令》都对供应商、运营商、监督机构等的经营管理行为做出了明确规范，要求供应商真实提供有关木材及木制品的相关信息，同时，运营商应当对供应商提供的木材及木制品投放到市场采取风险评估程序，运营商对供应商的行为负有督促的义务。为了保证运营商实行尽职调查的职守，这些国家也授予了监督机构对运营商监督权利。木材采购政策也要求供应商提供满足要求的木材，实际上是国家相关机构直接对木材供应商进行风险评估，而风险判断主要依据是是否通过相关认证（森林认证等等）。从本质上来说，这一系列的规定是相关国家希望能规范贸易国的林业采伐行为，利用市场机制通过单边的行动来影响全球森林治理，另外，通过强化对他国木材及木制品的管制，保护本国的经济利益。

虽然这些规定授予了监督机构对运营商实行有效监督的权利，但要成为合法的监督机构通常要满足三个条件：具备法人资格且依法成立；具有行使监督职权的专业知识及能力；保证在监督过程中与运营商等没有丝毫利益往来。从上述规定看出，监督机构的行为选择应当是理性的且代表了国家利益。然而，国外供应商和本国运营商作为以盈利为目的的经济组织，其行为选择"并不是像习惯上一般认为的那样总是代表社会和集体的利益而不受任何非理性的干扰"，具有一定的自利动机，因此，两者间不同的行为选择也会带来不同的影响，相互间存在一定的博弈关系。

基于以上分析，本书提出如下假设：第一，在长期博弈模型中，参与博弈的双方分别为发展中国家林产品供应商和发达国家运营商。第二，发展中国家企业选择合法的木材原料，其经营的成本为 C_1，产生的收益为 R_1，同时，其初始效用水平（即企业不对经营的合法性做任何保证）为 R_a。而企业选择非法的木材进行生产，带来额外的灰色收入 r。第三，企业选择非法的木材原料被发达国家运营商发现，将对其处以 $a \times R_1$ 的罚款；发达国家运营商的监管成本为 C，当对国外企业监管有力时，产生的收益为 I，而监管无力，运营商能获取额外收入 h，被监督机构发现给运营商处罚，处罚造成的损失为 $b \times I (b > 1)$。第四，企业非法林产品的概率为 p（$0 < p < 1$），运营商监管有效的概率为 q，t 为监管失效而日后被监督机构追究责任的概率。发展中国家企业与发达国家运营商间的博弈矩阵如表 5 – 3 所示。

表 5 – 3　　　　　　发展中国家企业与发达国家运营商间的博弈

		发达国家运营商	
		监管有力	监管不力
发展中国家企业	合法林产品供应	$R_1 + Ra - C_1$; $I - C$	$R_1 + Ra - C_1$; $I + h$
	非法林产品供应	$R_1 + Ra + r - a \times R_1 \times q$; $I - C$	$R_1 + Ra + r$; $I + h - I \times b \times p \times t$

发展中国家企业选用合法木材原料收益为：

$$U_1 = R_1 + R_a - C_1 \tag{5.9}$$

如选用非法供应的木质林产品其收益为：

$$U_2 = (R_1 + R_a + r - a \times R_1) \times q + (R_1 + R_a + r)$$
$$\times (1 - q) = R_1 + R_a + r - a \times R_1 \times q \tag{5.10}$$

发达国家运营商的有效监管收益为：

$$E(U) = I - C \tag{5.11}$$

发展中国家企业提供合法林产品，发达国家监管不力的收益为：

$$E(U) = I + h \tag{5.12}$$

发展中国家企业提供非法林产品，发达国家监管不力的收益为：

$$E(U) = I + h - I \times b \times p \times t \tag{5.13}$$

因为发展中国家企业安排自己的行为抉择，必须要依据发达国家运营商监管的力度来决定，期望能获得最大化自身的效益，发展中国家企业最大化收益公式：

$$\max E(U)_m = (1-p) \times U_1 + p \times U_2 = R_1 + R_a - C_1$$
$$+ p \times C_1 + p \times r - p \times a \times R_1 \times q \quad (5.14)$$

对发展中国家企业期望效用函数求解效用最大化，一阶最优条件为：

$$\partial E(U)_m / \partial p = 0 \quad (5.15)$$

可得发达国家运营商有效监管的概率 q 值如下：

$$q = C_1 + r / a \times R_1 \quad (5.16)$$

同理，发达国家运营商也是基于发展中国家企业的经营方式做出管理决策，并期望在一定经济条件的约束下，使自身效用最大化，最大化收益公式为：

$$\max E(U)_n = q \times (I - C) + (1-q) \times (I + h - I \times b \times t \times p) \quad (5.17)$$

对发达国家运营商的最大化收益求解，最大化一阶最优条件：

$$\partial E(U)_n / \partial q = 0 \quad (5.18)$$

可得企业违规产品概率：

$$p = (C + h) / (I \times b \times t) \quad (5.19)$$

在这组博弈分析中，当发展中国家企业选用非法木材原料的概率小于 $(C+h)/(I \times b \times t)$ 时，发达国家运营商的最优策略是不实施有效监管；当发展中国家企业选用非法木材原料的概率大于 $(C+h)/(I \times b \times t)$ 时，运营商的最优策略是实施有效监管，否则运营商会受到惩罚。当发展中国家企业选用非法木材原料的概率等于 $(C+h)/(I \times b \times t)$ 时，运营商处于选择的临界点。不难看出：减少运营商的监管成本 C 和额外收入 h，提高监管失败给予的处罚 $I \times b \times t$，都能够减少发展中国家企业违规的概率。

反之，当发达国家运营商有效监管的概率小于 $(C_1 + r)/(a \times R_1)$ 时，发展中国家企业可对木材原料来源的合法性不做过高要求；当发达国家运营商有效监管的概率大于 $(C_1 + r)/(a \times R_1)$ 时，发展中国家企业必须严格保证木材原料的来源合法合规，否则会受到惩罚。当发达国家运营商有效监管的概率等于 $(C_1 + r)/(a \times R_1)$ 时，发展中国家企业的行为便可随机抉择。分析结论可以看出：降低发展中国家企业的经营成本 C_1、减少其灰色收入 r 的来源渠道、增加发展中国家企业选用非法木材的处罚力度 $a \times R_1$，均能提高企业保证木材原料来源合法的自觉性，降低发达国家运营商实施有效监管的程度。

5.3　贸易影响实证分析

从目前研究的文献来，研究政策工具变量对贸易的影响实证研究主要的分析方法有投入产出分析和引力模型方法，投入产出分析法用投入产出表为基础，结合线性方程组模拟计算政策变量波动对国民经济各部门连锁反应和波及效果。引力模型方法在传统引力模型的基础上增加政策变量，分析政策变量对双边贸易的影响。本书主要采用引力模型研究治理非法采伐对贸易影响。

5.3.1　引力模型介绍

自从 Tinbergen[113]（1962），Pöyhönen[114]（1963）提出引力模型以来，其实证应用，理论判断和计量规范方面展开了很多研究。引力模型经常被用来分析贸易流，并且能准确预测国与国之间商品和服务双边贸易流动（Linneman[115]，1966；Summary[116]，1989；Sohn[117]，2005；Antonucci & Manzocchi[118]，2006）。在引力模型增加要素变量，并分析这些要素变量在双边贸易和资本流动中影响。在现实应用中，要素变量包括共同语言、共同边界、共同殖民历史、共同宗教、关税，殖民历史，汇率制度，货币联盟和制度质量指标变量，是否同属一个优惠贸易协定或者区域经济一体化组织、政府治理质量、合约实施保障等。例如，McCallum[119]（1995），Helliwell[120]（1996），Anderson 和 Smith[121]（1999），Evans[122]（2003）检验了共同边境对双边贸易流动的影响，Frankel[123]（1997），Hutchinson[124]（2002）检验了共同语言对双边贸易影响，而 Rose[125]（2001），Campbell[126]（2013）检验了货币联盟对双边贸易的影响。

尽管一系列实证检验的成功使引力模型得到了广泛的运用，但是引力模型缺乏强烈的理论支撑使它一直饱受指责。然而，Deardorff[127]（1998）显示引力模型与李嘉图的比较优势和赫克歇尔—俄林的模型是一致的。这是对

Anderson[128]（1979）和 Bergstrand[129]（1985）早期从产品差异和规模报酬递增的贸易模式推导出了引力模型的理论补充。

反倾销模型在一些实证检验中显示专业化和差异化产品模型可能无法完全解释引力方程，Feenstra[130]等（2001）用分割的引力模型评估差异化和同质化产品国内市场效应，他们的研究结果与反倾销在同质市场所起作用的理论预测相吻合。

贸易引力模型没有确切的格式，在经济应用方面它总是表达成如下形式：

$$F_{ij} = G(M_i^{\beta 1} M_j^{\beta 2} / D_{ij}^{\beta 1}) \; \theta_{ij} \tag{5.20}$$

F_{ij} 表示国家 i 和国家 j 之间的双边贸易流量，M_i 和 M_j 代表国家 i 和国家 j 国内生产总值（GDP），D_{ij} 表示这两个国家的距离，G 为常数，θ_{ij} 表示方程（5.20）期望值等于 1 的残差项。实际研究过程中通常对方程采用对数的形式，此时方程表现为式（5.21）式（注意：常数 G 和残差项 θ_{ij} 变为 β_0 和 η_{ij}）

$$\ln F_{ij} = \beta_0 + \beta_1 \ln(M_i) + \beta_2 \ln(M_j) - \beta_3 \ln(D_{ij}) + \eta_{ij} \tag{5.21}$$

然而，方程在实际引用时有两个问题：首先，如果一些应变量 F_{ij} 等于 0 的话，这个方程很显然不能使用。其次，Santos Silva 和 Tenreyro[131]（2006）研究认为对数线性回归方程用最小二乘法（OLS）可能导致严重偏差。因此，作为一个替代，他们认为模型的回归应该用它的乘法形式，即式（5.22）。

$$F_{ij} = \exp[\beta_0 + \beta_1 \ln(M_i) + \beta_2 \ln(M_j) - \beta_3 \ln(D_{ij})] \eta_{ij} \tag{5.22}$$

使用最大似然估计（PPML）用计数数据估计，Martin 和 Pham[132]（2008）认为当贸易双方贸易量常为 0 时，引力模型用 PPML 估计会产生严重偏差，然而他们的研究结论受到了 Santos Silva 和 Tenreyro[133]（2011）的质疑，他们认为 Martin 和 Pham[132]（2008）模拟的结果是基于错误的模型，他们的结论显示 PPML 估计执行的非常好，甚至当双边贸易量为零的时候。

国际贸易引力方程也积极运用到新贸易理论模型报酬递增模型（Feenstra[134]，2003）中，许多递增收益模型显示成本是固定的或沉没的。然而贸易是一个动态的过程，最近，一些学者提出了贸易动态模型以取代传统的引力方程（Campbell[135]，2010；Olivero & Yotov[136]，2012；Campbell[137]，2014）。

一些学者运用引力模型研究林产品贸易。Akyüz 等[138]（2010）使用引力模型分析欧盟国家与土耳其在林产品工业领域的贸易流。研究结果表明，土耳其和欧盟之间的贸易一体化程度很高，国内生产总值对双边贸易有正向效应，距离有负效应。Kangas 和 Niskanen[139]（2003）利用引力模型分析欧盟和中东欧之间的林产品贸易。他们的结论是，欧盟和中东欧国家之间的贸易水平低于收入和距离的预期值。这主要是因为欧盟出口到中东地区的商品量低于正常的平均水平，高价值的商品在中东地区消费量低，还没有达到欧盟内部的贸易水平。引力模型关于中国林产品贸易方面的研究方面。Zhang 和 Li[140]（2009）使用引力模型调查了中国的木材产品贸易从 1995～2004 的决定因素。他们的研究结果表明，贸易伙伴的森林资源禀赋和中国自己的采伐限制政策影响了木材产品的进口和出口，分析得出中国贸易伙伴国森林要素禀赋对中国林产品出口产生显著的副作用，对中国林产品进口产生显著的正向作用。田刚和潘超[141]（2013）用引力模型研究分析了中国和俄罗斯林木产品贸易情况，研究认为对中俄林木产品贸易有一定影响要素变量主要是国内生产总值、人均森林面积差、汇率，而森林认证和 APEC 对中俄林木产品贸易影响并不显著。戴明辉和沈文星[142]（2010）在传统引力模型基础上，引入森林认证变量后，对中国木质林产品贸易伙伴国的面板数据进行实证分析，其结论认为 APEC、森林认证和人均森林面积差异对双边木质林产品贸易流量产生正向的显著作用。

本书用引力模型研究了治理非法采伐对中国和它贸易伙伴国林产品双边贸易流动的影响，为了做到这一点，引入了治理非法采伐的规则和打击非法采伐的双边协议两个变量。在引力模型中，应变量是中国与贸易伙伴国双边林产品贸易实际值（2005 年美元不变价），自变量包括经济规模、人均收入、距离、森林资源禀赋的相对丰度、实际汇率、治理非法采伐的规则数目以及两个虚拟变量。一个虚拟变量表明贸易伙伴是否是世界贸易组织（WTO）的成员。另一个虚拟变量是表明贸易伙伴是否与中国签订打击非法采伐的双边协议。除了虚拟变量外，其他所有变量都取自然对数，得到的方程如下：

$$\ln F_{it} = \beta_0 + \beta_1 \ln RG_{it} + \beta_2 \ln ER_{it} + \beta_3 \ln FGDP_{it} + \beta_4 \ln FPGDP_{it}$$
$$+ \beta_5 \ln GA_{it} + \beta_6 \ln DS_{it} + \beta_7 BA_{it} + \beta_8 ME_{it} + \eta_{it} \tag{5.23}$$

F_{it}是中国和贸易伙伴国 i 在 t 年双边林产品不变价贸易值，β_0是常数，RG_{it}是 i 国在 t 年实施治理非法采伐规则的数量，ER_{it}是国家 i 和中国在 t 年的实际汇率，$FGDP_{it}$是中国和国家 i 在 t 年实际 GDP 之乘积，$FPGDP_{it}$是中国和国家 i 在 t 年人均实际 GDP 之乘积，GA_{it}是中国和国家 i 在 t 年人均森林面积之比，BA_{it}是中国和国家 i 在 t 年签订双边打击非法采伐协定情况的虚拟变量，ME_{it}是中国和国家 i 在 t 年为 WTO 成员的虚拟变量，η_{it} is 是 t 年残差项，β_0，β_1，β_2，β_3，β_4，β_5，β_6，β_7，β_8是为待估参数。

5.3.2 数据来源

使用中国与贸易伙伴国林产品贸易实际双边值（2005 年美元价格计算）在中国和它的合作伙伴国家，数据涵盖了 71 个主要国家 2001～2012 与中国的双边林产品贸易数据。这些国家与中国林产品的实际双边贸易值已经占到了中国实际的双边贸易总额的 95%。林产品包括本书所定义的研究领域产品：原木、锯材、其他木材、人造板、木浆、纸张和家具，林产品贸易数据来自 international trade Centre 的 trade statistic。

与其他研究一样，本书使用 2005 年美元不变价得到的中国和它的贸易伙伴国实际 GDP 作为两个国家经济规模，相比名义 GDP，实际 GDP 更能反映国家的经济发展规模，更能真实体现双方经济相互需求层次。人均实际 GDP 的乘积代表资本规模和人均国民收入，两个国家 GDP 和人均 GDP 乘积越大表明这两个国家双边的贸易潜力越大，实际 GDP 和人均实际 GDP 数据来自国际贸易中心贸易统计。

中国与其贸易伙伴之间的距离预计将有一个负面的迹象。Loungani 等[143]（2002）认为距离不仅产生运输费用，而且由于距离较远还要承担获取信息和搜索费用。中国在全球林产品供应链中处于加工国地位，进口原木、锯材等原材料产品，出口家具、人造板等制成品，许多木材加工工业都位于江浙沪等东部地区，因此以上海（中国经济中心）和贸易伙伴国首都的距离作为两国之间的距离。[①]

研究过程中所使用的实际汇率是相对于每单位人民币贸易伙伴国的货币。该值的增加意味着人民币升值，人民币升值预计对中国产品出口产生负

---

① 互联网距离计算，http://www.timeanddate.com/worldclock/distance.html。

面影响，对中国产品进口产生积极的影响，但对双边贸易的影响还不确定。实际汇率数据来源美国农业部的经济研究服务中心。

与第 4 章研究相同，把《生物多样性保护公约》、《国际热带木材协定》、《濒危野生动植物种国际贸易公约》、采购政策，美国《雷斯法案修订案》，欧盟《木材法规》也列为打击非法采伐的制度。《森林执法、治理和贸易行动计划》运动的欧盟成员国，与欧盟签订自愿伙伴协议（VPA）的成员国，也都视为提交一项治理非法采伐的规则。实际计算过程中每实施 1 项，计数为 1，因为每项内容不是相同，实施数量较多，也意味着对非法木材控制越严格。

贸易伙伴国与中国的人均森林面积比表示森林资源禀赋的相对丰度，这个比例越高，意味着两个国家之间森林资源禀赋差距越大，两国之间林产品贸易的可能性也越大。

两个虚拟变量：一个分析国际协议的影响；另一个分析中国与贸易伙伴国打击非法采伐双边协议的影响。中国在 2001 年成为世界贸易组织成员方，如果贸易伙伴国也是 WTO 成员，则该变量取值为 1，否则为 0。由于 WTO 规定成员国家要降低关税，取消贸易壁垒，推动自由贸易，因此理论上推测，这个变量对贸易将会产生促进作用。在双边协议方面，中国与欧盟（2009 年），美国（2010 年），澳大利亚（2011 年），印度尼西亚（2002年），缅甸（2006 年）签署的打击非法采伐的谅解备忘录，这些贸易伙伴国与中国签订打击非法采伐谅解备忘录视为达成双边协议，此时变量是 1，其他贸易伙伴国没有达成协议，该值是 0。具体见表 5 - 4。

表 5 - 4　　　　　　　　　　　　数据特征

变量定义	变量名称	均值	最大值	最小值	标准差
双边打击非法采伐的协定	BA	0.11	1.00	0.00	0.31
WTO 成员	ME	0.77	1.00	0.00	0.42
上海和贸易伙伴国首都之间空间距离（千米）	DS	9649.24	19629	867	4398.03
实际 GDP 的乘积（10 亿美元）	FGDP	1.72E+15	6.43E+16	5.55E+11	5.21E+15
贸易伙伴国和中国的人均森林面积比	GA	9.87	143.53	0.0028	19.51
实际汇率（每单位人民币贸易伙伴国数据）	ER	67.21	2094.67	0.04	224.75

续表

变量定义	变量名称	均值	最大值	最小值	标准差
治理非法采伐的规则（个）	RG	2.93	5.00	1.00	0.94
人均实际 GDP 乘积（千美元）	FPGDP	31200	219000	187.55	40100
中国和贸易伙伴国双边林产品贸易实际值（千美元）	F	298389.60	6988960	1.16	752011.2

5.3.3 结果和讨论

一些学者（Zhang & Li[140]，2009；Wall[144]，1999）认为对于引力模型，固定效应模型（FEM）比随机效应模型（REM）更适合。从比较角度出发，方程（5.23）使用混合最小二乘法（Pooled OLS）、固定效应模型（FEM）和最大似然估计（PPML）进行估计，表 5 - 5 显示了回归结果，豪斯曼检验认为 FEM 优于 REM，因此表中省略掉了 REM 的估计结果。表 5 - 5（第 2 列）显示 Pooled OLS 模型估计结果独立变量都是显著的。PPML 结果与 Pooled OLS 模型的估计的自变量系数符号一致的，然而，系数的大小和显著程度不同。PPML 模型估计的变量系数比混合 Pooled OLS 要小。在固定效应模型中，变量 WTO 由于共线性被剔除掉了，一些解释变量如双边打击非法采伐协议，实际汇率和人均 GDP 乘积，与 Pooled OLS 和 PPML 的结果比较，显示了相反的作用。这三个模型估计，优先选用 FEM。首先，Breusch 和 Pagan Lagrangian multiplier 检验表明，REM 估计优于 Pooled OLS，而豪斯曼检验证明 FEM 优于 REM；其次，使用 Stata 命令 xtscc 纠正异方差和自相关在固定效应模型。PPML 的方法也可以纠正异方差性，但在模型中迭代偏差值高，达到了 220，这意味着其研究得出的结果有问题。

表 5 - 5　　　　　　　　　　中国林产品贸易引力模型

变量	Pooled OLS		FEM		PPML	
	估计值	标准误差	估计值	标准误差	估计值	标准误差
Constant	-9.08 ***	0.55			0.5 **	0.2
ME	0.53 ***	0.064			0.055 ***	0.016
BA	0.12	0.16	-0.48 ***	0.09	0.011	0.01

续表

变量	Pooled OLS		FEM		PPML	
	估计值	标准误差	估计值	标准误差	估计值	标准误差
RG	0.22 **	0.12	0.31 ***	0.094	0.017	0.021
DS	−1.03 ***	0.19	−33.07 ***	7.63	−0.088 ***	0.0094
ER	0.025 *	0.013	−0.34 **	0.15	0.0013	0.0025
FGDP	0.48 ***	0.026	7.67 ***	1.78	0.044 ***	0.0038
FPGDP	0.15 ***	0.015	−6.65 ***	1.73	0.0122 **	0.0048
GA	0.25 ***	0.015	3.97 ***	1.24	0.022 ***	0.0029
No. Of observations	852		852		852	
R^2	0.48		0.46			
Pseudo log-likelihood value					−906.28	

注：＊表示显著水平在 10%。＊＊表示显著水平在 5%以内，＊＊＊表示显著水平在 1%以内。

根据 FEM 的结果，国家之间的距离对双边贸易产生显著的负向效应，两国之间的实际 GDP 的乘积产生了显著的正向效应，这些与理论预期是完全一致的。实际汇率的效应是显著负向，中国近几年人民币在不断升值，人民币升值对出口是不利，对进口是有利的，中国林产品出口的增长率要高于进口的，出口增长率 2001~2012 年为 21.5%，高于进口 13.8%。人均实际 GDP 的乘积也显示一个显著的负向效应，人均实际 GDP 意味着消费规模和人均国民收入，人均 GDP 乘积的增加会扩大一般商品的双边贸易，然而对于林产品来说可能显示例外迹象，主要原因是林产品包括原木、木浆、纸张等产品，这些产品的生产过程可能会对环境产生负面影响，人均收入的提高会提高对环境的关注度，对于生产过程可能会对环境产生负面影响的产品一般会加强限制，因此人均实际 GDP 的乘积对林产品贸易数量产生了负面效应。治理非法采伐的双边协议和治理非法采伐的规则对林产品双边贸易额显示了相反的效应。双边贸易协议是显著的负向效应，而治理非法采伐的规则是显著的正向效应。这结果表明对治理非法采伐规则对林产品双边贸易产生了正向的推动作用，而治理非法采伐的双边协议对非法采伐治理产生了显著的遏制作用。在经过仔细分析后，笔者认为在全球治理非法采伐的背景下，中国进口的合法原材料林产品数量大大增加，这些原材料加工后的林产品满足了美国、欧盟等主要市场的要求，因此治理非法采伐的规则对中国林产品的双边贸易额呈现正向效应。治理非法采伐的双边协议直接要求中国进口合法木材和出口合法源生产的产品，因此它减少了中国林产品的贸易额。

为使研究结果更明确，用引力模型进一步分析受治理非法采伐影响较大原木、家具和人造板三类产品，在经过一系列的检验后，仍然选择 FEM 进行估计。研究结果见表 5 - 6。

表 5 - 6   原木、人造板和家具引力模型

变量	原木		人造板		家具	
	估计值	标准误差	估计值	标准误差	估计值	标准误差
BA	- 0.77 **	0.34	- 0.66 ***	0.15	- 0.71 ***	0.14
RG	- 1.38 *	0.64	0.81	0.49	- 0.22 *	0.11
DS	- 10.16	16.68	- 24.59	14.95	- 9 **	4.06
ER	0.77 **	0.27	- 1.47 ***	0.28	- 1.11 ***	0.2
FGDP	2.3	3.98	5.3	3.37	1.24	0.99
FPGDP	- 1.2	4.09	- 3.76	3.1	1.41	1.06
GA	- 3.09	2.1	3.41	2.64	0.56 *	0.31
No. Of observations	624		684		780	
R^2	0.21		0.43		0.76	

注：* 表示显著水平在 10%。** 表示显著水平在 5% 以内，*** 表示显著水平在 1% 以内。

在表 5 - 6 中，原木、人造板和家具涵盖国家分别达到 52 国、57 国和 65 国，这些国家产品贸易额已经占到中国双边贸易量的 90% 以上，回归结果显示一些变量像实际 GDP 和双边距离呈现的效应与表 5 - 5 是一致的。中国原木是处于净进口状态，家具和人造板是处于净出口状态，因此实际汇率对原木呈现正向显著效应，对人造板和家具呈现负向显著效应。人均实际 GDP 乘积对原木和人造板双边贸易呈现负向效应，对家具双边贸易流向呈现正向效应，这说明在收入提高背景下，人们提高了对家具的消费，减少了原木和人造板的消费。人均森林面积比对家具和人造板双边贸易有正向效应，对原木双边贸易有负向效应，对原木贸易额产生负向效应的一个可能的原因是人均森林面积较大的国家有高度发达的工业，这些国家进口原木，加工制成品（如木浆、纸张和锯材）出口能够取得更大的利润。双边打击非

法采伐协议对这 3 类产品都产生负向效应，然而治理非法采伐的规则对原木和家具的双边贸易额有显著的负向效应，但是对人造板有显著的正向效应。双边协议效应与表 5 - 5 是一致的。治理非法采伐规则要求中国的贸易伙伴国打击非法采伐，收紧出口通道，同时对进口产品提出合法性要求，这对中国林产品的出口产生影响，但对不同产品影响效应存在差异。在对统计数据进行检验，发现中国人造板出口的增长率高于进口，而家具和原木进口增长率高于出口，统计结果也表明了治理非法采伐的规则促进中国人造板出口。

在本书中，使用引力模型检验了治理非法采伐对林产品双边贸易的影响，检验发现治理非法采伐已经影响了双边贸易。治理非法采伐的规则对中国和其合作伙伴国的林产品的双边贸易有显著的正向影响。双边协议直接要求中国进口合法的木材和出口合法源生产的加工产品，对林产品的双边贸易产生了消极的影响。对 3 类林产品的进一步研究表明，治理规则对原木和家具双边贸易产生负面效应，但对人造板产生正面效应。

5.4 本章小结

本章用局部均衡和一般均衡理论定性分析了非法采伐治理贸易效应，研究认为非法采伐治理产生了数量限制效应，同时对于进出口贸易大、小国贸易条件效应也不一样，分析了市场需求扩大和实施生产补贴的贸易扩大效应，社会福利变大和减少，产能扩大的福利变化效应。非法采伐治理对出口国企业产生了影响，从保护市场角度出发，出口国政府会以产品产生外在的环境效应对生产过程实施补贴，补贴实施与不实施产生的效果截然不一样，而给予补贴数量又与企业的成本有关系，企业成本越低获得的补贴就越多。监督管理过程中监督有效性与被监管企业的经营成本、灰色收入和处罚力度有关。被监管企业的违规率又与监管商监管成本、监管过程额外收入和监管失败给予的处罚有关。作为实证研究，用引力模型分析了中国与其贸易伙伴国林产品双边贸易受治理非法采伐影响，研究结论认为治理非法采伐规则对中国林产品双边贸易产生正面的推动作用，中国与贸易伙伴签订的双边打击协定产生了负面的效应。

第6章 全球治理非法采伐对策

治理非法采伐虽然取得了一定效果，但还是个严重问题，本章以东盟和喀麦隆为案例，对这两个地区和国家非法采伐现状、治理政策和效果进行了分析，结合所有这些，剖析了全球治理非法采伐的框架，提出了全球治理非法采伐的深入措施。

6.1 东盟治理非法采伐评析

6.1.1 东盟非法采伐现状

东盟 10 国拥有丰富的森林资源，根据 FAO[84]（2011）统计，东盟 10 国拥有森林面积 2.13 亿公顷，占全球森林面积的 5.3%，平均森林覆盖率 46.9%，人均拥有森林面积 0.37 公顷。东盟的森林以热带林为主，热带林面积占全球的 10%。1990 ~ 2010 年东盟的森林面积减少了 3.3000 万公顷，森林面积减少最多的国家为柬埔寨、印度尼西亚、缅甸，减少比例分别达到 22%、20%、19%，老挝和马来西亚也达到了 9%。森林面积大规模减少主要是由于非法采伐引起的。英国皇家国际事务研究所（Catham House）研究报告（Hoare[69]，2015）根据各个国家在非法采伐供应链中的功能，把非法采伐国家分为生产国、加工国和消费国，生产国主要是提供非法木材，加工国主要是进口非法木材，加工成品后出口，消费国主要是消费的林产品中含大量非法木材制成的成品。按照这样分工定义，印度尼西亚、马来西亚、文莱、老挝、缅甸和柬埔寨都是非法木材的生产国，泰国、越南属于加工国，菲律宾、新加坡属于消费国。

主要生产国印度尼西亚、马来西亚、文莱、老挝、缅甸和柬埔寨的非法采伐比例一直保持较高的比例，据英国皇家国际事务研究所研究报告。这些国家非法采伐比例分别维持在 60%、35%、70%、80%、50% 和 90%，除

马来西亚的非法采伐比例近几年有下降趋势外，其他各个国家非法采伐的比例都维持不变。从这些国家非法采伐的特征来看，印度尼西亚主要表现在森林转换为商品农业是非法的，这个比例接近 80%，马来西亚的非法采伐主要体现在采伐许可证的颁发方面，这些许可证的颁发都是采伐公司自己颁发的，不顾及环境影响，老挝、文莱、柬埔寨和缅甸的非法采伐主要体现在木材的非法出口方面。

从加工国在林产品供应链中的地位来看，产生非法采伐的主要因素是进口的非法木材比例较高。越南原木主要进口来源为老挝、缅甸、喀麦隆和马来西亚，这 4 个国家 2013 年占越南进口比例约为 70%，其中老挝 32%，缅甸和喀麦隆各为 15%，马来西亚 7%。泰国原木主要进口国为缅甸、马来西亚、所罗门群岛，2013 年这 3 个国家占其进口总额 85%，其中缅甸 78%、马来西亚 5%、所罗门群岛 2%。越南和泰国进口的主要来源国清廉指数（CPI）都低于 50，属于高风险的国家，进口风险比例较高。英国皇家国际事务研究所研究报告估计越南进口非法木材占越南全部进口产量 20%，泰国进口的非法木材占泰国全部进口产量的 18%。越南进口的非法木材主要用于生产家具和人造板，生产的人造板主要出口到韩国、印度、中国等国家，生产的家具主要出口到美国、日本、加拿大等国家，泰国进口的高风险木材主要用于国内消费，部分制作成家具和纸张出口到美国、欧盟等地。进口非法木材的高比例，制作成成品用于出口或国内消费是这两个国家非法采伐的主要表现。

新加坡是个消费国家，不生产任何木材，很多非法木材从马来西亚、印度尼西亚、缅甸转运到新加坡，再从新加坡出口到美国和欧盟，这些商品往往直接出口到美国和欧盟不允许，通过新加坡转运后就成为合法的，有报道指出新加坡一些财团财政支持一些公司进行非法采伐。新加坡出口纸制品和木浆，进口纸制品、家具、人造板和木浆。菲律宾非法采伐主要表现在原木进口上，菲律宾从马来西亚、巴布亚新几内亚进口了大量非法木材，生产出的木质林产品用于国内消费。

6.1.2　东盟非法采伐起因

东盟国家非法采伐较高比例主要是由于受经济利益推动和自身或内部一些社会因素造成的。全球经济的发展对木材产生了很大的市场需求，高度的

市场需求促使木材砍伐量的大量增加，东盟各国经济发展除新加坡外，发展都相对滞后，一些非法采伐者从自身利益考虑，规避管理，逃避税收，大肆进行非法采伐。有的地方为了争夺林地的采伐权，地方武装与政府之间甚至发生冲突。缅甸、老挝和柬埔寨等国的林区的生活条件的更是贫困，当地居民为了生存只能依靠采伐林木资源为生，砍伐过程中也缺乏有效管理，不能有效区分珍贵育种，把一些珍贵的木材当普通的原材来使用，既破坏了生物多样性保护，又不能获得高的经济收益。很多林区管理者看重短期经济利益，对砍伐的林地不采取任何恢复或维护措施，长此以往，造成森林面积的持续下降。

森林管理能力的薄弱是造成非法采伐存在的一个重要原因（Alemagi et al.[70]，2010）。老挝和缅甸这些木材生产国森林监管能力薄弱，不具备森林执法能力，森林管理监管人员缺乏，且没有高科技的手段对管理区域内的森林进行有效监管。政府的腐败，东南亚历来是腐败高发的地区，而非法采伐往往与腐败因素联系在一起，地方政府官员与非法采伐者相互勾结，通过私自发放采购许可证允许在保护区域砍伐，在运输或进出口方面给予便利，而自己获得相关利益（Smith et al.[14]，2003）。森林监管的法律和法规不完善（如柬埔寨、老挝和缅甸等国家），国内森林监管的法律、法规缺乏，现有的法规不透明或者实施机制不健全，或者有法律却实施不到位（如马来西亚），这给非法采伐者创造了机会，造成不法分子有机可乘，执法不严和监管不力则削弱了相关森林法律的执行力和权威性。部分国家在非法采伐管理方面严重缺失，成为非法采伐木材和非法采伐收入的集散地，通过在这些国家清洗后，非法木材成为合法木材顺利出口，非法采伐的收入变成合法收入，反过来投资森林项目。

6.1.3 东盟治理政策措施评析

全球都认识到了非法采伐的危害，八国集团1998年的森林会议提出了对非法采伐进行治理，一些治理措施如欧盟的《森林执法、治理和贸易行动计划》（FLEGT）及后来的《木材法规》（2013年开始实施），美国的《雷斯法案修正案》（2008年开始实施），澳大利亚的《非法采伐禁令》（2012年开始实施）和木材采购公共政策政策（Lawson[76]，2010）。受这些治理政策或措施的影响，东盟国家也开了非法采伐的治理工作。印度尼西亚

与欧盟签订自愿伙伴协议计划（VPA），并于 2011 年开始实施，虽然目前还没有颁发 FLEGT 许可证，但是国内在非法采伐治理方面已经开展工作。印度尼西亚同时与中国、美国和英国签订了打击非法林产品贸易的谅解备忘录，马来西亚、越南、老挝、泰国也分别在 2007 年、2010 年、2012 年和 2013 年开始与欧盟进行 VPA 谈判。缅甸于 2014 年宣布禁止原木出口，开始控制非法采伐，柬埔寨的非法采伐受到国内环境部门的重视，开始得到关注。

东盟国家的非法采伐控制措施取得了一些效果，但是总体的效果不是很大。印度尼西亚宣布打击非法采伐后，大规模的非法采伐活动减少了，但是小规模的非法采伐活动增加了，而且森林非法转换又成为非法采伐的来源。一些正在与欧盟进行 VPA 谈判的国家由于种种因素限制，VPA 还没有签订，国内出台的措施也只是处于较低层面，还没有真正切实可行的措施。缅甸宣布禁止原木出口，但是由于国内北部地区不受政府控制，非法采伐仍在继续，受经济利益驱动，东盟的一些国家仍然为非法木材的集散地。因此，禁止非法采伐还没有真正开始实施。

东盟发展至今已成为东南亚地区以经济合作为基础的政治、经济、安全一体化合作组织，并建立起一系列合作机制。东盟的非法采伐治理目前还处于初级阶段，从治理非法采伐的有效性和持续性考虑，本书认为东盟应该从一个区域集团的角度考虑，从域内和域外两个方面采取具体的对策。

首先，建立区域内的合作机制。区域内互相合作打击非法采伐，对减少非法采将会起到很大作用（McAllister[145]，2007）。随着东盟经济一体化的建立，区域内降低关税，取消关税壁垒，东盟内部贸易量大大增加。2013 年林产品总体区域内贸易比重达到 30% 以上，原木区域内产业贸易比重超过了 50%，家具、人造板、纸张产业内贸易比重都在 30% 以上。东盟内部原木主要出口国为缅甸、老挝、马来西亚、柬埔寨、文莱，主要进口国为泰国、越南和菲律宾，泰国、越南和菲律宾主要出口家具和人造板到上述几个国家。由于原木出口国都为高风险的国家，因此有效控制非法采伐的直接措施是对原产国非法采伐进行控制，为此东盟内部可以制定相关的治理公约、要求内部的生产国和进口国从生产、销售和使用的环节开展控制。由于东盟各国对非法采伐认识程度的不同，东盟可以建立森林执法、治理论坛，内部展开讨论，加强对森林重要性的认同，引起各国政府和企业的重视。东盟各国监管森林的能力和水平也不一样，各国之间应加强合作，在监管工具和设施、人员培训、规章制度等方面展开合作，使各国的森林监管水平获得整体提高。

其次，东盟要把治理非法采伐作为对外的统一行动，从目前的状况来看，各主要的生产国都与欧盟展开了 VPA 谈判，但是只有印度尼西亚达成了 VPA 协议。东盟内部在与欧盟关于 VPA 的谈判中可以采取统一行动。一是从区域集团角度展开谈判，显示两者地位的对等，二是因为 VPA 从谈判到具体实施需要欧盟提供政策支持和必要的财政支持，东盟内部发展程度不同，需要欧盟支持程度也不同，但是通过协同谈判，对外一致的步调可以为东盟在 VPA 的谈判中赢得更多的利益，也加快推动东盟一体化进程。

再其次，建立类似欧盟的东盟《森林执法、治理和贸易行动计划》，东盟的贸易量不断增加，东盟 10 国的林产品贸易总额从 2004 年占全球 4% 的份额，到 2013 年已占全球的 7%，东盟主要国进出口国家为欧盟、美国、中国、日本和韩国等林产品消费大国。东盟在对内取消关税，对外逐步统一关税，实行经济一体化的进程中，从保护森林，促进东盟林产品贸易持续增长的角度，有必要建立自己的《森林执法、治理和贸易行动计划》，作为对贸易伙伴国在进口和出口林产品的限制要求。

最后，推动东盟企业实施森林认证。森林认证又称森林可持续经营的认证，是一种运用市场机制来促进森林可持续经营的工具。森林认证包括森林经营认证和产销监管链认证。目前森林认证主要有森林认证（FSC）和森林认证认可计划（PEFC）。通过森林认证的企业表明在生产、加工、制造、运输和销售过程中满足了可持续经营的要求，东盟的企业通过认证的数量很少，东盟内部要积极行动起来，积极推动森林企业进行森林认证。

6.2 喀麦隆治理非法采伐

喀麦隆商业采伐由来已久，森林在其经济发展中扮演着重要的角色，非法采伐在喀麦隆客观存在，已成为该国森林管理中的突出问题。

6.2.1 喀麦隆非法采伐现状

喀麦隆森林作为刚果盆地森林生态系统的重要组成部分，森林面积超过了国土面积的 40%，但由于非法采伐存在，喀麦隆 2010～2015 年每年森林退化率超过了 1%。在英国皇家国际事务研究所研究报告中，喀麦隆在全球林产品供应链中处于生产国的地位，主要是提供锯材和原木，进口纸张。喀麦隆林产品出口情况如表 6-1 所示。

表 6-1　　　　　　　　**2004～2013 年喀麦隆林产品出口情况**　　　　　　单位：亿美元

类别	2004 年	2005 年	2006 年	2007 年	2008 年	2009 年	2010 年	2011 年	2012 年	2013 年
家具	0.00	0.00	0.00	0.00	0.01	0.00	0.00	0.00	0.00	0.00
人造板	0.20	0.18	0.50	0.12	0.28	0.19	0.23	0.22	0.18	0.49
其他木材	0.00	0.00	0.00	0.00	0.00	0.00	0.00	0.00	0.02	0.00
纸张	0.00	0.00	0.00	0.02	0.03	0.03	0.01	0.01	0.00	0.00
锯材	0.95	1.03	3.40	3.55	3.78	2.13	2.49	2.88	2.80	4.29
原木	0.05	0.25	0.61	0.72	1.42	0.96	1.44	1.42	1.22	2.09
木浆	0.00	0.00	0.00	0.00	0.00	0.00	0.00	0.00	0.00	0.00
总值	1.20	1.46	4.50	4.41	5.52	3.31	4.18	4.53	4.23	6.87

资料来源：国际贸易中心贸易统计。

　　喀麦隆生产的原木主要出口到中国、越南、孟加拉国、土耳其和印度等国家，生产的锯材主要出口比利时、中国、意大利、美国和法国。

　　作为生产国家，喀麦隆的非法采伐主要表现在森林砍伐方面，2013 年生产的非法木材达到 220 万原木当量。由于在 2010 年与欧盟签订了自愿伙伴协议计划（VPA），政府对非法采伐开始重视起来，大规模的非法砍伐得到了控制，小规模作坊式的生产由于其非正式，很难受到政府的监管，转而成为喀麦隆非法采伐的主要形式（REM[146]，2009）。小规模作坊式生产情况如表 6-2 所示，2010 年与 2012 年相比，大规模非法砍伐比例从 60% 降到 15%，但是小规模作坊式生产则从 10% 提高到 50%。2012 年与 2010 年相比，合法采伐略显提高，但由于缺乏有效的监管和执法，某些采伐许可证的滥用问题愈来愈激烈，土地的基础设施和农业种植园的土地转换也增加了对国家森林的威胁。

表6-2　　　　　　　　　　喀麦隆非法采伐情况　　　　　　　　　单位：%

年度	大规模非法砍伐比例	小规模作坊式生产	合法采伐比例
2010	60	10	30
2012	15	50	35

资料来源：英国皇家国际事务研究所报告（Hoare[69]，2015）。

6.2.2　喀麦隆非法采伐起因

在喀麦隆引起非法采伐的主要原因有很多，但总结起来主要有以下几个：系统腐败、贫穷、冲突、许可证制度复杂、监管体制缺陷。

腐败问题一直是喀麦隆的重要问题，根据国际透明组织清廉指数（Transparency International CPI）2013年喀麦隆的清廉指数为25，属于重度腐败的国家，官方和非官方勾结的腐败在喀麦隆盛行。腐败已经侵蚀到森林砍伐领域，具体体现在砍伐许可证的获取，官商勾结的获取砍伐许可证的行为在喀麦隆屡见不鲜，同时喀麦隆政府部门对颁发砍伐许可证过程没有任何规范。由于政府自身的腐败，政府很难要求企业雇主、森林的管理者不腐败。因此腐败是喀麦隆非法采伐产生重要原因。

贫穷问题是形成喀麦隆非法采伐的导火索。喀麦隆是一个非常贫困的国家，喀麦隆失业率很高，人们所受的教育程度有限，在喀麦隆一些违法犯罪是常见的。林地居民由于贫穷没有相关设备，也不能很好的执行林地的相关管理规定，与政府部门组织的采伐相比，林地居民和当地的一些企业常以非正式的形式进行非法采伐。由于贫穷对树种价值认识也不足，不会采取任何保护措施，一些珍贵树种常常被随意砍伐掉了。

各个层面的冲突是导致了非法采伐产生的又一因素。在喀麦隆，冲突各个层面都存在，例如，环境与自然保护部负责制定相关的森林监管政策，具体被不同的部门实施时，制定者和实施者存在理解和执行上的冲突。又如林地砍伐权的冲突，各森林社区之间为争夺林地砍伐权，冲突也时常发生，伐木汽车被堵，伐木工人被扣这些在社区客观存在。为避免冲突，加之法制意识淡薄，非正式的非法采伐随之产生。

许可证制度复杂，申请砍伐许可证的程序复杂，时间漫长，成本高昂。喀麦隆中央政府对森林管理是集权的，国家也专门对此进行了立法。在集权管理情况下，各个省森林的集权化管理意味着剥夺了大量社区林主的森林管理权，个人或企业要砍伐必须从政府管理部门获得许可证才可以砍伐。在官方注册，获得一个砍伐许可证合法采伐，这个过程在喀麦隆是漫长的，有时在1年以上也未获得批准。申请过程除了冗长的时间外，高昂的成本也使很多私有林主或社区林望而却步。漫长的等待时间使广大林主不愿意失去好的市场机会，从节约成本角度出发，一些林主就以非正式的非法形式砍伐。

监管体制缺陷也是导致非法采伐的重要原因。在喀麦隆，环境与森林部门是监督森林经营的主管机关，主要功能是制止非法采伐，但是对非法采伐却很难控制。主要原因是环境与森林部门的监管机构是分散的，监管能力也不足。首先，这些监管机构的地址通常是远离森林，为了获得所需的支持和帮助，社区林业企业或个人在交通上就需要花费较长的时间，特别是在交通不便的情况下；其次，由于交通工具缺乏，监管架构的政府官员在实施监管时在交通上同样也要花费较长时间，因此有时候无法监控非法森林作业；最后，有限的森林监管人员也是一个重大问题，由于人员缺乏，很大的森林面积往往只有一个森林监管人员，监控效果很差。

6.2.3 喀麦隆治理非法采伐评析

在全球治理非法采伐的大背景下，喀麦隆也开始对非法采伐进行治理，政府已采取了一系列措施，遏制违法行为。喀麦隆与欧盟在2007年11月开始与欧盟进行VPA谈判，2009年结束，在2010年10月正式签署协定，2011年12月批准开始实施。目前VPA的实施正在进行中，主要涉及合法性保证系统的开发，验证和授权合法木材和程序，林业部门公开信息系统等，但还没有颁发FLEGT许可证。

喀麦隆治理非法采伐取得了一定成效，结合上文分析，非法采伐比例略显下降，合法性或可持续认证森林面积比例得到提高，如图6-1所示，从2006~2012年，可以认定合法的3块面积：森林认证面积、守法性检验面积、合法源验证面积都获得了提高，这3块面积从111.5万公顷增长到349.3公顷，比例从15.7%提高到49.5%。其中守法性检验面积增长比例较快。

从合法性森林面积比例明显上升可以看出大规模非法采伐已经下降，但是加工企业是否用来自合法性森林原料进行生产还不十分清晰，根据FSC

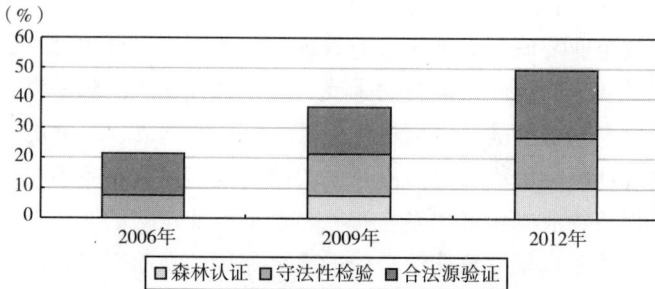

图 6 – 1 喀麦隆合法性森林面积比例

资料来源：英国皇家国际事务研究所报告。

网站资料，喀麦隆通过森林监管连认证的数量微乎其微，只有 2～3 家。小规模作坊式的比例上升，森林部门的立法框架的改革尚未完成；虽然森林部门间信息的可用性得到改善，但离具体实际操作还存在许多差距。此外，在政府内透明度原则还未被广泛接受，执法薄弱和信息管理系统还不充分，腐败现象仍然很普遍，而且缺乏明显改善意愿。

喀麦隆非法采伐现象仍然严重，进一步治理非法采伐应该针对具体问题采取切实对策。

首先针对腐败问题，可以增加企业之间竞争度。Smith 等[14]（2003）认为增加企业之间的竞争程度能够减少企业非合谋达成的腐败，因为竞争增加后企业间互相勾结的成本增加，如在结合执行法规打击非合谋腐败，可大大减少非法采伐的水平。在喀麦隆这样中央集权的国家，可以充分在颁发采伐许可证过程中采用投标程序，在竞争激烈的投标过程中，严格按照招标程序分配森林采伐权。进一步遏制腐败，问责制、透明度和地方民主必须提升并应用于森林资源管理中。例如，在埃博洛瓦和喀麦隆的南部和东部地区姆邦村民的抗议已经把负责管理森林特许权使用费和社区森林的腐败成员清除出管理队伍。

针对贫困问题，可持续的土地使用权和生计项目能解决农村贫困和失业问题。社区林业的支持者认为，改革林权制度，恢复当地社区森林管理权，能够更好地协调社会公正、公平和可持续发展之间关系。例如，Ndjebet[147]（2008）指出社区林业的实施为喀麦隆沿海地区的村民提供了就业机会，这种方式日益成为限制非法采伐的有效手段。就目前喀麦隆的现状而言，一个可能的解决方案是管理部门做一些让步，把一些未分配的森林划分为社区森林。

针对冲突问题。一方面改革部门职责，另一方面加大高价值木材产品的生产。森林社区作为传统的森林监管者的功能应该得到国家的认可，并且应根据不同情况确定职责和责任，努力尝试与打击非法采伐结合。通过改革减少职责交叉，冲突和歧义，降低职责不明可能引起的非法采伐。增值木材产品在喀麦隆和世界各地拥有广泛的市场，Kozak[148]（2007）指出高价值的木材产品在美国就有2000亿美元的市场。高价值木材产品，目前喀麦隆国内产量少，冲突和竞争少。对小规模的企业，政府和民间社会应积极推动和支持这些企业生产高价值的家具、托盘、货柜等最终成品，通过财政奖励，业务能力建设，高价值木材产品环境和经济效益的相关知识传播非正式的打击非法采伐。

至于许可证制度复杂，采伐许可证的高成本和冗长的时间。可以考虑重新立法，新的法律要简便易行，考虑了成本效益，新法的核心内容要使森林社区能够容易地获得森林管理权。森林社区具有发放砍伐许可证的权限，这不仅会加快注册过程，而且能集中社会急需的资金，节约了申请砍伐许可证需要的路途时间，这一定程度上有助于解决非法采伐的问题。

监管体制。为了减少喀麦隆的非法采伐行为，必须加强对林业部门的体制、基础设施和财政支持。政府需要提供足够的基础设施资源（如车辆）来监测非法伐木行为，并充实监管人员。加大资金投入，对每年从林加工企业收取的森林的特许权使用费划分给社区的比例重新进行审视，使这些资金更好地满足企业所在社区的社会经济需要。

6.3 全球治理非法采伐政策

非法采伐作为一个非常严重的问题，需要全球认真对待，结合前面的案例分析和第3章关于非法采伐政策措施的描述，本节评析非法采伐的治理框架，并借此提出具体对策。

6.3.1 治理非法采伐框架

非法采伐引起了全球的关注，政府、民间社会组织和私营部门都会对非法砍伐产生重要影响，很多国家开始对非法采伐进行治理，提出一系列的措施，目前全球治理非法采伐的框架如图 6 - 2 所示。

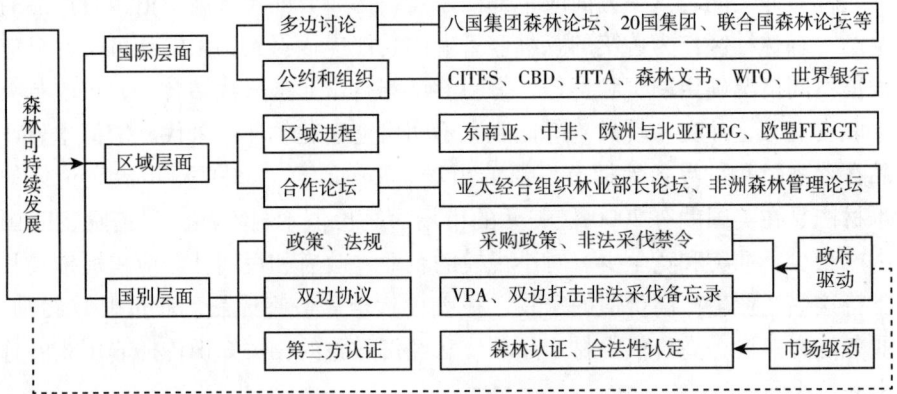

图 6 - 2　全球治理非法采伐框架

图 6 - 2 总结了目前非法采伐治理的框架结构，从图中可以看出治理非法采伐需要从国际层面、区域层面和国别层面三个角度入手。国际层面形成了治理非法采伐的氛围，区域层面在国际层面影响下，对区域内国家产生影响，国别层面则具体实施。

国际层面治理氛围背景建构。联合国可持续发展目标（SDGs）引起国际社会对森林可持续经营的高度关注，强调森林监管与治理。八国集团森林论坛、20 国集团峰会，联合国森林论坛等等国际论坛对森林问题持续的关注，为全球开始关注森林可持续经营提供了动力，创造了舆论氛围。国际协定（CITES、CBD、ITTA）和《国际森林文书》等从不同领域规范了森林监管，对打击非法采伐起到很大的推动作用，世界贸易组织（WTO）作为一个国际性的合作组织在规范全球贸易方面提供了一个框架，其关于推动国际贸易可持续发展内涵在很多协定条文中都体现了出来。世界银行对森林可持续经营项目的投资热情和项目贷款的支持有效推动了森林可持续的发展，一定程度上打击了非法采伐。

区域层面在国际层面影响下，一些关于非法采伐的区域性组织相继建立，如东南亚、中非、欧洲与北亚政府间《森林执法和治理机制》（FLEG）进程，这些进程有效讨论和分析区域内森林监管和治理问题，引起了区域内各个国家对森林监管的重视，一些区域进程发展为区域间的制度规范如欧盟建立了《森林执法、治理和贸易行动计划》，要求各欧盟成员国从法律框架、政府采购等领域开始有效治理非法采伐。与区域进程相对应的一些关于森林治理区域论坛也营运而生，如亚太经合组织（APEC）召开林业部长级会议，对森林监管展开了讨论，提出了要对非法采伐进行治理，促进林业可持续发展，非洲森林管理论坛把对非洲森林治理的讨论作为论坛的重要内容。

国别层面，受国际层面和区域层面的影响，一些国家纷纷开始对非法采伐采取治理措施，至少有 26 个国家出台了关于木材公共采购政策涉及了木材合法性或可持续性要求。美国、欧盟和澳大利亚纷纷出台了法律规范明令限制非法采伐。欧盟与木材生产国印度尼西亚、喀麦隆、刚果（布）、中非共和国、加纳和利比里亚签订了打击非法采伐的自愿伙伴协议（VPA），美国与印度尼西亚、中国，日本与印度尼西亚，中国与印度尼西亚，欧盟与中国都签订了打击非法采伐谅解备忘录，美国与秘鲁签订了贸易促进协议，这些谅解备忘录或协议，都在旨在完善和加强打击非法砍伐及相关贸易，促进透明木材市场和合法木材及林产品贸易。有的双边协议（如美国与印度尼西亚，欧盟与中国的双边协定，欧盟与自愿伙伴协议国家）都设有工作组，指导具体工作，内容涉及信息交换、执法合作、区域和国际合作、非政府组织合作等各个方面。受非法采伐治理整个大环境影响，一些非政府组织推动的森林认证和合法性认证应运而生。森林管理委员会（FSC）和森林认证认可计划（PEFC）推动的森林认证和雨林联盟（Rainforest Alliance）发起的合法性认定成为推动森林可持续经营，打击非法采伐的又一重要手段。通过森林认证或合法性认定成为判断企业产品是否满足可持续或合法的重要标志之一，大量企业开始实施森林认证或进行合法性认定。应该说在国别操作层面，采购政策、非法采伐禁令和双边协议都是政府强制进行推动，而森林认证和合法性认定是企业的自愿行为，主要受市场的推动。

6.3.2 治理非法采伐建议

全球对非法采伐治理以来，非法采伐出现改善现象。2010 年针对木材生产国、加工国和消费国进行的一项研究表明，2001～2010 年 10 年间，喀麦隆、巴西亚马孙森林和印度尼西亚的非法砍伐已大幅减少（Lawson &

Macfaul[149]，2010）。但是，由于之前这些地区非法活动规模太大，难以对非法砍伐的改善程度加以判断。特别是近几年来，随着全球对非法采伐关注度的下降，非法砍伐呈现上升趋势，在许多国家依然表现猖獗。这种情况不应该被认为所有治理政策措施失败，事实上，治理非法采伐的措施已经在一些重要领域取得了的成功，目前出现问题的主要原因在于很多措施没有跟上木材生产和贸易的快速变化的步伐（Hoare[69]，2015）。

治理非法采伐重点在国别操作层面，政府在治理非法采伐过程中起的作用最大，但是这个问题不能通过一些国家或单个的企业来解决。欧盟和美国都很好做出了示范，通过建立法规或制度，与其他国家一起合作，从生产、加工和消费领域共同努力制止非法采伐。双边安排，自愿伙伴关系协议（VPA）正扩展到包括 1/3 消费国家或加工国。生产国政府也采取了合作的形式，结合国内实际处理非法采伐，欧盟也对生产国采取了支持的形式，期望通过能力建设和扩大知识网络形成强大治理非法采伐的力量。结合所有这些，从全球治理非法采伐的长效性来看，需要在国际层面、区域层面和国家操作层面进一步深入。

国际层面要加强治理非法采伐的多边讨论，为建立更强大的国际制度提供帮助。多边论坛为非法采伐治理提供了一个很好的平台，多边论坛的一些讨论机制也可以加强关于治理非法采伐的讨论。这里要重点提的是 20 国集团和联合国森林论坛（UNFF），20 国集团涵盖全球的主要经济体，集团成员占 90% 以上的全球热带木材进口量的比例，包括敏感和非敏感的市场，以及热带木材产品的主要出口商印度尼西亚和巴西。20 国集团论坛讨论帮助建立一个更强大的国际制度，纳入供应和需求方面的治理措施。20 国集团要做出推动解决非法采伐进入国家政治议程承诺，使巴西，中国、日本、俄罗斯和韩国把治理非法采伐纳入政府议程。还有一些新兴经济体（如印度、南非等国家）把非法采伐治理纳入轨道，因为这些国家在经济发展过程中催生对木材大量需求，间接促进了非法采伐，也应承担起治理责任。UNFF 作为全球林业政策协调和对话平台，目标在加强各国对实现森林可持续经营的政治承诺，提高森林对全球发展目标的贡献，促进国际合作等。UNFF 自成立以来取得了诸多成就，2006 年设定了 4 项全球森林目标，2007 年达成了《国际森林文书》。通过 UNFF 的努力，森林被纳入联合国可持续发展大会成果文件《我们憧憬的未来》及联合国可持续发展目标等重要全球议程。未来 UNFF 要实现由单一政策对话向兼顾实施森林可持续经营方向转变，要负责评估其决议和决定、《国际森林文书》和战略规划方面取得的进展，要加强森林政策的一致性、对话与合作，推动全球涉林进程的协同效应，要回顾森林可持续经营资金的可获得性，并就上述工作提出建议，推动森林可持续经营最佳实践的分享。

国际公约或文件要得到很好的贯彻。打击非法采伐的主要协定如《濒临绝种野生动植物国际贸易公约》（CITES）是控制国际贸易、保护野生动植物方面具有权威、影响广泛的国际公约，实施好该项公约对保护野生动物，打击非法采伐具有重要意义。《国际森林文书》由 2007 年第六十二届联合国大会 62/98 号决议通过，核心内容是加强各级有效实施森林可持续经营的政治承诺和行动，实现全球森林的共同目标；增强森林对实现千年发展目标，特别是与脱贫和环境可持续发展目标在内的国际发展目标的贡献，为国家行动和国际合作提供框架。《国际森林文书》要求各国加强对实行森林可持续经营的政治承诺，制定和实施国家林业发展战略和计划，将林业发展纳入国家经济社会发展的总体战略，建立和实施林业发展的资金机制，加强林业立法、执法和行政管理，要求各国对文书的执行情况进行监督、评估和报告。《国际森林文书》目前还不是法律意义上的国际公约，但它被认为是未来林业国际法的基础，为全球森林可持续经营以及国家、区域和全球层面执行森林可持续经营提供了一套全面的框架。2015 年 5 月联合国森林论坛第十一届会议把《国际森林文书》更名为《联合国森林文书》，进一步要求成员国将《联合国森林文书》作为实施森林可持续经营和 2015 年后发展议程中涉林国家行动和国际合作的综合框架，贯彻好《国际森林文书》对于打击非法采伐具有重要意义。

区域合作打击非法采伐应该进一步深入下去。结合前文的分析，全球非法采伐集中在东南亚、非洲和南美洲，这些地区都建立了区域合作，非洲经济共同体（AEC）、东部和南部非洲共同市场（COMESA）、南部非洲发展共同体（SADC），南美洲有南美洲国家联盟，东南亚有东盟（ASEAN）。这些区域区域合作组织可以效仿欧盟的 FLEGT 运动，在区域内建立治理非法采伐的统一行动计划，内部市场从供应、生产和消费开始控制，区域外国家统一行动，制定合作框架。

国家层面的治理还要进一步深入。控制非法采伐还主要表现在发达国家，目前一些生产国治理非法采伐的效果不是很好，还处于停留阶段，深度治理非法采伐要求这些生产国对处理非法采伐艰难的议题如腐败、制度建设和能力建设等做出进一步的承诺。对于生产国而言，一些领域必须要优先考虑：要建立一个确切的拥有资源和权限的反腐部门，使反腐真正得力；要建立一个确切的制度框架，使社会各个阶层能够监控森林区域；要加强生产国的执行力建设，充分履行现有承诺；要确保生产国提高透明度，确保所有农林领域的制度都提交到采掘业透明度行动计划（EITI）；采伐公司要公开支付给政府的费用明细，政府要制定企业运行、发展对森林影响的指标。对发达国家政府而言，进一步推动主要加工和消费国通过立法禁止非法木材产品的进口或销售，要求企业进行可信的尽职调查；推动主要的加工国和消费国引进严格的公共采购政策，严格的采购标准，努力在公共部门和企业执行。发达国家进口的人造板和家具的份额正在下降，其他发达国家，如日本和韩国，以及印度和中国等新兴市场也应该做出类似的努力。

生产国要关注小规模生产。迄今为止的对非法采伐的治理都集中在大规模砍伐活动上，现实是小规模的生产发展迅速，生产国应将关注点放在小规模林业产业相关法律的改革上，通过减少小规模企业实施合法生产的阻碍因素，促进国内法律法规合理，包括建立明确公正的法律制度，保障小规模生产的许可权及使用权，简化或明确森林管理的规定，并发展适当的财政制度；开发 VPA 或其他双边合作协议，聚焦于小规模的部门；增强能力建设，政府要起草有关能力建设和延展服务的长期综合性战略，并且改善企业获取贷款及补助的渠道；要给予生产者和加工者参加相关技术培训，从而满足合法性认证的要求，培训内容应包括协商、组织建设以及战略制定等多方面的能力建设。

政府部门要加强非法采伐数据收集，为非法采伐治理提供及时一手资料。目前在非法采伐治理上普遍缺乏的数据，尤其在公共部门表现尤为突出。数据的缺乏，大大影响了民间社会监控非法采伐的效果。企业治理非法采伐，生产国和捐助国政府制定有效的政策都需要有详细的数据资料支撑。因此，数据的可获性和报告系统需要进一步完善，这些包括在生产国加强统计能力建设，使生产，消费和贸易的数据能够获得（20 国集团可以在这一领域进行国际合作，采取统一行动，这将发挥关键作用）；发达国家在捐赠时要建立一个完整的监控系统，以监测政策支持对森林治理和非法采伐的影响。

政府部门要建立跨部门的合作体制。非法采伐不断扩展的趋势是农业，采矿和基础设施的扩张造成的，这已经超越了森林部门范畴，因此，解决非法采伐需要建立跨部门合作体制。采取的措施包括：政府明确与土地利用规划和管理有关的法律，并要求企业严格遵守；政府建设合法性保证系统，范围涵盖到为其他用途对森林实施的非法砍伐；政府要发展一套流程，通过这套流程政府能对过去的非法森林转换进行评审，并能够确切的纠正（例如，通过制裁或重新进行许可证）；消费国家制定政策，减少非法林产品贸易与违法森林砍伐（例如，通过立法禁止非法贸易，通过公共采购政策，通过要求企业提交对环境影响报告）；在自由贸易协定中发展更强大的保障措施，加快减轻对森林的任何负面影响。

6.4 本章小结

本章首先评析了东盟和喀麦隆非法采伐的现状、起因、治理状况，在此基础上，提出全球治理非法采伐的框架目前表现在国际、区域和国别层面，并分析说明全球治理非法采伐取得了一定的成绩。结合目前的治理框架，提出治理非法采伐深入措施。国际层面：加强治理非法采伐的多边讨论，为建立更强大的国际制度提供帮助；国际公约或文件要得到很好的贯彻。区域层面：区域合作打击非法采伐应该进一步深入。国家层面：治理还要进一步深入；加强非法采伐数据收集；关注小规模生产；建立跨部门的合作体制。

第7章 中国治理非法采伐对策

中国是林产品的贸易大国，在全球治理非法采伐的背景下，作为一个负责任的大国，应该承担起治理非法采伐的责任。中国目前国内学者已对非法采伐做了一些研究，包括非法采伐概念界定、非法采伐与贸易问题、打击策略，但是研究还不深入，还需进一步加强中国打击非法采伐策略研究（黄山青和管志杰[150]，2015）。本章首先分析了中国林产品贸易的现状，在此基础上结合中国林产品在全球供应链中的位置，分析了目前中国对非法采伐治理的状况，最后结合所有这些，从供应链管理、绿色技术创新等角度分析中国治理非法采伐应采取的措施。

7.1 中国林产品贸易现状

中国林产品贸易发展很快，从统计资料来看，2013 年各类林产品进口总值占全球进口的 13%，出口占 8%。研究中国林产品贸易状况主要分析中国林产品进出口现状，进出口主要国家、产品进出口的主要地理流向。

7.1.1 进出口现状

中国林产品进口发展很快，2004～2013 年 10 年间，林产品进口总值从143.08 亿美元增长到395.85 亿美元，除 2009 年由于受全球经济危机影响，呈现负增长外，其余各年份都是正增长，年均增长约18%。家具、其他木材、人造板、纸张、锯材和木浆、原木这 7 类林产品中，人造板和纸张整体呈现负增长，其他各类林产品都呈现正增长的趋势，家具、木浆和原木年均增长率较高。从占进口的比例来看，木浆、原木和锯材占的比例较高，2013年达到43.7%、23.5% 和17.2%（见表 7-1）。

表 7 - 1　　　　中国进口林产品情况（2004 ~ 2013 年）　　　　单位：亿美元

类别	2004 年	2005 年	2006 年	2007 年	2008 年	2009 年	2010 年	2011 年	2012 年	2013 年
家具	0.58	0.69	0.91	1.73	2.4	2.31	2.8	4.02	4.45	5.11
其他木材	0.46	1.31	1.27	1.71	2	3.73	6.99	12.06	13.91	16.09
人造板	8.9	7.43	6.13	5.81	4.98	3.61	4.43	4.68	4.65	4.73
纸张	38.32	35.26	33.37	34.32	34.57	30.58	35.74	39.15	37.12	35.45
锯材	13.83	15.08	16.89	17.68	20.24	23.19	38.69	57.12	55.17	68.25
木浆	52.95	61.83	71.4	95.9	122.6	106.4	141.78	189.07	172.48	173.06
原木	28.04	32.44	39.29	53.56	51.83	40.87	60.73	82.74	72.52	93.15
总值	143.08	154.02	169.27	210.72	238.62	210.69	291.16	388.85	360.3	395.85

资料来源：国际贸易中心贸易统计。

　　中国林产品出口发展很快，2004 ~ 2013 年 10 年间，林产品出口总值从 60.2 亿美元增长到 242.76 亿美元，2009 年受全球经济危机影响，呈现负增长，其余各年份都正增长，年均增长约 30%。家具、其他木材、人造板、纸张、锯材、木浆、原木 7 类林产品都呈现正增长趋势，木浆、纸张、家具和人造板年均增长率较高。从占出口的比例来看，家具、人造板和纸张比例较高，分别达到 51%，27.9% 和 18.8%（见表 7 - 2）。

表 7 - 2　　　　中国出口林产品情况（2004 ~ 2013）　　　　单位：亿美元

类别	2004 年	2005 年	2006 年	2007 年	2008 年	2009 年	2010 年	2011 年	2012 年	2013 年
家具	36.81	46.56	57.51	66.43	68.25	75.88	105.56	113.18	119.11	123.83
其他木材	0.46	0.32	1.96	3.25	2.75	1.43	1.01	0.52	0.5	1.23
人造板	15.2	24.09	36.73	48.05	46.33	35.29	46.72	59.54	65.95	67.81
纸张	5.37	7.61	14.82	22.51	21.71	16.1	20.35	27.95	32.3	45.52
锯材	2.18	2.79	3.53	3.9	4.01	3.45	3.4	3.59	3.29	3.24
木浆	0.16	0.36	0.59	0.92	0.98	0.91	1.4	2.31	1.28	1.06
原木	0.02	0.02	0.01	0.01	0.01	0.05	0.11	0.07	0.02	0.07
总值	60.2	81.74	115.14	145.08	144.06	133.11	178.55	207.15	222.45	242.76

资料来源：国际贸易中心贸易统计。

美国、俄罗斯、加拿大、印度尼西亚、巴西、日本、新西兰、智利、泰国和马来西亚是中国林产品的主要进口国（见图 7-1）。2001~2013 年间中国从这几个国家进口的份额占到进口总额的 60%，美国、俄罗斯和加拿大为主要的进口国，这几个国家加在一起占到进口总额的 38%。

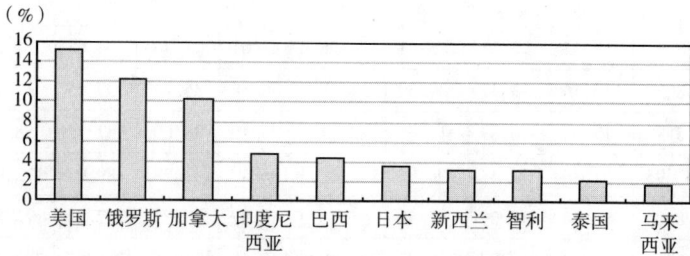

图 7-1　林产品主要进口市场

资料来源：国际贸易中心贸易统计。

美国、日本、韩国、中国香港地区、中国台湾地区、德国、瑞典、英国、澳大利亚、印度尼西亚是中国林产品出口的主要国家和地区（见图 7-2）。2001~2013 年中国出口到这几个国家和地区的份额占到出口总额的 59%，美国是主要的出口国，占到出口总额的 25%。

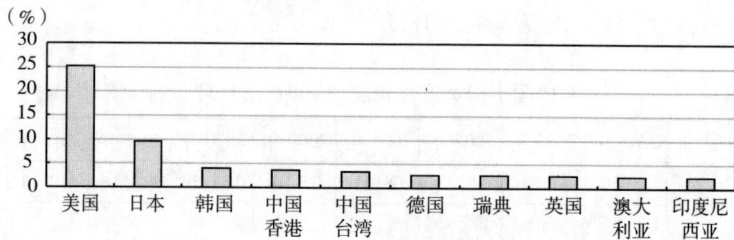

图 7-2　林产品主要出口市场

资料来源：国际贸易中心贸易统计。

7.1.2　各类林产品进出口来源

中国在全球木质林产品贸易链处于加工国的地位，已经成为全球最大的加工中心，出口家具、人造板和纸张等制成品，进口木浆、原木和锯材等原材料产品（Lee et al.[151]，2012）。中国对木浆、原木和锯材的大量进口源

于国内对木材的大量需求，以及国内采取的木材限制政策（Sun et al. [152]，
2004）。

如图 7-3 所示，2013 年中国原木进口的主要来源国为新西兰、俄罗
斯、美国、巴布亚新几内亚、加拿大、缅甸、所罗门群岛、老挝、澳大利亚
和刚果（布）等国家。中国从这些国家进口的原木占中国进口原木的比例
达到了 77%，新西兰是进口数量最多的国家，达到 18%。这些国家除新西
兰、美国、加拿大和澳大利亚外，其他都是高风险的国家。

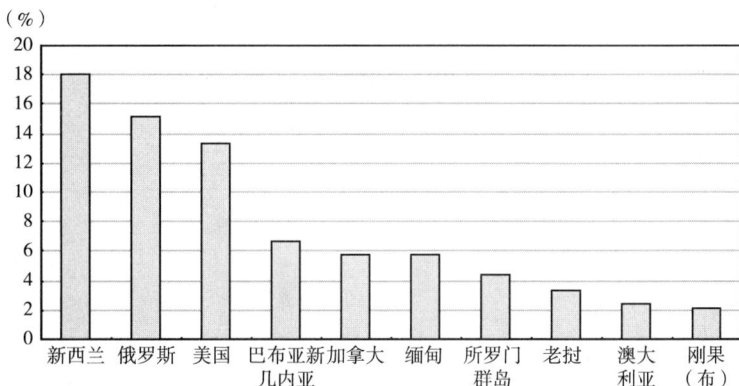

图 7-3　2013 年中国原木进口主要来源

资料来源：国际贸易中心贸易统计。

图 7-4 所示 2013 年中国锯材进口的主要来源国为加拿大、俄罗斯、美
国、泰国、智利、印度尼西亚、新西兰、老挝、德国和加蓬等国家。中国从
这些国家进口的锯材占中国进口的 84%，加拿大是进口数量最多的国家，
达到 23%。这些国家除加拿大、美国、新西兰和德国外，其他都是高风险
的国家。

图 7-5 所示 2013 年中国木浆进口主要来源国为美国、加拿大、巴西、
印度尼西亚、智利、日本、芬兰、英国、俄罗斯和乌拉圭等国家。中国从这
些国家进口的木浆占中国进口的 84%，美国是进口数量最多的国家，达到
25%。这些国家除美国、加拿大、日本、芬兰和英国外，其他都是高风险的
国家。

图 7-6 所示 2013 年中国家具主要出口国为美国、日本、澳大利亚、新
加坡、加拿大、沙特阿拉伯、马来西亚、阿拉伯联合酋长国和德国等国家。

（%）

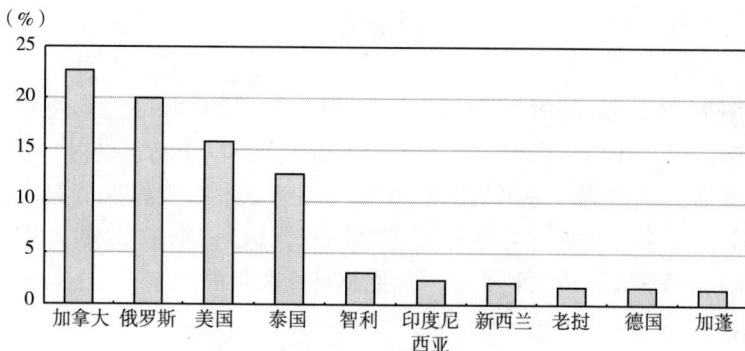

图 7 - 4　2013 年中国锯材主要来源

资料来源：国际贸易中心贸易统计。

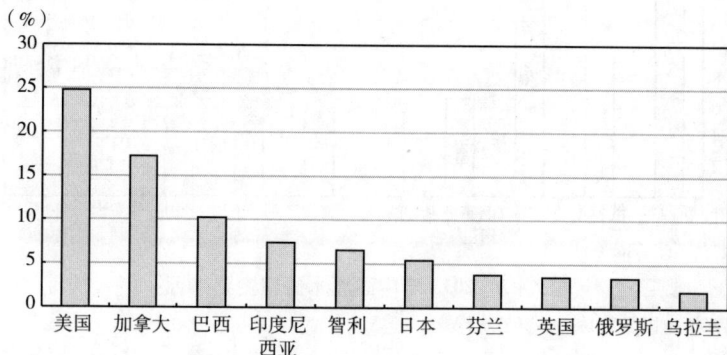

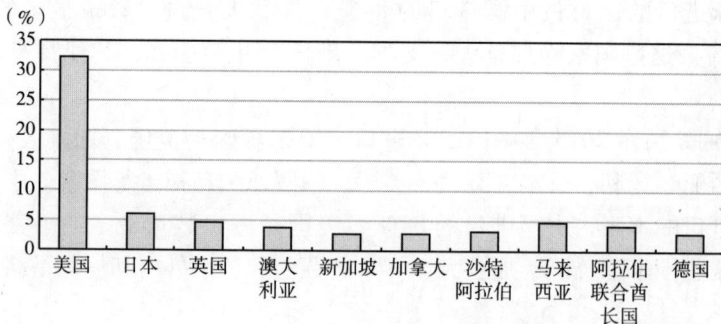

（%）

图 7 - 5　2013 年中国木浆主要来源国

资料来源：国际贸易中心贸易统计。

（%）

图 7 - 6　2013 年中国家具主要出口国

资料来源：国际贸易中心贸易统计。

中国出口这些国家的家具占中国出口家具的比例达到了68%，美国在这些国家中比例最高，达到了32%。这些国家中美国、澳大利亚、加拿大和德国都是非常注重非法采伐治理的国家。

2013年中国人造板主要出口国为美国、日本、韩国、英国、俄罗斯、加拿大、阿拉伯联合酋长国、沙特阿拉伯、泰国和菲律宾等国家，中国出口这些国家的人造板占中国出口人造板的比例达到了57%，美国在这些国家中比例最高，达到了20%（见图7-7）。出口的这些国家中美国、英国和加拿大都是非常注重非法采伐治理的国家。

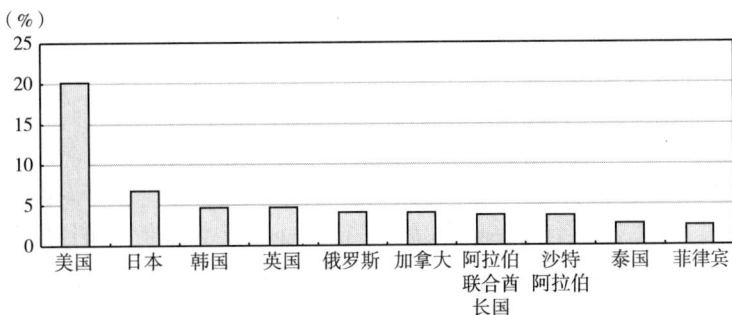

图7-7 2013年中国人造板主要出口国

资料来源：国际贸易中心贸易统计。

2013年中国纸张主要出口国为日本、澳大利亚、美国、马来西亚、韩国、伊朗、印度、尼日利亚、新加坡和泰国等国家，中国出口这些国家的纸张占中国出口纸张的比例达到了54%，日本在这些国家中比例最高，达到了8%（见图7-8）。这些国家中澳大利亚和美国是非常注重非法采伐治理的国家。

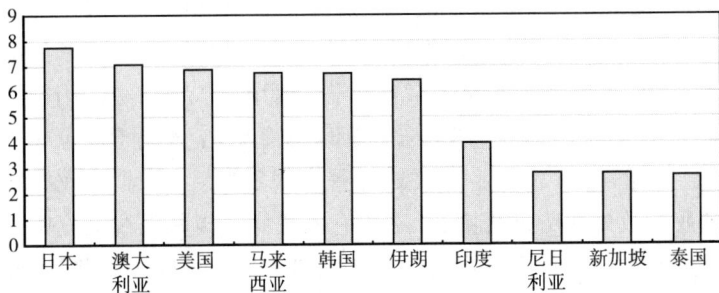

图7-8 2013年纸张主要出口国

资料来源：国际贸易中心贸易统计。

7.2 中国治理非法采伐措施评析

作为林产品生产、消费和贸易大国，中国政府意识到非法采伐的危害，强调要加强各国森林执法和行政管理，从源头上保护森林资源，遏制非法采伐和相关贸易，中国推动林产品可持续贸易和打击非法采伐方面的相关策略主要体现在国内和国际层面。国内层面表现在木材的绿色采购政策；出台的法律法规和制度；实施木材监管；推动森林认证。国际层面表现在积极参加相关国际公约或条约；双边合作和多边合作打击非法采伐。

7.2.1 国内层面

实施了木材的绿色采购政策。绿色采购政策是政府颁布和实施的，要求采购符合绿色标准、有利于人体健康和环境友好及循环经济发展的产品和服务的政策。绿色标准不仅要求末端产品符合环保技术标准，而且要求产品从研制、开发、生产、包装、运输、使用、循环再利用直到废弃的全过程均需符合环保要求（陈绍志和李剑泉等[48]，2013）。中国政府于 2010 年开始实施木材绿色的采购政策，主要涉及木材产品有家具、人造板、地板和纸张，以中国生态标志、认证、合法性认证和一些其他能证明符合绿色标准文件为采购标准，要求中国各级国家机关、事业单位和团体组织用财政性资金采购这些产品时，要优先采购满足这些标准的产品。

中国已经出台了一系列的法律法规或制度，并对非法采伐实施严格的监管。在涉及非法采伐治理方面的法律法规有《中华人民共和国森林法》、《中华人民共和国野生动物保护法》、《中华人民共和国种子法》、《中华人民共和国防洪法》和《中华人民共和国进出口商品检验法》。规章制度有《破坏森林资源责任追究制度和重大案件报告制度的规定》、《占用征用林地审核审批规范》、《关于严格天然林采伐管理的意见》、《关于规范树木采挖管理有关问题的通知》、《林业行政处罚程序规定》、《林业行政执法监督办法》、《林业行政处罚听证规则》。在所有的法律法规和规章制度中《中华人民共和国森林法》与非法采伐治理关联度最大。《中华人民共和国森林法》第 6 条规定采伐森林和林木必须获得由林业主管部门批准的森林采伐许可证，木材运输过程中必须持有林业主管部门颁发的运输证件，而木材及其制品进出口需持有批准的进出口文件，对珍贵树种及其制品、衍生物明确禁止和限制出口，对违反本法，进行非法采伐、毁坏珍贵树种的，依法追究刑事责任（陈绍志和李剑泉等[45]，2013）。其他的法律法规主要从法律解释、森林保护、进出口方面明确规范，而规章制度对森林资源管理和森林执法方面进行了完善。在贯彻执行《中华人民共和国森林法》方面，中国设置了森林公安局，负责林业行政执法工作，打击破坏森林及野生动物资源等违法犯罪活动。

实施了木材的监管。从加强对森林管护、林木采伐、木材生产、流通和消费等领域出发，中国建立木材的监管体系。对森林管护、林木采伐、木材生产环节的监管上，采取文件管理的方式，严格执行年森林采伐限额、木材生产计划和采伐许可证制度，采伐作业规程，合理量材造材，通过采伐限额及许可、产地证明、运输许可证与发票核对制度，禁止无证采伐和乱砍滥伐（陈绍志和李剑泉等[48]，2013）。在木材流通领域建立了木材运输管理制度，木材运输证从木材起运点到终点必须随货同行，没有木材运输证的，承运单位和个人不得承运。在具体实施时，主要通过木材检查站对运输木材的查验来保证运输制度的执行。在木材消费领域逐步建立了木材的标识，指导消费者购买木材产品。

推动森林认证工作。目前 FSC 和 PEFC 都在中国设立了办事机构，从统计资料来看，截止到 2013 年年底通过 FSC 森林认证的森林面积达到 257 万多公顷，通过 FSC 监管链认证的 3278 个，通过 PEFC 认证的森林面积达到 531.5 万多公顷，监管链认证的企业数量达到 237 个。中国也开展了的森林认证工作，2009 年中国认监委发布《中国森林认证实施规则》标志森林认证工作正式开始试点，2010 年森林认证工作领导小组和中国森林认证管理委员会发布《国家林业局关于加快推进森林认证工作的指导意见》和《森林经营认证审核导则》并展开了一系列的培训工作。2011 年中国森林认证管理委员会正式成为 PEFC 国家会员，2012 年发布森林经营认证和产销监管链国家标准，编写中国森林认证标识使用指南，向 PEFC 秘书处提交互认材料，2014 年 2 月 5 日正式实现与 PEFC 的互认。目前通过中国森林认证体系（CFCC）的企业数量 49 个，认证面积达到 100 多万公顷。

7.2.2　国际层面

中国积极参加与非法采伐治理相关的公约或条约，并有效履行相关义务。中国加入了《联合国防治荒漠化公约》、《濒危野生动植物种国际贸易公约》、《湿地公约》、《生物多样性公约》、《国际热带木材协定》，作为这些公约或协定成员，中国积极履行相关义务，对全球打击非法采伐起到很大的促进作用。

中国积极扩展双边合作打击非法采伐。中国已与 37 个国家签订了 41 个部门间林业合作协议，与 8 个国家签署了 10 个政府间协定，这些合作协议或政府间的协定对双边合作打击非法采伐起到很大的促进作用。同时中国与一些生产国和消费国签订打击非法 6 采伐谅解备忘录，并对非法采伐严重的生产国家，特别是向中国出口木材的国家采取措施，帮助这些国家保护和合理开发森林资源，从源头和消费环节采取措施治理非法采伐。中国与美国、印度尼西亚、欧盟、澳大利亚、缅甸签署了打击非法采伐的谅解备忘录，与俄罗斯签署了合作开发和可持续经营俄罗斯远东地区森林资源的政府间协定。与美国建立了打击非法采伐及相关贸易双边论坛，依托论坛机制，开展了木材合法性认定策略研究、海关数据交换，应对《雷斯法案》等多项打击非法采伐和相关贸易工作。与英国开发署联合开展《中国木材合法性认定体系研究》，在加蓬、印度尼西亚、巴布亚新几内亚等国家开展试点工作（陈绍志和李剑泉等[49]，2013）。与欧盟开展"中欧森林执法与施政"会议，讨论"森林执法与施政"的重要性和促进政策合作的具体步骤，出台了一系列加强合作和协同一致支持国内森林的可持续生产文件。对缅甸、老挝、柬埔寨等周边非法采伐严重的国家提供支持，鼓励国内企业在这些国家开展造林，提高当地人民的生活水平，减缓对天然林破坏。

中国采取多边合作方式努力打击非法采伐。中国政府参与了亚洲加强森林执法管理非正式部长级会议，发表了打击非法采伐及其贸易的相关声明，中国政府及其相关组织参与了多次"森林执法与施政"会议，例如，2001年在巴厘岛召开的"森林执法与施政"亚洲部长级会议，2005 年的"森林执法与施政"欧洲和北亚会议，2007 年"亚太经合组织"森林相关议程会议。中国同时与联合国粮农组织（FAO）、国际热带木材组织（ITTO）和世界自然基金会（WWF）等国际或非政府组织合作，在促进林产品可持续贸易与全球森林资源保护等方面发挥了积极作用（陈绍志和李剑泉等[49]，2013）。

7.2.3　实施效果

中国政府采取措施打击非法采伐以来，取得了较好的效果，如森林公安局开展的打击破坏森林资源和征占林地清理整顿等一系列专项整治行动，以及打击珍贵动植物走私等行动有效地遏制了非法采伐及其贸易。中国通过运输证制度对木材运输过程监管有效加强了木材的源头管理。中国政府在制订规划和完善标准方面做了大量工作，通过政策引导、技术支持、宣传教育、舆论引导大大减少中国国内非法采伐。中国通过森林认证的企业数量不断增加，建立了中国的森林认证标准体系，森林认证标准与国际不断接轨并得到国际的认可，中国企业采购合法木材的意愿在增加，森林可持续经营水平得到提高，第 5 章引力模型的实证分析也间接证明了这一点。中国政府展开的双边和多边合作打击非法采伐，取得了一定效果，非法采伐的现象也在减少，例如，中国和缅甸签订了谅解备忘录后，直接减少了从缅甸非法木材进口量70%（Lawson，2010[76]）。中国召开的一些论坛也得到国际社会的认可，充分展示了中国治理非法采伐的意志和决心。

但是中国在非法采伐治理上取得的效果还不很明显，还有很长的路要走。一些组织机构认为中国是非法采伐制成品的重要来源地（EIA[153]，2013；EIA[154]，2012；Global Witness[155]，2009），英国皇家国务事务研究所认为中国、日本和韩国如能对非法采伐进行有效治理将会极大减少全球非法采伐（Hoare[69]，2015）。在木材监管领域，木材的加工、包装、装卸、运输、销售、消费等环节的监管制度还不全面。行政执法领域，中国部分地区还出现违法不纠和执法不严的现象。在双边合作方面，中国签订的合作打击协议数量相对较少，对主要木材进口国提供的打击非法采伐的援助更少。进口的原材料方面，中国很多木材加工企业由于产品技术含量低，品牌建设缺乏，在市场上主要以价格竞争，大量企业仍然进口来自高风险国家地区的低成本木材，这些现象还没有根本改变。在企业走出去投资方面，中国一些林业企业在森林资源丰富的国家进行投资时，森林经营管理还没有森林按照可持续发展的原则经营，还谈不上为当地居民造福，保护当地森林。森林认证方面，中国森林认证的数量在不断增加，但是近几年增长的潜力有限，主要是一些大型企业逐渐通过了森林认证，森林认证较高的成本把剩下绝大多数中小林业企业都拒之门外。

7.3 中国治理非法采伐治理建议

中国作为一个林产品贸易和消费大国，在全球林产品生产和供应链中的地位举足轻重，中国的任何举动都对全球林产品生产和贸易产生重大影响。从中国目前在全球林产品供应链的地位来看，中国处于加工国的地位。中国的原木和锯材等主要产品长期处于净进口状态，中国的家具、人造板等产品又处于净出口。

中国森林资源相对缺乏，从避免进口受限，发展受到阻碍角度出发，很多中国企业选择对外投资，管志杰和公培臣[156]（2015）结合非法采伐治理，认为中国林业对外投资要结合可持续发展的原则，他们以森林认证为资源国家森林可持续经营为指标，通过聚类分析，得出中国对外投资选择的国家。他们认为第一类是美国和加拿大，首先这两个国家森林总面积较大，森林可持续经营程度较高，认证比例较高，加拿大达到了52.7%，同时中国进口的数量也较大，这从年平均可以看出，这两个国家可以说是最佳投资地区。第二类包括马来西亚和新西兰，这两个国家与中国10年来净进口的数量最大，而且这两个国家森林认证比也较高，有较为丰富的森林资源。第三类包括德国、智利、法国、比利时、芬兰、瑞典、斯洛伐克、意大利、克罗地亚、拉脱维亚、瑞士、波兰、斯洛文尼亚、葡萄牙共14个国家。这些国家认证比例较高，森林可持续经营程度较高，而且投资风险程度小，中国与这些国家存在着不同程度林产品进口。

中国治理非法采伐要从中国在全球林产品供应链中的实际出发采取必要的对策。中国目前从国内和国际层面采取的措施一定程度上起到了效果，但效果与中国的林产品贸易大国应承担的责任还有差距。中国现在强调绿色和可持续的发展，同时又强调创新驱动发展。因此本书认为中国治理非法采伐要结合中国发展的现状，一方面结合绿色和可持续发展战略，从供应链入手，建立生态供应链，并围绕生态供应链，在国内和国际层面，从生产、加工到消费采取具体措施，建立起良好的监管体系。另一方面结合创新驱动发展战略，把林产品绿色采购与企业的技术创新结合在一起，构建绿色创新体系，围绕绿色技术创新采取一系列的策略。

7.3.1 生态供应链

生态供应链是可持续发展思想在运作管理领域的应用，主要指在系统观和整体观的指导下，运用生态思维把经济行为对环境的影响凝固在设计阶段，确保经济活动过程中供应链内的物质流和能量流对环境的危害最小，做到在追求经济效益的同时，兼顾社会效益和生态效益，实现人类、自然和社会的共赢，推动人类社会的可持续发展（管志杰和曹建华[157]，2014）。生态供应链管理关键的环节是生态型设计，生态型设计兼顾了经济效益和生态效益，是生态供应链的核心内容。通过生态型设计整体和局部优化来降低各节点的环境影响，借助于生态型设计把传统供应链代表的单程经济转化成生态供应链代表的循环经济（MBA 智库百科[158]，2013）。生态型设计由生态供应链的整体设计和组成元素的设计两部分组成。

7.3.1.1 林产品生态供应链

传统供应链从木材贸易的跨国角度，主要涉及国与国之间在贸易链中不同的分工，结合生态供应链整体设计，生产国、加工国和消费国在生态供应链环节所起的作用就更不一样。就单个企业节点来看，具体包括产品设计、原材料采购、产品生产、产品营销、产品回收和反向物流（管志杰和曹建华[157]，2014）。结合木材采伐、生产制造和流通环节。设计木材贸易的生态供应链如图 7 - 9 所示。

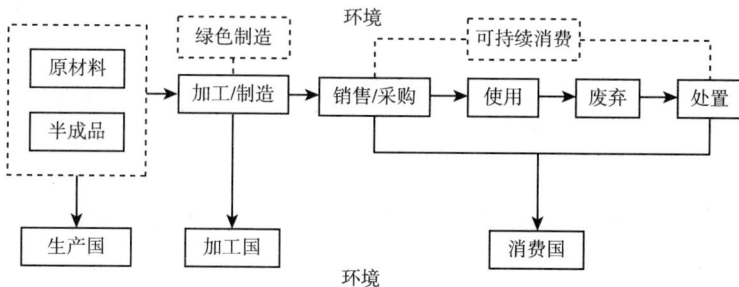

图 7 - 9　木材贸易生态供应链设计

整体设计。考虑环境因素，从生态供应链的角度看，生产国、加工国和消费国都对非法采伐产生影响。首先，消费国是主要拉动者，由于消费需求的拉动，产生了对成品需求，开始加工制作成品过程，加工制作过程产生对木材原材料或木材半成品的需求。出于利益链的拉动，非法采伐在生产国产生了。非法采伐源头在生产国，但是消费国和加工国都对非法采伐产生影响。从生态供应链角度看，对非法采伐的控制，要求消费国从保护环境出发，提出可持续生产要求，加工国按照可持续生产要求进行生产制作即绿色制造、生产国根据加工国要求提供满足绿色制造的原材料（管志杰和曹建华[157]，2014）。

单个企业的节点设计。不论是生产国生产的原料、半成品或者是加工国生产的成品，都是要经过生产制造过程，只要下游企业提出产品制造要求，必然对上游产生制造压力。生态供应链，对于消费国而言，消费者在购买使用过程中，要满足可持续发展要求，进行可持续消费。林产品可持续消费要求当代人满足林产品消费发展需要时不能超过森林生态环境承载力的限制，消费要有利于环境保护，有利于生态平衡。它既要求实现资森林资源的最优和永续利用，也要求在使用、废弃和处理过程中对环境产生影响力求降到最小。林产品可持续消费要求适度消费，要求政府采取措施配合林业企业的可持续生产、市场体系建设、可持续消费教育，遏制和扭转森林资源遭到破坏、生态环境恶化，促进林业可持续发展。可持续消费直接对生产制造过程提出要求，要求企业生产进行绿色制造。绿色制造是综合考虑环境影响和资源效率的现代制造模式，主要目标是使得林产品产品从设计、制造、包装、运输、使用到报废处理的整个产品生命周期中，对环境的副作用最小，资源效率最高。绿色制造从产品设计阶段就开始考虑资源和环境问题，以绿色工艺，绿色材料以及严格、科学的管理，使废弃物最少，并尽可能使废弃物资源化、无害化，从而使企业经济效益和社会效益达到最优。林产品绿色制造本身是一种企业行为，但要使林产品加工企业真正将绿色制造作为自觉的企业行为，法律行为和政府行为，必须先行一步。绿色制造涉及的法律行为和政府行为首先是立法和行政法规的问题。企业的绿色制造直接对生产国形成要求，要求提供的原材料合法，符合可持续发展要求（管志杰和曹建华[157]，2014）。从以上分析就看出，建立生态供应链后，从消费入手，提出加工要求，追溯到原材料生产，各个环节都考虑环境保护和可持续发展要求，保护了森林，维持了生态平衡。

7.3.1.2 生态供应链的视角下中国的对策

围绕生态供应链，中国政府在国际层面要加强双边协商，与生产国和消费国合作打击非法采伐，从生产源头和消费末端两个方面治理非法采伐，同时通过双边和多边论坛的形式加大非法采伐治理的宣传，在全球营造治理非法采伐的氛围。国内层面，加大执法力度、加强森林治理，加快构建木材生产安全监督体系，加大舆论宣传，推动林产品绿色消费和可持续消费，林业企业投资。具体来说主要表现在以下几个方面。

（1）进一步加强与国际社会的沟通与合作，加深打击非法采伐力度。当前中国木材主要进口国为新西兰、俄罗斯、美国、巴布亚新几内亚、加拿大、缅甸、所罗门群岛、老挝、澳大利亚和刚果（布）等国家，制成品主要出口到美国、日本、澳大利亚、新加坡、加拿大、沙特阿拉伯、马来西亚、阿拉伯联合酋长国和德国等国家。中国已经与其中的一些国家签订了双边打击非法采伐的谅解备忘录，但是相对中国进口和出口的伙伴国数量而言，中国签订打击非法采伐双边协定的数量还不够。下一步中国更积极加强与国际社会的沟通与合作，在双边舞台加大与中国主要贸易伙伴国合作的力度，特别是那些非法采伐较严重的国家如巴布亚新几内亚、所罗门群岛、老挝、刚果（布）等国，从资金、技术等方面提供援助，帮助这些国家建立森林监管体系，对这些国家进口的木材重点监控。通过协调沟通，尝试与这些国家建立双边打击非法采伐协定。加大与主要制成品消费国美国、日本和澳大利亚等国的沟通力度，探讨双边合作共同打击非法采伐的途径和策略，对新兴的消费市场沙特阿拉伯、阿拉伯联合酋长国市场特点进行研究，以双边讨论或论坛合作形式展开交流，推动这些国家开展非法采伐治理。积极参与多边讨论和多边进程，支持国际组织关于非法采伐所采取的一系列措施，对相关机构提供的信息和研究报告重视。加大森林可持续经营的舆论宣传，用好联合国森林论坛，坚定支持联合国森林论坛关于森林可持续经营方面的一系列文件，在世界舞台上发出中国的声音，推动全球形成非法采伐治理的氛围。

（2）加快立法和执法的力度。如前文所述，中国林业立法速度要不断加快，目前已初步形成了以《森林法》《野生动物保护法》《防沙治沙法》等为主体的比较完善的林业法律法规体系，为林业行政执法提供了较为完备的执法依据，下一步进一步规范林业行政执法行为的相关制度。中国已有《林业行政处罚程序规定》《林业行政执法监督办法》等在内的一系列行政规章和规范性文件，从程序上保证了林业法律法规的正确执行，也维护了人们的合法权益。国务院林业、公安行政主管部门制定了森林、野生动物刑事案件立案标准，划分了林业行政案件与刑事案件的界限，最高人民法院依法制定了审理破坏森林资源和野生动物资源刑事案件具体应用法律的解释，这些为林业行政执法提供了保障，因此相关执法部门要加强执法检查力度（管志杰和曹建华[157]，2014）。网络媒体和新闻报道要及时反映中国治理非法采伐的进程，对乱砍滥伐的现象及时曝光，森林公安等执法部门要及时介入，加大处罚力度，使非法采伐从不敢转向不愿。

（3）加大国内木材市场交易的监管。非法采伐的存在，很大的原因是有一个有非法木材交易市场，中国已经初步建立起了木材安全监管体系，但如前文所述，安全监管体系还有待完善。首先，中国政府应该加强对木材进口的监管。非法采伐包括了木材走私，中国海关要加强边检检查的力度，防止非法木材通过走私渠道流入中国，中国出入境检验检疫局要加强对进口木材的检验力度，从商品包装、标识和产地证明等角度加大检查，禁止非法木材流入中国。其次，国内工商、税务、交通、质检部门加强合作加大对木材生产、加工、运输和销售过程中的监管，制定追踪渠道，设定合格标识，加强检查。最后，完善市场监控，对交易主体身份有明确的辨析方式，一旦发现非法木材交易，除勒令其退出市场外，还要加以处罚（管志杰和曹建华[157]，2014）。

（4）做好宣传和培训工作。打击非法采伐，企业要有良好的使用合法木材的意识，由于合法木材目前价格相对较高，在企业意识不是很强烈的情况下，推动这项工作主要还是靠市场在推动，如果企业不是出口为目的，建立生态供应链就显得很难，因此加强合法木材作为原材料使用必要性的宣传显得很重要。用好行业协会的行业优势，通过召开座谈会和培训办的形式，把政府的政策、市场走向和整体发展方向向木材加工企业进行宣传，改变企业传统观念（管志杰和曹建华[157]，2014）。加强信息的输送整理工作。用好行业协会的信息优势，各个木材加工企业主要是收集与自身相关的合法木材评鉴标准，在信息收集和整理上需要花费较高的成本，行业协会可以通过与政府的互动，发挥行业优势，加强合法木材判定标准的信息收集，及时更新，并向有关企业传达这些信息，使企业及时了解行业发展现状。

（5）企业主体要建立自己的合法的木材供货渠道和清晰产品消费市场的要求。在生态供应链中企业主要进行绿色制造，因此建立合法的，满足可持续发展要求的原材料保障体系是企业进行绿色制造的要求。中国企业应该积极收集国际上关于合法木材的生产地、市场价格等信息，建立自己相对稳定的供货渠道，内部建立起合法木材的判别系统。加强与国际组织如全球森林贸易网络和世界自然基金会等联系，了解关于合法木材判定的最新信息。企业主体要关注消费市场对合法木材判定的标准。中国的制成品主要销往美国、欧洲、日本等国家，从以上分析可以看到，这些国家都主张打击非法采伐，对非法采伐进行治理，这些主要消费国家对合法木材认定都有一套详细标准和程序。中国企业要及时了解世界主要消费国家关于合法木材认定的规则和程序，掌握其最新动态，加强与商务部及其他驻外部门的沟通和联系，做到未雨绸缪。

（6）继续推动森林认证工作。绿色制造要综合考虑环境影响和资源效率，要使得林产品从设计、制造、包装、运输、使用到报废处理的整个产品生命周期中，对环境的副作用最小，资源效率最高。森林可持续经营认证和监管链认证是实现绿色制造有效方式，监管链认证要求产品从原产地到消费者的整个过程，涉及所有制造、塑形及配送等工序，所使用的原材料都要符合标准要求，而且按照森林认证的基本原则，要求保护环境，降低环境危害（管志杰和曹建华[157]，2014）。中国政府可以加大对通过森林认证的林业企业支持力度，通过价格或生产补贴给予支持，同时不断引导消费者购买绿色和可持续产品的意愿，使认证产品在国内有广阔的市场。

7.3.2 绿色技术创新体系

绿色技术的概念是由 brawn E 和 wield D[159]（1994）最早提出的，指遵循生态原理和生态经济规律，节约资源和能源，避免、消除或减轻生态环境污染和破坏，生态负效应最小的技术、工艺和产品的总称。绿色技术创新也称为生态技术创新，属于技术创新的一种。绿色技术创新是将环境保护新知识与绿色技术用于生产经营中，以创造和实现新的经济效益与环境价值的活动。绿色技术创新突出绿色观念、绿色产品以及绿色工艺和技术的研究开发与应用，强调以绿色市场为导向，促进绿色技术成果的转化，要求机制创新以及生产组织方式、经营管理模式、营销服务方式等多方面创新的结合（管志杰和曹建华[160]，2014；葛晓梅和王京芳等[161]，2005）。绿色技术创新分为绿色产品创新和绿色工艺创新。结合林业企业的特点，本书认为林业企业绿色技术创新主要是指林业企业在生产经营过程中研究开发各种环保的、符合可持续发展要求的原材料，在生产加工过程中采用清洁工艺技术，目的在于减少已产生污染物排放的末端治理技术，产品在使用过程和使用后对人体健康和生态环境无危害，且易于回收。

7.3.2.1 林产品绿色采购与企业绿色技术创新关系辨析

（1）绿色采购推动林业企业实施绿色技术创新。绿色采购要求林业企业从采购源头就开始抓起，主要采购合法的和符合可持续发展要求的木材。从合法的和可持续的角度看，主要要求林业企业通过森林认证。森林认证无疑要增加企业的成本，在销售价格不变的情况下会降低企业的经济效益，因此在保持经济效益不变的情况下，林业企业实施技术创新，通过技术创新降低生产成本，同时通过采用绿色技术使生产出来的产品满足绿色采购的要求（管志杰和曹建华[160]，2014）。

（2）绿色采购与绿色技术创新结合是林业企业提高竞争力的有效手段。绿色采购强调环境保护和发展可持续性，符合社会发展的潮流，林业企业产品满足合法和可持续发展要求，从长久来说会提高企业的竞争力。绿色技术创新要求企业从上到下建立一种新的具有可持续发展意识的创新动力机制和保障机制，要求企业各层级在工作中都明确创新工作的重要性，把创新作为工作中的大事，从细节做起，包含了研发、生产、销售、财务和人事管理等一系列过程（管志杰和曹建华[160]，2014）。

（3）绿色采购的手段为林业企业实施绿色技术创新提供了政策参考。推动绿色采购的手段有很多，有合法性认定和森林认证等。其中森林认证是一种运用市场机制促进森林可持续经营的工具，由独立的第三方进行，包括森林经营认证和产销监管链认证。森林经营认证是根据所制定的一系列原则、标准和指标，按照规定的和公认的程序对森林经营业绩进行认证；而产销监管链认证是对木材加工企业的各个生产环节，即从原木运输、加工、流通直至最终消费者的整个链进行认证。森林经营认证的原则包括考虑社区居民的权利、森林效益、环境影响和经营规划，而加工链认证则要求在产品整个生命周期过程都进行环境保护。林业企业在实施绿色技术创新时完全可以把森林认证的一些基本原则放在创新方案的设计中，充分考虑森林认证要求，在满足绿色采购要求下提高创新能力（管志杰和曹建华[160]，2014）。

7.3.2.2　林产品绿色采购与林业企业绿色技术创新机制联动模型的构建

目前广大消费者对绿色林产品消费意识还不很强烈，绿色林产品消费目前主要由政府和一些非政府组织以绿色采购的形式在推动。西方发达国家可持续消费意识在不断提高，在政府和一些非政府组织推动下，一些企业也纷纷开始实施林产品绿色采购政策。绿色技术创新机制就是维护或保障绿色技术创新能力能够稳步提高的机制，构成绿色技术创新机制的、主要指推动企业进行绿色创新活动的各种动力要素的相互关系与作用机理，以及为维护和改善这种作用机理所形成的动力要素与外部环境之间各种关系的总和。推动企业绿色创新的动力主要来自于市场需求、外部竞争和技术进步，林产品绿色采购和企业绿色创新在很多方面都有一致性，绿色采购推动企业绿色技术创新，绿色技术创新对绿色采购又有促进。企业进行绿色创新时把可持续发展和合法性因素列入产品的设计范畴，满足林产品绿色采购要求，同时从实施绿色采购或绿色技术创新获得的补助可以弥补各自领域的建设或生产（管志杰和曹建华[160]，2014）。本书结合技术创新机制的一些理论，把这两者结合在一起建立联动模型如图 7－10 所示。

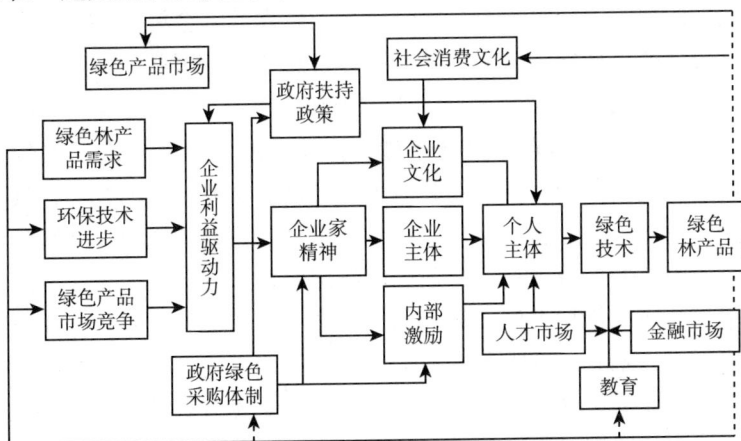

图 7－10　林产品绿色采购与企业绿色技术创新机制联动模型

在林产品绿色采购背景下，从企业的角度来看，可以把决定和影响绿色创新活动的各种要素区分为两大类：企业外部要素和企业内部要素。其中，企业外部要素主要包括合法林产品需求、合法产品市场竞争压力、环保科学技术进步和政府对合法林产品支持；企业内部要素主要包括林业企业利益、林业企业家精神、林业企业文化、林业企业内部激励机制和企业创新能力（孙兵[162]，2007）。而与以上要素关系密切的外部环境因素则主要有合法林产品需求度、政府绿色采购体制、社会对合法林产品消费文化、人才和金融市场等（管志杰和曹建华[160]，2014）。

来自于绿色林产品市场的需求拉力、竞争压力、环保技术进步推动以及政府政策行为的支持力，都将直接或间接地转化为企业利益驱动力，成为作用于林业企业绿色创新的动力源泉；企业家精神对利益驱动力直接驱动企业主体从事创新，并通过企业文化的辐射作用和企业内部激励机制的吸引力间接驱动个人主体从事绿色技术创新；绿色技术创新则最终生产出市场需求的绿色林产品，而绿色林产品又反作用于绿色市场、技术、政府和文化环境，继而引发出新一轮更高层次的绿色林产品创新需求（管志杰和曹建华[160]，2014）。

7.3.2.3 联动机制下的对策

绿色采购背景下的林业绿色技术创新不同于普通的技术创新，其不仅满足市场发展的要求，而且符合生态和可持续发展的社会要求，生态和可持续发展具有较强的外部性，其受益者是全体社会成员，因此，林业企业绿色技术创新是全社会共同关注的大事（管志杰和曹建华[160]，2014）。

（1）企业对策。提高绿色技术创新意识，制定绿色技术发展规划。可持续发展是人类共同的责任，作为对人类环境有重要作用的林业，其可持续发展更显得重要。林业企业要树立绿色技术创新驱动的思想，把绿色技术发展纳入企业中长期发展规划。目前国内将绿色技术创新纳入企业发展规划的企业还很少，而绿色技术创新能力的培养是一个长期的过程，企业家要有长远的战略眼光，不要光顾眼前利益。可以利用国家建设林业科技创新体系的机会，做好企业绿色技术创新的发展规划（管志杰和曹建华[160]，2014）。

结合绿色采购开展绿色技术创新，加强过程中的知识产权保护。绿色技术创新是一项复杂的系统工程，涉及的内容很广、投入也大，林业企业可以结合绿色采购对产品的要求，开展绿色技术创新。森林认证是林产品满足绿色采购的重要方式。通过认证的企业如白河林场、宜家家居等可以结合森林认证的一些好的做法，在此基础上发展绿色技术。有针对性地开展绿色技术创新可以节约资金，起到事半功倍的效果；通过发展绿色技术，加强在发展绿色技术过程中的知识产权保护，积极申报专利，通过专利保护逐步在市场上占有一席之地（管志杰和曹建华[160]，2014）。

　　加强绿色技术创新的合作，实施技术联盟。对林业企业来说，绿色技术创新模式的选择很重要的。林业企业可以通过缔结技术联盟的形式来提升绿色技术创新效率，突破企业规模现有技术基础、人才等因素对绿色技术创新的限制，如与林科院、北京林业大学等高等院校的合作创新就是一种合适的创新模式，这些科研院所、高等院校具有较好的人才优势、技术优势，具备良好的实验条件，是企业实现绿色技术创新的主要力量。林业企业与高校院所合作，既促使科研成果走向市场，又帮助企业进行绿色技术创新，实现绿色技术产业化（管志杰和曹建华[160]，2014）。

　　建立绿色技术创新管理体系。林业企业把林产品绿色采购与企业绿色技术创新联合起来，建立共存的管理方案，推动企业内部绿色创新管理体系建设，提高企业的内部绿色管理能力和供应链绿色管理能力。在内部管理上，加强市场信息的收集，了解客户或国外市场上关于绿色林产品要求的最新动态，建立起相应的内部运行机制，即对收集的信息及时进行处理，把其中一些内容转化为产品绿色技术创新的考核指标（颜江[163]，2010）。在林产品绿色供应链管理上，按照可持续发展和合法性的原则设置考核指标，并加强监测手段的技术创新，在运行过程中要把可持续发展绩效作为全面质量管理的一部分融入对合作伙伴的有效管理中，必要时要对其提供培训，以提高其绿色供应水平（管志杰和曹建华[160]，2014）。

　　（2）政府对策。建立完善的林业绿色技术创新投入机制。结合林产品绿色采购要求，把建立以企业为主体的绿色林产品技术创新体系作为加强林业自主创新的重要组成部分。通过深化林业科技体制改革，转变传统的科研模式，建立健全林业企业绿色技术创新投入机制，引入必要的竞争机制，加大科研管理制度创新，充分调动广大科研人员的积极性，不断提高创新能力（张金栋[164]，2000）。鼓励林业企业开展各种类型的产学研合作，加强与高校和科研院所的联系，促使企业真正成为林业绿色技术创新的主体。

对绿色技术创新提供经济刺激。政府的经济刺激对技术创新有很大的促进作用。我国《森林法》要求国家设立森林生态效益基金，用于对提供生态效益的防护林和特种用途林的森林资源、林木进行管理。森林生态效益补偿基金必须专款专用，不得挪作他用，这为建立绿色技术创新投入基金保障提供了依据。政府可利用这个基金对进行绿色技术创新的林业企业实施价格补贴或财政补贴，以补偿林业企业在实施绿色技术创新过程中增加的支出（管志杰和曹建华[160]，2014）。

积极构建国家林业绿色技术创新平台。林业企业绿色技术创新的发展需要国家创新平台给予强有力的支撑。我国林业企业的绿色技术创新目前还处于起步阶段，其间外部因素起的作用很大。"十二五"期间，国家将加大林业科技平台建设，可以充分考虑把绿色技术创新放入平台建设中，建立国家层次的林业绿色技术研发体系、生产设备和评估监测技术体系等；建立起林业绿色技术创新信息库，及时传递相关信息，让企业了解国内外林业企业的绿色技术创新最新发展动态，降低国内企业开展绿色技术创新的学习成本，提高创新效率（管志杰和曹建华[160]，2014）。

推动林业企业进行绿色技术创新的主要动力来自于市场。目前林产品绿色采购在中国还没有正式开展，广大消费者对绿色概念认知不足、对产品绿色度的有效识别能力也不够，很多消费者还是从新闻网络和电视上了解到相关信息，并认为这些跟自身的关联度不大。政府需大力宣传绿色消费的观念，提高人们绿色消费的意识和对绿色的认知，同时应当尽快制定出台一些鼓励购买绿色林产品的细则（管志杰和曹建华[160]，2014）。

7.4 本章小结

本章主要首先介绍了中国林产品的贸易状况，进出口流向。中国在全球林产品贸易链中处于加工国的地位，作为林产品贸易和消费大国，中国积极承担起治理非法采伐的责任，国内在采购政策、法律和法规、木材监管体系、森林认证方面做了一系列工作，国际上通过签订双边打击非法采伐协议，参与治理非法采伐的多边论坛或会议。中国采取的治理非法采伐措施产生了一定效果，但与中国的林产品贸易大国应承担的责任还有差距。中国治理非法采伐一方面要结合中国绿色和可持续的发展战略，从供应链入手，建立生态供应链，并围绕生态供应链，在国内和国际层面，从生产、加工到消费采取具体措施，建立起良好的监管体系。另一方面结合创新驱动发展战略，把林产品绿色采购与企业的技术创新结合在一起，构建绿色创新体系，围绕绿色技术创新采取一系列的策略。

第8章 结论与展望

8.1 主要结论

非法采伐已经成为国际森林问题中一个突出的问题，得到有关国家政府、国际机构、非政府组织的高度重视，自从 1998 年八国集团会议提出打击非法采伐以来，全球开始治理非法采伐。本书对全球治理非法采伐及其对贸易的影响进行了深入分析，并提出了对策，研究得出的结论如下：

（1）全球林产品贸易现状。全球林产品贸易发展很快，目前全球林产品贸易大国有中国、美国、德国、日本、荷兰、法国、英国、韩国、比利时、意大利等国家，林产品区域内贸易和产业内贸易现象较为突出，这与其他产品贸易状况类似，已成为当代国际贸易的主要发展形态。

（2）非法采伐的含义、现状、起因、影响和治理措施分析。从研究分析的结果来看，非法采伐的定义为，木材在收获、运输、加工和买卖过程中违背了法律。造成非法采伐形成的因素有经济因素和政治因素。非法采伐主要表现在生产国的生产和消费国的进口，非法采伐直接造成全球森林面积减少，同时在经济层面、社会政治层面、生态环境层面产生影响。从整个非法采伐治理进程可以看出对非法采伐治理产生实际约束力是欧盟的《森林执法、治理和贸易行动计划》、国家法律禁令、政府采购政策和国际公约和双边打击非法采伐的协议。从政策实施效果来看，规范了木材供应链管理，全球治理非法采伐取得了一些效果。

（3）全球治理非法采伐对各类林产品国际贸易比较优势影响效应存在差别。研究过程首先用技术差距和要素禀赋理论分析林产品国际贸易比较优势，发现国际贸易流向基本与理论预期吻合，检查比较优势指数发现各类林产品具有比较优势的国家大多都是非洲热带林国家或者是东南亚国家，这些国家是发展林产品国际贸易的重要力量。全球治理非法采伐治对各类林产品国家贸易比较优势产生的影响效应存在差别，对家具、原木、锯材、人造板、其他木材和林产品总体净出口产生影响是显著的。从影响的流向来看除对其他木材（木炭、木片和碎料）产生的影响是负向的，降低了这些产品的净出口，对其他各类林产品包括林产品总体的影响都是正向的。进一步对解释能力较高的原木和木家具进行分析，验证结果也证明了这一点。

（4）治理非法采伐对贸易影响不确定。局部均衡理论分析了治理非法采伐贸易效应，市场需求扩大和实施生产补贴的社会福利效应变化，认为治理非法采伐产生了数量限制效应，同时对于贸易大、小国，贸易条件效应也不一样；在市场需求扩大和实施生产补贴情况下，进口国消费者、生产者和政府的收益都发生了变化。一般均衡理论定性分析了治理非法采伐社会福利变大和减少情况，以及在产能扩大下的福利变化状况。非法采伐治理对出口国企业产生了影响，从保护市场角度出发，出口国政府会以产品产生外在的环境效应对生产过程实施补贴，补贴实施与不实施产生的效果截然不一样，而给予补贴数量又与企业的成本有关系，企业成本越低获得的补贴就越多。监督管理过程中监督有效性与被监管企业的经营成本、灰色收入和处罚力度有关。被监管企业的违规率又与监管商监管成本、监管过程额外收入和监管失败给予的处罚有关。治理非法采伐对双边贸易的影响，运用引力模型对中国与主要国家林产品贸易的分析，发现治理非法采伐的措施对中国林产品贸易产生了正面的影响，中国与一些国家签订的打击非法采伐的双边协议对中国林产品的双边贸易产生了负面的影响。

（5）全球治理非法采伐的深入措施。以东盟和喀麦隆为案例，对这两个地区和国家非法采伐现状，治理政策和效果进行了分析，结合所有这些，剖析了全球治理非法采伐的框架，提出全球治理非法采伐深入措施。国际层面：加强治理非法采伐的多边讨论，为建立更强大的国际制度提供帮助；国际公约或文件要得到很好的贯彻。区域层面：区域合作打击非法采伐应该进一步深入。国家层面：治理还要进一步深入；加强非法采伐数据收集；关注小规模生产；建立跨部门的合作体制。

（6）中国对策。研究分析了中国林产品贸易状况，中国在全球林产品贸易链中处于加工国的地位。中国作为林产品贸易和消费大国，中国积极承担起治理非法采伐的责任，国内在采购政策、法律和法规、木材监管体系、森林认证方面做了一系列工作，国际上通过签订双边打击非法采伐协议，参与治理非法采伐的多边论坛或会议。中国采取的治理非法采伐措施产生了一定效果，但与中国的林产品贸易大国应承担的责任还有差距。中国治理非法采伐一方面要结合中国绿色和可持续的发展战略，从供应链入手，建立生态供应链，并围绕生态供应链，在国内和国际层面，从生产、加工到消费采取具体措施，建立起良好的监管体系。另一方面结合创新驱动发展战略，把林产品绿色采购与企业的技术创新结合在一起，构建绿色创新体系，围绕绿色技术创新采取一系列的策略。

8.2 研究不足之处及展望

（1）非法采伐治理的效果，虽然在本书收集了一些数据，但是由于非法采伐都为估计数据，因此数据收集的权威性不够。

（2）非法采伐治理与其他管理机制之间的关系研究不足，治理非法采伐与全球气候变暖、低碳经济等的关联度研究还显得缺乏，这些是以后需要进一步深入的地方。

参 考 文 献

[1] Seneca Creek and Associates, LLC. "Illegal" logging and global wood markets: The competitive impacts on the U. S. wood products industry [R]. Poolesville: Prepared for American Forest and Paper Association by Seneca Creek and Associates and Wood Resources International. 2004.

[2] Bisschop L. Out of the woods: the illegal trade in tropical timber and a European trade hub [J]. Global Crime, 2012, 13 (3): 191 – 212.

[3] Nemeth A. , Mesquita B. , Monnier C. , et al. Illegal Logging in South Eastern Europe [R]. REC Working Paper, 2012.

[4] Rhodes W. H. , Allen E. P. , Callahan M. Illegal logging: A Market-Based Analysis of Tracking in Illegal Timber [R]. Cambridge: the U. S Department of Justice and prepared the following final report. 2005.

[5] Brack D. , Hayman G. 2001. Intergovernmental actions on illegal logging: options for intergovernmental action to help combat illegal logging and illegal trade in timber and forest products. London, Chatham House [EB/OL]. http: //www. chathamhouse. org. uk/files/3004_intergovernmental_actions_on_illegal_logging_march_01. pdf [2015 – 09 – 27].

[6] Callister D. J. Corrupt and illegal activities in the forestry sector: Current understandings and implications for World Bank forest policy [R]. Draft for discussion, prepared for the World Bank Group, Forest Policy Implementation Review and Strategy Development: Analytical Studies, 1999.

[7] Reboredo F. Socio-economic, environmental, and governance impacts of illegal logging [J]. Environ Syst Decis, 2013, 33 (2): 295 – 304.

[8] Moiseyev A. , Solberg B. , Michie B. , et al. Modelling the impacts of policy measures to prevent import of illegal wood and wood products [J]. Forest

Policy Econ, 2010, 12 (1): 24 – 30.

[9] Tacconi L. Illegal logging: Law enforcement, livelihoods and the timber trade [M]. London: Earthscan Pradhan, 2007, 89 – 114.

[10] Bala G. , Caldeira K. , Wickett M. , et al. Combined climate and carbon-cycle effects of large-scale deforestation [J]. Proceedings of the National Academy of Sciences, 2007, 104 (16): 6550 – 6555.

[11] Kinnaird M. F. , Sanderson E. W. , O'Brien T. G. , et al. Deforestation trends in a tropical landscape and implications for endangered large mammals [J]. Conservation Biology, 2003, 17 (1): 245 – 257.

[12] Gutierrez-Velez V. H. , MacDicken K. Quantifying the direct social and governmental costs of illegal logging in the Bolivian, Brazilian, and Peruvian Amazon [J]. Forest Policy and Economics, 2008, 10 (3): 248 – 256.

[13] Aubad J. , Arago'n P. , Olalla-Ta′rraga M. A. , Rodríguez, M. A. Illegal logging, landscape structure and the variation of tree species richness across North Andean forest remnants [J]. Forest Ecology and Management 2008, 255 (5): 1892 – 1899.

[14] Smith J. , Obidzinski K. , Subarudi S. , et al. Illegal logging, collusive corruption and fragmented governments in Kalimantan, Indonesia [J]. International Forestry Review 2003, 3: 293 – 302.

[15] Kishor N. , Damania R. Crime and justice in the Garden of Eden: Improving governance and reducing corruption in the forestry sector. In: Campos JE, Pradhan S (eds) The many faces of corruption: tracking vulnerabilities at the sector level [R]. The World Bank, Washington, DC, 2007.

[16] Magallona M. M.. The Philippines, 2004 top news on environment in Asia. Institute for global environmental strategies [EB/OL]. http://pub. iges. or. jp/modules/envirolib/upload/423/attach/english. pdf [2015 – 09 – 27].

[17] Obidzinski K. , Dermawan A. , Andrianto A. , et al. The timber legality verification system and the voluntary partnership agreement (VPA) in Indonesia: Challenges for the small-scaleforestry sector [J]. Forest Policy and Economics, 2014, 48 (1): 24 – 32.

［18］Overdevest C. , Zeitlin J. , Constructing a transnational timber legality assurance regime: Architecture, accomplishments, challenges ［J］. Forest Policy and Economics, 2014, 48 (1): 6 - 15.

［19］Springate B. O. , Thein A. K. , Neil A. , et al. Democratising timber: An assessment of Myanmar's emerging 'Forest Law Enforcement, Governance and Trade' (FLEGT) process ［J］. Forest Policy and Economics, 2014, 48 (1): 33 - 45.

［20］Tegegne T. Y. , Brusselen J. V. , Tuomasjukka D. , et al. Proposing anindicator framework for FLEGT voluntarypartnership agreements impact monitoring ［J］. Ecological Indicators, 2014, (46): 487 - 494.

［21］Jong W. , Cano W. , Zenteno M. , et al. The legally allowable versus the informally practicable in Bolivia's domestic timber market ［J］. Forest Policy and Economics, 2014, 48 (1): 46 - 54.

［22］Kishor N. Controlling illegal logging in domestic and international markets by harnessing multi-level governance opportunities ［J］. International Journal of the Commons, 2012, 6 (2): 255 - 270.

［23］Simula, M. , Public Procurement Policies for Forest Products and Their Impacts ［R］. FAO, 2006: 20.

［24］Watson A. The Proposed New Zealand Approach towards Addressing Illegal Logging and Associated Trade Activities ［M］. New Zealand: MAF Discussion Paper No: 2006/01, 2006: 11 - 15.

［25］Garforth M. To Buy or Not to Buy: Timber procurement policies in the EU ［R］. UK: FERN, 2004: 3 - 4.

［26］White G. , Sarshar D. 负责任的林产品采购 ［EB/OL］. 网络出版: 世界自然基金会, 2006: 7.

［27］Prestemon J. P. The impacts of the Lacey Act Amendment of 2008 on U. S. hardwood lumber and hardwood plywood imports ［J］. Forest Policy and Economics, 2015, 50 (1): 31 - 44.

［28］Bosello F. , Parrado R. , Rosa R. The economic and environmental effects of an EU ban on illegal logging imports. Insights from a CGE assessment ［J］. Environment and Development Economics, 2013 (2): 184 - 206.

［29］Li R. H. , Buongiorno J. , Turner J. A. , et al. Long-term effects of eliminating illegal logging on the world forest industries, trade, and inventory. Forest Policy and Economics, 2008, 10: 480 – 490.

［30］Turner J. A. , Buongiorno J. , Katz A. , Zhu S. , Li R. Economic incentives exist to support measures to reduce illegal logging International Forestry Review, 2008, 10（1）: 74 – 80.

［31］Putz F. E. , Sist P. , Fredericksen T. , et al. Reduced-impact logging: Challenges and opportunities ［J］. Forest Ecology and Management, 2008（256）: 1427 – 1433.

［32］刘金龙, 龙贺兴, 涂成悦. 非法采伐语境下利益攸关方的行动分析 ［J］. 林业经济, 2014（3）: 83 – 89.

［33］陈积敏. 木材非法采伐行为方式定性研究 ［J］. 林业经济, 2013（11）: 118 – 123.

［34］姜凤萍, 陆文明, 孙睿, 孙久灵. 印度尼西亚木材非法采伐现状分析 ［J］. 世界林业研究, 2013（3）: 79 – 81.

［35］付建全. 国际木材非法采伐及相关贸易对策研究 ［D］. 北京: 中国林业科学研究院博士学位论文, 2010: 17 – 18.

［36］胡杨. 日本木材及木制品合法性、可持续性证明方法指南 ［J］. 中国人造板, 2010（4）: 38 – 39.

［37］王清军. 集体林权制度改革背景下森林采伐管理体制变革研究——兼论森林法的完善 ［J］. 东南学术, 2010（5）: 22 – 25.

［38］孙久灵, 陆文明. 国际木材非法采伐与相关贸易问题研究 ［J］. 中国林业经济 2009（6）: 76 – 79.

［39］程宝栋, 宋维明. 中国应对国际木材非法采伐问题的思考 ［J］. 国际贸易, 2008（3）: 50 – 53.

［40］李剑泉, 陈绍志, 徐斌. 中国应对木材非法采伐相关贸易法规的对策建议 ［J］. 国际木业, 2014（6）: 1 – 3.

［41］李剑泉, 陈绍志, 徐斌. 中国应对木材非法采伐相关贸易法规的对策建议 ［J］. 国际木业, 2014（8）: 1 – 3.

［42］陈积敏, 钱静, 贺祥瑞. 打击木材非法采伐与贸易的执法困境探析 ［J］. 林业经济, 2014（7）: 68 – 71.

[43] 陈洁, 徐斌, 刘小丽, 李岩. 中国木材合法性认定体系路径选择 [J]. 世界林业研究 [J]. 世界林业研究 2014, 27 (5): 61 -66.

[44] 陈积敏, 杨红强. 木材非法采伐影响机理研究 [J]. 林业经济, 2014 (2): 110 -114.

[45] 陈绍志, 李剑泉, 徐斌. 中国应对木材非法采伐的法规及制度 [J]. 国际木业, 2013 (2): 1 -2.

[46] 陈绍志, 李剑泉, 徐斌. 中国应对木材非法采伐的法规及制度 [J]. 国际木业, 2013 (3): 1 -3.

[47] 陈绍志, 李剑泉, 徐斌. 中国应对木材非法采伐的法规及制度 [J]. 国际木业, 2013 (4): 1 -2.

[48] 陈绍志, 李剑泉, 徐斌. 中国应对木材非法采伐的政策与行动 [J]. 国际木业, 2013 (8): 1 -3.

[49] 陈绍志, 李剑泉, 徐斌. 中国应对木材非法采伐的政策与行动 [J]. 国际木业, 2013 (9): 1 -3.

[50] 姜凤萍. 中欧国际合作框架下的非法采伐相应对策研究 [D]. 北京: 中国林业科学研究院硕士学位论文, 2013: 17 -381.

[51] 莱拉. 马来西亚半岛的非法采伐防堵策略的有效性研究 [D]. 北京: 北京林业大学硕士学位论文, 2013: 5 -40.

[52] 缪东玲. 打击木材非法采伐及其相关贸易的全球治理分析 [J]. 国际经贸探索, 2011, 27 (9): 72 -77.

[53] 孙久灵, 陆文明, 田明华. 国际非法采伐与相关贸易问题的探讨 [J]. 北京林业大学学报 (社会科学版), 2010 (2): 111 -114.

[54] 李桂梅, 孙久灵, 谢明东, 钟育飞, 王光忻. 国际木材非法采伐讨论及其我国对策 [J]. 热带林业, 2009, 2: 17 -20.

[55] 李剑泉, 陆文明, 李智勇, 段新芳. 打击木材非法采伐的森林执法管理与贸易国际进程 [J]. 世界林业研究, 2007 (6): 67 -71.

[56] 缪东玲, 田禾, 程宝栋. 木材合法性认证及其对中国木质林产品贸易的影响 [J]. 世界林业研究, 2014, 27 (2): 61 -65.

[57] 黄冬辉, 校建民, 景艳丽. 木材合法性在中国面临的挑战 [J]. 国际木业, 2014 (1): 1 -3.

[58] 田禾, 陈勇, 宿海颖. APEC框架下我国开展打击非法采伐及相

关贸易工作面临的机遇和挑战 [J]. 林业经济, 2014 (7): 64 - 67.

[59] 曾伟, 曾寅初, 王蔚. 欧盟新木材法案出台原因与本质属性 [J]. 林业经济, 2014 (5): 65 - 70.

[60] 董加云, 刘金龙, 陈羽, 张桂红. 欧盟木材法案对中国木质家具出口企业的影响分析: 来自广东大岭山家具企业的调查 [J]. 北京林业大学学报 (社会科学版), 2014, 13 (4): 52 - 56.

[61] 徐斌, 李岩, 李静. 中国林产品出口企业应对欧盟木材法案策略分析 [J]. 北京林业大学学报 (社会科学版), 2014, 13 (4): 55 - 60.

[62] 程宝栋, 翟瑞一. 应对非法采伐与相关贸易的国际行动及启示 [J]. 对外经贸实, 2013 (6): 22 - 23.

[63] 韩沐洵, 田明华, 蔡昕妤, 于豪谅, 田昊炜. 中国木质林产品贸易与国际非法采伐相关性分析 [J]. 林业经济, 2013 (9): 75 - 82.

[64] 缪东玲, 程宝栋. 打击木材非法采伐及其相关贸易的立法现状和影响研究 [J]. 林业经济评论, 2014 (2): 19 - 28.

[65] 冯锦华. 林权转让协议引发的非法采伐林木案评析 [J]. 森林公安, 2012 (3): 24 - 25.

[66] 资建勋, 王一兵. 办理非法采伐毁坏国家重点保护植物案中有关问题的思考 [J]. 林业与生态, 2011 (4): 27.

[67] 蒋兰香. 刑事违法抑或行政违法 [J]. 北京林业大学学报 (社会科学版), 2010, 9 (1): 48 - 53.

[68] 刘艺卓. 林产品国际贸易及其影响因素研究 [M]. 北京: 中国农业出版社, 2007: 22 - 24.

[69] Hoare A. Tackling Illegal Logging and the Related Trade What Progress and Where Next? [R]. Chatham House Report, 2015.

[70] Alemagi D., Kozak R. A. Illegal logging in Cameroon: Causes and the path forward Forest [J]. Policy and Economics, 2010, 12 (8): 554 - 561.

[71] Bouriaud L. Causes of Illegal Logging in Central and Eastern Europe Small-scale Forests Economics [J]. Management and Policy, 2005, 4 (3): 269 - 292.

[72] Palmer C. E. The extent and causes of illegal logging: an analysis of a major cause of tropical deforestation in Indonesia [C]. CSERGE Working Paper,

2000.

[73] Lawson S. Consumer Goods and Deforestation: An Analysis of the Extent and Nature of Illegality in Forest Conversion for Agriculture and Timber Plantations [R]. Washington, DC: Forest Trends, 2014.

[74] Forest Trends, 2013. European trade flows and risk [EB/OL]. www. forest-trends. org/documents/files/doc_4085. pdf [2015 – 09 – 27].

[75] The forest carbon partnership facility Protecting climate finance an anticorruption assessment of the forest carbon partnership facility [R]. Berlin: Transparency International international Secretariat, 2013.

[76] Lawson S. Illegal Logging and Related Trade: Indicators of the Global Response [R]. London: Chatham House, 2010.

[77] Lawson S. Illegal Logging and Related Trade: Measuring the Global Response [R]. London: Chatham House, 2007.

[78] Fripp E. Illegal Logging and Related Trade: The Global Response and Indicators of Change [R]. London: Chatham House, 2006.

[79] Lale-Demoz A. ransnational Organized Crime in East Asia and the Pacific A Threat Assessment [R]. Bangkok: UNODC, 2013.

[80] Hewitt J. Failing the Forests Europe's illegal timber trade [R]. Godalming: WWF-UK, Project number 2046, 2005.

[81] Brack D. , Hayman G. Intergovernmental Actions on Illegal Logging [R]. London: Royal Institute of International Affairs, 2001.

[82] Brack D. , Hayman G. , Gray K. Controlling the International Trade in Illegally Logged Timber and Wood Products [R]. London: Royal Institute of International Affairs. , 2002.

[83] Blaser J. , Contreras A. , Oksanen T. , Puustjärvi E. , Schmithüsen F. Forest law enforcement and governance (FLEG) in eastern Europe and northern asia (ENA) [R]. Bank: Intercooperation and the World, 2005.

[84] FAO, 2011. Global Forest Resources Assessment 2010 main report [EB/OL]. http: //www. fao. org/docrep/013/i1757e /i1757e. pdf [2015 – 09 – 27].

[85] Visseren-Hamakers I. J. , Glasbergen P. Partnerships in forest gov-

ernance. Global Environmental Change ［J］. 2007, 17（3）: 408 - 419.

［86］ Gulbrandsen L. H. , Humphreys D. 2006, International initiatives to address tropical timber logging and trade a report for the Norwegian Ministry of the Environment ［EB/OL］. www. fni. no/doc&pdf/FNI - R0406. pdf ［2015 - 09 - 27］.

［87］管志杰. 森林认证效应及政府的政策选择研究 ［D］. 南京: 南京林业大学博士学位论文, 2011: 14 - 23.

［88］李剑泉, 陈绍志, 陈洁. 木材合法性认定与森林认证的比较优势及影响研究 ［J］. 林业经济, 2013（9）: 47 - 54.

［89］吴盛富, 何朝瑞, 田莉莉. 欧盟木材法规与美国《雷斯法案修正案》的比较 ［J］. 中国人造板, 2013（2）: 32 - 35.

［90］陈晓倩, 吴盛富. 美国《雷斯法案》修订案对中国木制品企业出口影响 ［J］. 林业经济, 2013（1）: 62 - 66.

［91］ Keong C. H. The role of cites in combating illegal logging-current and potential traffic ［R］. Cambridge: online report series traffic international, 2006.

［92］ Brack D. 2014. Promoting Legal and Sustainable Timber: Using Public Procurement Policy ［EB/OL］. http: //www. chathamhouse. org/sites/files/chatham-house/field/field _ document/ h20140908PromotingLegalSustainableTimberBrackFinal. pdf ［2015 - 09 - 27］.

［93］ Atyi E. R. , Assembe-Mvondo S. , Lescuyer G. , et al. Impacts of international timber procurement policies on Central Africa's forestry sector: The case of Cameroon Forest Policy and Economics, 2013, 32: 40 - 48.

［94］谭祖谊. HOV 模型中的贸易要素含量及其 Learner 改进 ［J］. 中国青年政治学院学报, 2013（4）: 80 - 84.

［95］ Tobey J. A. The Effects of Domestic Environmental Policies on Patterns of World Trade: An Empirical Test ［M］. Kyklos, 1990, 2: 191 - 209.

［96］ Leamer E. Sources of International Comparative Advantage: Theory and Evidence ［M］. Cambridge, Massachusetts: MIT Press, 1984.

［97］ Walter I. , Ugelow J. Environmental Policies in Developing Countries ［J］. Ambio, 1979（8）: 102 - 109.

［98］陆旸. 环境规制影响了污染密集型商品的贸易比较优势吗? ［J］.

经济研究, 2009 (4): 28 – 39.

[99] Lundmark R. European trade in forest products and fuels [J]. Journal of Forest Economics, 2010, 16 (3): 235 – 251.

[100] Heckscher E. The effects of foreign trade on the distribution of income [M]. Ekonomisk Tidskriff Translated as chapter 13 in American Economic Association, 1919: 497 – 512.

[101] Ohlin B. Interregional and International Trade [M]. Harvard University Press, Cambridge, Massachusetts, 1933.

[102] Prestemon J., Buongiorno J. Comparative advantage in forest products trade: A test of the Heckscher-Ohlin-Vanek theorem with interstate data [J]. Journal of Forest Economics, 1997, 3 (3): 207 – 228.

[103] Maskus K. E. A test of the Heckscher-Ohlin-Vanek theorem: the Leontief Commonplace [J]. Journal of International Economic, 1985, 19 (3 – 4): 201 – 212.

[104] Bonnefoi B., Buongiorno J., Comparative advantage of countries in forest-products trade [J]. Forest Ecology and Management, 1990, 36 (1): 1 – 17.

[105] Vanek J. The Natural resource Content of United States Foreign Trade [M]. Massachusetts, MIT Press, 1963.

[106] Vanek J. The factor proportions theory: The N-factor case [J]. Kyklos, 1968, 21 (4): 749 – 756.

[107] 刘艺卓, 田志宏. 对世界和中国林产品贸易中比较优势的检验 [J]. 中国农业经济评论, 2007 (1): 28 – 45.

[108] Uusivuori J., Tervo M. Comparative advantage and forest endowment in forest products trade: evidence from panel data of OECD-countries [J]. Journal of Forest Economics, 2002, 8 (1): 53 – 75.

[109] Dasgupta S., Mody A., Roy S., et al. Environmental Regulation and Development: a Cross Country Empirical Analysis [J]. Oxford Development Studies, 2001, 29 (2): 173 – 187.

[110] 张英姿. 环境规制与农产品贸易比较优势的关系探析与展望 [J]. 农业展望, 2012 (4): 47 – 54.

［111］Collie D. , Meza D. D. Comparative advantage and the pursuit of strategic trade policy ［J］. Economics Letters, 2003, 81 (2): 279 - 283.

［112］Brander J. , Spencer B. Export subsidies and market share rivalry ［J］. Journal of International Economics, 1985, 18 (1): 83 - 100. .

［113］Tinbergen J. Shaping the world Economy: suggestion for an International Economic Policy ［M］. NewYork: The Twentieth Century Fund, 1962.

［114］Pöyhönen P. A. Tentative Model for the Volume of Trade between Countries ［J］. Weltwirtschaftliches Archiv, 1963, 90 (1): 93 - 100.

［115］Linneman H. An econometric study of international trade flows ［M］. North-Holland, Amsterdam, 1966.

［116］Summary R. M. A political-economic model of U. S. bilateral trade ［J］. The Review of Economics and Statistics, 1989, 71 (1): 179 - 182.

［117］Sohn C. Does the gravity model explain South Korea's trade flows? ［J］. Japanese Economic Review, 2005, 56 (4): 417 - 430.

［118］Antonucci D. , Manzocchi S. Does Turkey Have a Special Trade Relation with EU? A Gravity Model Approach ［J］. Econ. Syst. , 2006, 30 (2): 157 - 169.

［119］McCallum J. National boarders matter: Canada-U. S. regional trade patterns ［J］. American Economic Review, 1995, 85 (3): 615 - 623.

［120］Helliwell J. F. Do national borders matter for Quebec's trade? ［J］. Canadian Journal of Economics, 1996, 29 (3): 507 - 522.

［121］Anderson M. A. , Smith S. L. S. Do national borders really matter? Canada-U. S. regional trade reconsidered ［J］. Review of International Economics, 1999, 7 (2): 219 - 227.

［122］Evans C. The economic significance of national border effects ［J］. American Economic Review, 2003, 93 (4): 1291 - 1312.

［123］Frankel J. A. Regional trading blocs in the world economic system, Institute for International Economics ［M］. Washington D. C. , 1997.

［124］Hutchinson W. K. Does ease of communication increase trade? Commonality of language and bilateral trade ［J］. Scottish Journal of Political Economy, 2002, 49 (5): 544 - 556.

[125] Rose A. K, Wincoop E. V. National Money as a Barrier to International Trade: The Real Case for Currency Union [J]. American Economic Review, 2001, 91 (2): 386 – 390.

[126] Campbell D. L. Estimating the Impact of Currency Unions on Trade: Solving the Glick and Rose Puzzle [J]. The World Economy, 2013, 36 (10): 1278 – 1293.

[127] Deardorff A. Determinants of Bilateral Trade: Does Gravity Work in a Neoclassical World? in The Regionalization of the World Economy [M]. edited by Frankel, J. A. , University of Chicago Press, Chicago, 1998: 21.

[128] Anderson J. E. A Theoretical Foundation for the Gravity Equation [J]. American economic review, 1979, 69 (1): 106 – 116.

[129] Bergstrand J. H. The Gravity Equation in International Trade: Some Microeconomic Foundations and Empirical Evidence [J]. Review of Economics and Statistics, 1985, 67 (8): 474 – 481.

[130] Feenstra R. C. , Markusen J. R. , Rose A. K. Using the gravity equation to differentiate among alternative theories of trade [J]. The Canadian Journal of Economics, 2001, 34 (2): 430 – 447.

[131] Santos Silva J. M. C. , Tenreyro S. The Log of Gravity [J]. The Review of Economics and Statistics, 2006, 88 (4): 641 – 658.

[132] Martin W. , Pham C. S. 2008, Estimating the Gravity Model When Zero Trade Flows are Frequent [EB/OL]. http: //www. deakin. edu. au/buslaw/aef/workingpapers/papers/2008_03eco. pdf [2015 – 09 – 27].

[133] Santos Silva J. M. C, Tenreyro S. Further simulation evidence on the performance of the Poisson pseudo-maximum likelihood estimator [J]. Economics Letters, 2011, 112 (2): 220 – 222.

[134] Feenstra R. C. Advanced International Trade [M]. Princeton University Press, 2003: 137 – 144.

[135] Campbell, D. L. History, Culture, and Trade: A Dynamic Gravity Approach [C]. EERI Research Paper Series EERI_RP_2010_26, Economics and Econometrics Research Institute (EERI), Brussels, 26 August, 2010.

[136] Olivero M. P. Yotov Y. Dynamic gravity: endogenous country size and

asset Accumulation ［J］. Canadian Journal of Economics, 2012, 45 （1）: 64 - 92.

［137］ Campbell D. L. Relative Prices, Hysteresis, and the Decline of American Manufacturing ［C］. Working Papers w0212, Center for Economic and Financial Research （CEFIR）, December, 2014.

［138］ Akyüz K. C. , Yildirim I. , Balaban Y. , Gedik T. , Korkut S. Examination of forest products trade between Turkey and European Union countries with gravity model approach ［J］. African Journal of Biotechnology, 2010, 9 （16）: 2375 - 2380.

［139］ Kangas K. , Niskanen A. Trade in forest products between European Union and the central and eastern European access candidates ［J］. Forest Policy and Economics, 2003, 5 （3）: 297 - 304.

［140］ Zhang D. W. , Li Y. S. Forest endowment, logging restrictions, and China's wood products trade ［J］. China Economic Review, 2009, 20 （1）: 46 - 53.

［141］ 田刚, 潘超. 基于引力模型的中俄林木产品贸易研究 ［J］. 国际贸易问题, 2013 （9）: 37 - 44.

［142］ 戴明辉, 沈文星. 中国木质林产品贸易流量与潜力研究: 引力模型方法 ［J］. 资源科学, 2010, 32 （11）: 2115 - 2122.

［143］ Loungani P. , Mody A. , Razin A. The global disconnect: The role of transactional distance and scale economies in gravity equations ［J］. Scottish Journal of Political Economy, 2002, 49 （5）: 526 - 543.

［144］ Wall J. H. Using the Gravity Model to Estimate the Costs of Protection in Federal ［J］. Reserve Bank of St. Louis Review 1999, 81 （1）: 33 - 40.

［145］ McAllister R. J. , Ryan R. J. , Smajgl A. , et al. Forest logging and institutional thresholds in developing south-east Asian economies: A conceptual model ［J］. Forest Policy and Economics, 2007, 9 （4）: 1079 - 1089.

［146］ REM. Progress in Tackling Illegal Logging in Cameroon-IM-FLEG Cameroon ［R］. Cambridge: Resource Extraction Monitoring, 2009: 4.

［147］ Ndjebet C. Community forestry development as means for poverty alleviation and sustainable management of natural resources in the coastal region of

Cameroon ［R］. Cameroon Ecology, Edea, Cameroon, 2008.

［148］Kozak R. A. Value-added wood products from British Columbia-getting beyond the rhetoric. BC Forest Professional, 2007, 14 (1)：12 – 13.

［149］Lawson S. , Macfaul L. Illegal logging and related trade：indicators of the global response ［R］. London, Chatham house, 2010：4.

［150］黄山青, 管志杰. 中国非法采伐研究综述——基于中国知网的观点, 滁州学院学报, 2015, 17 (4)：43 – 46.

［151］Lee, B. , Felix Preston, F. , Kooroshy, J. , et al. Resources Futures ［R］. London, Chatham House, 2012：31 – 32.

［152］Sun, X. , Katsigris, E. , White, A. Meeting China's demand for forest products：An overview of import trends, ports of entry, and supplying countries, with emphasis on the Asia-Pacific region ［J］. International Forestry Review, 2004, 6 (3)：227 – 236.

［153］EIA. 2013, First Class Connections Log Smuggling, Illegal Logging, and Corruption in Mozambique ［EB/OL］. http：//www. illegal-logging. info/ sites/default/files/uploads/EIAFirstClassConnections. pdf ［2015 – 09 – 27］.

［154］EIA. 2012, Appetite for Destruction China's trade in illegal timber ［EB/OL］. http：//eia-international. org/wp-content/uploads/EIA-Appetite-for-Destruction-lo-res. pdf ［2015 – 09 – 27］.

［155］Global Witness. 2009, A Disharmonious Trade China and the continued destruction of Burma's northern frontier forests ［EB/OL］. http：// www. illegal-logging. info/sites/default/files/uploads/GlobalWitnessadisharmoni-oustrade. pdf ［2015 – 09 – 27］.

［156］管志杰, 公培臣. 中国林业对外投资选择：可持续发展的视角 ［J］. 干旱区资源与环境, 2015, 29 (6)：20 – 24.

［157］管志杰, 曹建华. 非法采伐及其贸易的治理：生态供应链的视角 ［J］. 北京林业大学学报 (社会科学版), 2014, 13 (2)：75 – 80.

［158］生态供应链 MBA 智库百科. 生态供应链与生态型设计 ［EB/ OL］. ［2013 – 11 – 27］. http：//wiki. mbalib. com/wiki/生态供应链.

［159］Brawn E. , Wield, D. Regulation as a means for the social control of technology ［J］. Technology Analysis & Strategic management, 1994, 6 (3)：

259 – 272.

［160］管志杰，曹建华. 基于绿色采购的林业企业绿色技术创新研究
［J］. 科技管理研究，2014，34（11）：228 – 232.

［161］葛晓梅，王京芳，薛斌. 中小企业绿色技术创新的对策研究
［J］. 科学学与科学技术管理，2005，26（12）：87 – 88.

［162］孙冰. 企业自主创新动力机制及启示［J］. 科技管理研究，
2007，27（10）：11 – 14.

［163］颜江. 基于绿色采购的家电企业绿色技术创新研究［J］. 科学
管理研究，2010，28（5）：102 – 105.

［164］张金栋. 林业技术创新与现代林业发展［J］. 林业经济问题，
2000，20（2）：65 – 67.

附录 1 HOV 模型使用的部分数据

表1　治理非法采伐的规则数量

国家	2005年	2006年	2007年	2008年	2009年	2010年	2011年
阿尔巴尼亚	2	2	2	2	2	2	2
阿尔及利亚	2	2	2	2	2	2	2
亚美尼亚	1	1	1	1	2	1	1
澳大利亚	3	3	3	3	3	3	3
奥地利	3	3	3	3	3	3	3
阿塞拜疆	2	2	2	2	2	2	2
孟加拉共和国	2	2	2	2	2	2	2
白俄罗斯	2	2	2	2	2	2	2
比利时	5	5	5	5	5	5	5
不丹	1	1	1	1	1	1	1
巴西	2	2	2	2	2	2	2
保加利亚	3	3	4	4	4	4	4

国家	2005年	2006年	2007年	2008年	2009年	2010年	2011年
老挝	2	2	2	2	2	2	2
拉脱维亚	3	3	3	3	3	3	3
黎巴嫩	1	1	1	1	1	1	1
立陶宛	3	3	3	3	3	3	3
马其顿	0	0	0	0	0	0	0
马拉维	2	2	2	2	2	2	2
马来西亚	3	3	3	3	3	3	3
毛里塔尼亚	2	2	2	2	2	2	2
毛里求斯	2	2	2	2	2	2	2
墨西哥	3	3	3	3	3	3	3
摩尔多瓦	0	0	0	0	0	0	0
摩洛哥	2	2	2	2	2	2	2

续表

国家	2005年	2006年	2007年	2008年	2009年	2010年	2011年
莫桑比克	2	2	2	2	2	2	2
荷兰	5	5	5	5	5	5	5
新西兰	4	4	4	4	4	4	4
挪威	4	4	5	5	5	5	5
巴基斯坦	2	2	2	2	2	2	2
巴拿马	3	3	3	3	3	3	3
秘鲁	4	4	4	4	4	4	4
菲律宾	3	4	3	3	3	3	3
波兰	3	3	4	4	4	4	4
葡萄牙	4	4	4	4	4	4	4
罗马尼亚	2	2	3	3	3	3	3
俄罗斯	2	3	2	2	2	2	2
卢旺达	2	2	2	2	2	2	2
沙特阿拉伯	2	2	2	2	2	2	2
塞内加尔	2	2	2	2	2	2	2
新加坡	3	3	3	3	3	3	3
斯洛伐克	3	3	3	3	3	3	3
斯洛文尼亚	3	3	3	3	3	3	3

国家	2005年	2006年	2007年	2008年	2009年	2010年	2011年
布基纳法索	2	2	2	2	2	2	2
布隆迪	2	2	2	2	2	2	2
柬埔寨	3	3	3	3	3	3	3
喀麦隆	3	3	3	3	3	3	3
加拿大	4	4	4	4	4	4	4
乍得	2	2	2	2	2	2	2
智利	3	3	3	3	3	3	3
中国	3	3	3	3	3	3	3
哥伦比亚	3	3	3	3	3	3	3
哥斯达黎加	3	3	3	3	3	3	3
克罗地亚	2	2	2	2	2	2	2
塞浦路斯	3	3	3	3	3	3	3
捷克	3	3	3	3	3	3	3
丹麦	5	5	5	5	5	5	5
萨尔瓦多	0	0	0	0	0	0	0
厄立特里亚	2	2	2	2	2	2	2
爱沙尼亚	4	4	4	4	4	4	4
埃塞俄比亚	2	2	2	2	2	2	2

续表

国家	2005年	2006年	2007年	2008年	2009年	2010年	2011年
芬兰	4	4	4	4	4	4	4
法国	5	5	5	5	5	5	5
德国	5	5	5	5	5	5	5
圭亚那	3	3	3	3	3	3	3
匈牙利	3	3	3	3	3	3	3
冰岛	2	2	2	2	2	2	2
印度	3	3	3	3	3	3	3
印度尼西亚	3	3	3	3	3	3	3
爱尔兰	4	4	4	4	4	4	4
以色列	2	2	2	2	2	2	2
意大利	4	4	4	4	4	4	4
日本	3	4	4	4	4	4	4
约旦	2	2	2	2	2	2	2
卡扎克斯坦	2	2	2	2	2	2	2
韩国	3	3	3	3	3	3	3
吉尔吉斯斯坦	1	1	2	2	2	2	2

国家	2005年	2006年	2007年	2008年	2009年	2010年	2011年
西班牙	4	4	4	4	4	4	4
瑞典	4	4	4	4	4	4	4
瑞士	3	3	3	3	3	3	3
达吉克斯坦	0	0	0	0	0	0	0
泰国	2	2	2	2	2	2	2
突尼斯	2	2	2	2	2	2	2
土耳其	2	2	2	2	2	2	2
乌干达	2	2	2	2	2	2	2
乌克兰	2	2	2	2	2	2	2
英国	5	5	5	5	5	5	5
美国	3	3	3	4	4	4	4
乌拉圭	2	2	2	2	2	2	2
乌兹比克克斯坦	2	2	2	2	2	2	2
委内瑞拉	2	2	2	2	2	2	2
越南	2	2	2	2	2	2	2

表2　　　　　　　　　　　　　人均国民收入　　　　　　　　　单位：美元

国家	2005 年	2006 年	2007 年	2008 年	2009 年	2010 年	2011 年
阿尔巴尼亚	2672.25	2939.57	3476.08	4161.18	3811.09	3732.85	4088.12
阿尔及利亚	2863.86	3265.1	3818.09	4749.82	3836.28	4196.6	4797.48
亚美尼亚	1669.35	2197.74	3172.39	4074.98	2969.73	3239.06	3607.53
澳大利亚	32692.2	34594.6	38662.4	47173.2	40906.7	49587.4	59633.9
奥地利	36707.6	38877	44636.9	49563.5	45418	44811.8	49412.1
阿塞拜疆	1382.17	2157.06	3259.41	4973.69	4556.97	5460.08	6148.61
孟加拉共和国	442.63	455.26	502.01	585.3	652.06	725.85	798.7
白俄罗斯	3127.4	3836.02	4692.95	6294.7	5065.46	5696.34	6707.19
比利时	36247.4	38242.9	43689	48053.8	43568.9	43845.6	47021
不丹	1241.2	1343.39	1737.11	1765.96	1730.51	2088.71	2370.58
巴西	4603.38	5644.87	7045.92	8418.6	8207.71	10780	12338.8
保加利亚	3744.05	4202.89	5075.61	6461.27	6183.5	6135.39	6943.64
布基纳法索	405.47	422.67	474.43	569.43	552.68	592.19	649.67
布隆迪	146.07	155.89	160.41	185.9	192.84	218.25	244.91
柬埔寨	449.65	514.14	601.06	706.11	701.19	745.61	828.99
喀麦隆	887.61	951.06	1043.66	1190.25	1098.02	1077.56	1182.52
加拿大	34430.3	38864.7	42695.6	44531.7	39044.6	45409	51554.1
乍得	427.13	471.97	543.13	606.52	587.07	669.76	794.01
治理	6974.29	8240.11	9250.4	9905.12	9465.13	11831.8	13695.2
中国	1718.78	2065.23	2657.18	3426.95	3754.76	4414	5438.51
哥伦比亚	3266.47	3577.38	4482.46	5178.52	4902.37	5920.87	6804.62
哥斯达黎加	4440.56	4964.14	5729.98	6416.53	6191.33	7563.12	8453.57
克罗地亚	9822.6	10965.5	13102.8	15261.1	13598.9	12860	13914.1
塞浦路斯	15778.4	16749.4	19023.7	22013.4	21199.1	20422	22477.7
捷克	12170.1	13703.5	16221	20613.4	17552.3	17448.8	19194
丹麦	48209.6	51403.7	57634.7	63586.8	57114.1	57804.8	61337.1
萨尔瓦多	2734.2	2970.99	3209.01	3420.48	3251.39	3357.45	3590.46
厄立特里亚	224.35	238.82	251.59	254.25	331.16	365.33	435.57
爱沙尼亚	9937.24	11849.5	15305.5	16847.9	13811.4	13277.5	15672.3

续表

国家	2005 年	2006 年	2007 年	2008 年	2009 年	2010 年	2011 年
埃塞俄比亚	161.1	193.2	243.3	325.35	378.92	339.84	353.93
芬兰	37490.7	39861.5	46558.1	51405.7	45553	44516.5	49068.5
法国	34348	36090.9	41045.6	44766.6	41235.4	39982.4	43426.8
德国	33922.6	35955.3	41098.9	44646.4	41258.5	40975.7	44841.5
圭亚那	277.55	254.72	381.42	323.86	350.33	395.57	416.68
匈牙利	10346.6	10571.3	12589.3	14379.7	12075.7	12237.2	13220.3
冰岛	52907.9	51615.6	62331.9	41598.4	30626.2	32574.8	37875.8
印度	734.88	823.74	1064.28	1035.99	1140.51	1404.22	1520.54
印度尼西亚	1211.5	1532.82	1794.33	2100.86	2192.52	2863.94	3372.43
爱尔兰	42027.6	45867.6	51336.8	51254.8	41834.6	38608.3	38935.7
以色列	19127.4	20514.8	23241.8	27030	25351.7	27697.9	30477.1
意大利	30487.7	31872.9	35806.1	38142.3	34911.3	33601.3	35899.4
日本	36615.5	35075.7	35247.3	39244.5	40569.1	44277.5	47574.1
约旦	2388.73	2801.66	3143.28	3917.62	4112.82	4355.65	4636.87
卡扎克斯坦	3416.99	4674.06	5934.65	7280.55	6380.73	7884.49	9687.56
韩国	17534.3	19706.2	21630	19170.1	17034.2	20566.1	22447.2
吉尔吉斯斯坦	459.4	533.87	711.91	932.46	835.97	816.91	1027.78
老挝	461.06	553.33	677.73	845.14	904.25	1049.66	1187.02
拉脱维亚	6884.99	8455.85	12232.5	14711.8	12351.6	10949.7	13911.1
黎巴嫩	5436.43	5544.87	6231.54	7290.05	8105.31	8434.62	9107.52
立陶宛	7523.83	8730.96	11212.9	13708.7	11324.4	10956.7	13626
马其顿	2811.74	3120.2	3706.2	4628.56	4394.63	4383.46	4879.41
马拉维	209.93	231.31	264.42	300.87	340.28	351.16	355.36
马来西亚	5309.31	6000.58	7066.67	8207.27	7132.64	8437.99	9762.31
毛里塔尼亚	714.85	915.02	1005.3	1116.23	875.7	998.26	1104.68
毛里求斯	5047.8	5235.58	6360.14	7657.41	6896.25	7678.32	8805.92
墨西哥	7524.98	8313.02	8938.54	9342.68	7467.4	8685.84	9550.44
摩尔多瓦	930.97	1062.36	1347.23	1863.64	1610.52	1767.69	2128.74
摩洛哥	1950.52	2128.72	2421.04	2823.8	2830.25	2790.72	2998.18

续表

国家	2005 年	2006 年	2007 年	2008 年	2009 年	2010 年	2011 年
莫桑比克	295.98	299.8	336.03	406.94	403.68	383.54	503.57
荷兰	39311.1	42573.7	48564.7	51826.4	47010	45876.7	50518.3
新西兰	25559.8	24306.7	29522.7	28262.4	25959.7	30388.2	34945.3
挪威	66498	73012.1	83292.8	94750.6	78900.9	87169.9	99697.8
巴基斯坦	708.15	807.97	889.25	1001.36	977.24	1058.21	1250.67
巴拿马	4260.28	5365.39	6044.07	6915.87	7083.18	7857.86	8868.18
秘鲁	2704.23	3024.62	3492.41	4125	4096.8	4866.43	5511.27
菲律宾	1197.47	1384.39	1670.44	1922.15	1829.88	2141.32	2367.17
波兰	7784.03	8703.98	10729.9	13555.5	10865.5	11802.2	12791.8
葡萄牙	17915.9	18489.4	21151.9	22868.7	21122.4	20649	21656
罗马尼亚	4530.2	5550.61	7847.43	9222.68	7546.98	7578.93	8758.82
俄罗斯	5204.17	6740.34	8930.01	11455.1	8337.04	10368.1	12862.9
卢旺达	270.86	319.09	374.8	457.36	495.35	515.1	565.52
沙特阿拉伯	13540.5	15189.7	16295.4	20062.1	16334.7	19585	24464.4
塞内加尔	758.04	801.31	942.1	1089.86	1000.32	982.37	1071.32
新加坡	27009.3	30448.1	35595.9	35287.2	36837.8	42576.3	46879.7
斯洛伐克	11062.7	12403.5	15096.5	16914	15217.4	15082.8	17403.3
斯洛文尼亚	17703.2	19176.1	22942.9	26255.9	23562.4	22560.4	24153.4
西班牙	25686.4	27555	31368.3	34041.6	31119.8	29575.6	31339.4
瑞典	41335.5	44513.3	51710.9	54569.6	44473.1	50469.6	58549.3
瑞士	56504.9	58565.7	60150.5	63965.2	67269.2	74750.3	85445.3
塔吉克斯坦	328.22	392.39	510.98	702.16	658.88	730.45	824.18
泰国	2559.49	3016.3	3601.28	3971.63	3823.78	4595.93	5006.65
突尼斯	3055.68	3238.18	3601.47	4089.87	3962.81	3992.88	4133.11
土耳其	7043.39	7637.39	9209.54	10260.6	8511.3	10036.8	10496.5
乌干达	304.57	298.53	344.26	406.52	406.71	465.27	445.85
乌克兰	1807.81	2266.21	3023.09	3857.75	2492.5	2930.19	3532.33
英国	38740.7	40678	46895.4	44061.6	35763.9	36541	39359.1
美国	43166.8	45677.3	46798.3	47323.9	45387.2	47216.5	48818.7

续表

国家	2005 年	2006 年	2007 年	2008 年	2009 年	2010 年	2011 年
乌拉圭	5071.35	5748.22	6857.35	8796.73	8686.76	11074.7	13247.8
乌兹比克斯坦	545.85	639.6	865.06	1086.19	1214.15	1417.68	1605.37
委内瑞拉	5362.36	6709.77	8427.23	11240.7	11401.7	13343	10487.2
越南	629.41	714.02	817.43	1035.51	1076.59	1173.42	1340.61

资料来源：世界银行数据库。

表3　　　　　　　　　　　原木净出口值　　　　　　　　单位：千美元

国家	2005 年	2006 年	2007 年	2008 年	2009 年	2010 年	2011 年
阿尔巴尼亚	−272	−214	−460	−1075	−501	−84	−464
阿尔及利亚	−2928	−4398	−2184	−5766	−2400	−2808	−1331
亚美尼亚	103	−444	−451	−1053	−1466	−1386	−112
澳大利亚	52380	74497	98004	84247	89894	143373	224975
奥地利	−518305	−629280	−698603	−622924	−585523	−632022	−690488
阿塞拜疆	−936	−1925	−1370	−1218	−1041	−1417	−2063
孟加拉共和国	−39044	−39298	−52516	−468	−672	−55306	−2083
白俄罗斯	60351	55758	120480	96108	45440	98951	127471
比利时	−41622	−81435	−149499	−51478	−89388	−128895	−111901
不丹	251	−68	−80	−90	−172	−228	−246
巴西	368	−1541	3070	4379	−1460	3900	10187
保加利亚	15559	21793	23593	7295	11340	26190	27860
布基纳法索	−10	0	−11	−103	7	44	26
布隆迪	0	−69	−89	1	−82	10	0
柬埔寨	48	937	230	186	1818	32466	47503
喀麦隆	25058	60641	72176	142244	96267	144374	141715
加拿大	136428	136600	105483	59138	−8810	140503	410472
乍得	0	−133	0	−137	−71	−42	−159
治理	28582	16971	11221	17670	10407	17919	23390
中国	−3.20E +06	−3.90E +06	−5.40E +06	−5.20E +06	−4.10E +06	−6.10E +06	−8.30E +06

国家	2005 年	2006 年	2007 年	2008 年	2009 年	2010 年	2011 年
哥伦比亚	2318	1463	3091	4462	8598	10197	6840
哥斯达黎加	7558	9336	11802	10914	12507	28595	45548
克罗地亚	33697	32805	45920	47539	43406	54940	64577
塞浦路斯	− 1321	− 203	− 1853	− 4717	− 4038	− 2157	− 2500
捷克	108911	145527	181569	170919	144970	178442	260413
丹麦	− 10677	− 16910	8401	18239	− 8842	− 308	16026
萨尔瓦多	458	1131	2503	3638	3183	3190	5455
厄立特里亚	− 51	− 601	− 1	− 1644	− 1	− 1832	− 459
爱沙尼亚	− 11517	− 33689	− 7451	74834	38013	112706	156608
埃塞俄比亚	57	− 123	− 460	− 1	− 41	− 12	18
芬兰	− 708820	− 654430	− 930034	− 1.20E + 06	− 159831	− 362014	− 364426
法国	− 31228	− 25392	− 57334	− 39247	95810	182588	249886
德国	194543	237407	233900	261520	13837	− 211403	− 286296
圭亚那	115	150	− 36	531	− 81	684	− 2468
匈牙利	38637	32591	53681	56103	35341	51848	58206
冰岛	− 335	− 769	− 433	− 468	− 254	− 188	− 265
印度	− 840922	− 815615	− 1.10E + 06	− 1.30E + 06	− 1.10E + 06	− 1.30E + 06	− 1.80E + 06
印度尼西亚	− 36033	− 19057	− 20859	− 21232	− 11128	− 17291	− 15336
爱尔兰	− 73772	− 84410	− 78821	− 48762	− 22993	12273	17032
以色列	− 1646	− 1289	− 1178	− 1309	− 1279	− 969	− 1538
意大利	− 477613	− 518633	− 574070	− 495630	− 321196	− 357051	− 395693
日本	− 1.70E + 06	− 1.80E + 06	− 1.80E + 06	− 1.40E + 06	− 811145	− 997316	− 1.10E + 06
约旦	− 240	− 668	− 333	− 637	44	− 517	− 460
卡扎克斯坦	− 7980	− 7343	− 9365	− 9580	− 6534	− 4616	− 15978
韩国	− 707648	− 755452	− 910113	− 838270	− 623819	− 725521	− 793762
吉尔吉斯斯坦	− 163	145	− 639	− 985	− 1268	− 379	− 473
老挝	35266	37788	71311	76218	52558	109370	262566

续表

国家	2005 年	2006 年	2007 年	2008 年	2009 年	2010 年	2011 年
拉脱维亚	114864	80050	170861	201384	135096	238848	290054
黎巴嫩	9	−239	−1284	−517	−1195	−1532	−396
立陶宛	39640	39063	121757	90234	30149	72017	142580
马其顿	615	838	945	0	−2159	−2554	−2438
马拉维	−55	36	305	486	154	323	49
马来西亚	626425	579469	600472	586443	564580	648764	610368
毛里塔尼亚	−51	0	−4381	−4497	−2603	−2821	−4423
毛里求斯	−2608	−3850	−4305	−4108	−3175	−4240	−5415
墨西哥	−32864	−15420	−6290	−5115	−6187	−5718	−3497
摩尔多瓦	−1957	−3078	−3010	−6159	−3514	−4136	−3340
摩洛哥	−53457	−87540	−78837	−90235	−32668	−65446	−56824
莫桑比克	23879	19308	21662	−291	−20	5878	9858
荷兰	−2024	2113	14754	9411	4345	13746	10759
新西兰	309271	361562	446464	504207	596535	959525	1.30E+06
挪威	−172878	−109959	−151224	−101739	−12971	−45048	−35687
巴基斯坦	−16808	−21042	−23890	−13594	−14499	−13353	−13425
巴拿马	1205	4570	5283	3192	1296	7016	15574
秘鲁	−3887	−3003	−5052	−7963	−9122	−15684	−15366
菲律宾	−23865	−19722	−23638	−18488	−7430	−10711	−18949
波兰	−47942	−46861	−104393	−87509	−1433	31192	−36055
葡萄牙	−5672	14232	15978	69948	12004	−14274	−19826
罗马尼亚	−5681	−19765	−10136	11354	−10497	−5923	27030
俄罗斯	2.90E+06	3.30E+06	4.10E+06	3.50E+06	1.80E+06	1.80E+06	2.00E+06
卢旺达	−18	80	10	−88	−57	0	−954
沙特阿拉伯	−5626	−5968	−1182	−1222	0	−5602	−2166
塞内加尔	−5216	−6755	−6552	−2729	−3478	−1513	−1886
新加坡	−3485	363	1815	404	537	33	−356
斯洛伐克	152305	67764	66999	95464	170682	181066	170538

续表

国家	2005 年	2006 年	2007 年	2008 年	2009 年	2010 年	2011 年
斯洛文尼亚	− 13304	− 5802	8219	17667	19172	27701	50222
西班牙	− 239980	− 242358	− 272348	− 184032	− 68442	− 36197	− 11195
瑞典	− 337209	− 223546	− 352234	− 401276	− 184276	− 323509	− 477153
瑞士	97527	117741	115501	100617	63887	55104	85806
塔吉克斯坦	− 806	− 1555	− 1668	− 2161	− 1683	− 1393	− 1685
泰国	− 115462	− 111058	− 90285	− 112068	− 49108	− 62311	− 53638
突尼斯	− 8202	− 4840	− 4979	− 5799	− 4780	− 4452	− 4454
土耳其	− 205494	− 224036	− 249831	− 208848	− 111607	− 145047	− 173271
乌干达	− 915	− 3570	− 1220	− 4419	− 2104	− 116	987
乌克兰	126692	131053	152861	140884	116790	179647	231879
英国	− 105499	− 113656	− 173688	− 118614	− 79906	− 38594	− 69477
美国	1. 10E +06	1. 10E +06	1. 50E +06	1. 60E +06	1. 30E +06	1. 70E +06	2. 10E +06
乌拉圭	55184	73383	112483	172849	195712	249113	254455
乌兹比克斯坦	− 8847	− 10889	− 28752	− 37310	− 20444	− 19324	− 23893
委内瑞拉	212	0	0	− 36	− 26	0	62
越南	− 197573	− 178932	− 239969	− 334488	− 237751	− 248098	− 285502

资料来源：国际贸易中心贸易统计。

表4　　　　　　　　　　　　　**锯材净出口值**　　　　　　单位：千美元

国家	2005 年	2006 年	2007 年	2008 年	2009 年	2010 年	2011 年
阿尔巴尼亚	− 7227	− 11393	− 15628	− 15575	− 15561	− 16601	− 16545
阿尔及利亚	− 250843	− 350291	− 522290	− 495800	− 444897	− 529454	− 571911
亚美尼亚	− 1875	− 5646	− 10589	− 13531	− 10199	− 9507	− 9985
澳大利亚	− 231046	− 176711	− 207582	− 256477	− 166165	− 225067	− 281094
奥地利	1. 10E +06	1. 10E +06	1. 50E +06	1. 40E +06	894687	1. 00E +06	997009
阿塞拜疆	− 26243	− 25694	− 36978	− 37962	− 44798	− 90767	− 158912
孟加拉共和国	− 413	− 1096	− 520	− 676	− 605	− 2191	− 1502

续表

国家	2005 年	2006 年	2007 年	2008 年	2009 年	2010 年	2011 年
白俄罗斯	129851	76027	64696	41294	38762	60481	89481
比利时	− 246549	− 277448	− 327274	− 294112	− 220131	− 240207	− 273044
不丹	− 2	− 33	− 123	− 78	− 67	− 143	28
巴西	871978	834995	910657	661342	383397	403340	389877
保加利亚	26799	27034	20414	10511	17936	30017	54622
布基纳法索	− 2057	0	− 2511	− 2909	− 2314	− 1858	− 1643
布隆迪	− 17	− 4	− 1	− 1	43	20	− 664
柬埔寨	7872	8268	8539	3102	1801	2048	2128
喀麦隆	102527	339865	354993	378209	212689	249415	288174
加拿大	8.20E +06	7.70E +06	6.40E +06	4.60E +06	3.10E +06	4.40E +06	5.00E +06
乍得	− 27	− 121	− 17	− 71	− 84	− 731	− 759
治理	703527	739901	818265	727583	420661	538475	664155
中国	− 1.20E +06	− 1.30E +06	− 1.40E +06	− 1.60E +06	− 2.00E +06	− 3.50E +06	− 5.40E +06
哥伦比亚	345	335	2464	1855	331	− 4638	− 5745
哥斯达黎加	− 8163	− 5406	− 15098	− 22100	− 9924	− 14052	− 26523
克罗地亚	92299	115874	155291	165333	120271	153224	192318
塞浦路斯	− 40965	− 42230	− 69798	− 51806	− 28298	− 29907	− 25820
捷克	196928	243575	319517	289865	237219	260841	245898
丹麦	− 535833	− 635465	− 793864	− 523132	− 326353	− 353579	− 389905
萨尔瓦多	− 7996	− 9401	− 10992	− 10724	− 8138	− 8905	− 10482
厄立特里亚	− 603	− 385	− 8	− 47	− 25	− 987	− 668
爱沙尼亚	140937	101973	32402	48038	56619	73674	43049
埃塞俄比亚	− 5438	− 5722	− 8207	− 8511	− 6802	− 10221	− 4922
芬兰	1.50E +06	1.70E +06	2.00E +06	1.50E +06	1.10E +06	1.40E +06	1.50E +06
法国	− 795154	− 802549	− 1.20E +06	− 1.10E +06	− 819487	− 949587	− 932027

国家	2005 年	2006 年	2007 年	2008 年	2009 年	2010 年	2011 年
德国	479265	635960	1.10E+06	979343	544760	586487	594671
圭亚那	1085	14542	−88	15476	1284	17962	4043
匈牙利	−90421	−88161	−107786	−63132	−42682	−34784	−27224
冰岛	−34707	−34704	−51644	−34409	−16088	−21501	−21769
印度	−15381	−14376	−13856	−12487	−26694	−39720	−112581
印度尼西亚	−74745	−56316	−45037	−72167	−43866	−64447	−67833
爱尔兰	−239794	−236933	−258269	−125781	−23172	−12962	1106
以色列	−137542	−153179	−224255	−208161	−170441	−222481	−228870
意大利	−1.90E+06	−2.10E+06	−2.40E+06	−2.00E+06	−1.40E+06	−1.60E+06	−1.60E+06
日本	−2.60E+06	−2.70E+06	−2.60E+06	−2.30E+06	−1.90E+06	−2.30E+06	−2.70E+06
约旦	−50731	−63315	−72492	−83445	−72543	−67359	−69237
卡扎克斯坦	−50435	−75547	−121719	−92570	−76725	−46104	−84407
韩国	−216378	−242359	−297019	−281006	−243999	−323917	−429367
吉尔吉斯斯坦	−9024	−11259	−22767	−29639	−29437	−27066	−44018
老挝	117496	147569	120397	159583	132082	199004	327436
拉脱维亚	457573	467106	484102	359775	328140	482210	545340
黎巴嫩	−46782	−47224	−70825	−91079	−91241	−84367	−94470
立陶宛	73528	72145	48271	28296	42664	62116	58807
马其顿	−8061	−8050	−5299	0	−11105	−8873	−12459
马拉维	176	634	1870	3934	9570	7025	5676
马来西亚	668484	771749	722439	739736	574030	654162	665553
毛里塔尼亚	−1087	0	−382	−36	−218	−65	−174
毛里求斯	−13313	−13439	−26702	−26804	−19616	−21073	−18747
墨西哥	−490843	−518493	−568222	−533966	−324645	−379958	−418015
摩尔多瓦	−6566	−13341	−14646	−17506	−14613	−14143	−17720
摩洛哥	−224444	−256790	−360791	−374392	−314043	−310085	−350172

续表

国家	2005 年	2006 年	2007 年	2008 年	2009 年	2010 年	2011 年
莫桑比克	909	3658	2663	20161	23153	37644	121099
荷兰	– 709808	– 872662	– 1.10E +06	– 1.00E +06	– 679892	– 753340	– 957761
新西兰	470964	485135	496614	469632	425897	562878	555408
挪威	– 236298	– 233119	– 385466	– 291024	– 199895	– 239416	– 254602
巴基斯坦	– 14764	– 19419	– 26533	– 33129	– 40318	– 42639	– 49696
巴拿马	– 1762	– 2470	– 2177	– 2305	– 1974	– 1404	685
秘鲁	89306	108185	99491	82625	44986	34404	30291
菲律宾	– 109291	– 82510	– 75532	– 40417	– 38041	– 44652	– 52935
波兰	9412	– 1142	– 64194	– 131738	– 69598	– 50091	– 134413
葡萄牙	– 88583	– 66027	– 89888	– 83628	– 43683	– 54346	– 717
罗马尼亚	494284	536967	589629	524884	534484	695651	816870
俄罗斯	1.90E +06	2.30E +06	3.20E +06	2.80E +06	2.60E +06	3.00E +06	3.40E +06
卢旺达	– 27	– 35	– 65	– 1346	– 1552	0	– 1813
沙特阿拉伯	– 191247	– 182447	– 289434	– 185336	– 194002	– 586565	– 601481
塞内加尔	– 35859	– 34258	– 41442	– 48218	– 35660	– 34279	– 38827
新加坡	– 30322	– 51797	– 64098	– 72602	– 58704	– 65098	– 71099
斯洛伐克	186519	233260	196716	216408	118602	147602	162730
斯洛文尼亚	8988	12344	– 6848	49049	49320	48153	47666
西班牙	– 976497	– 938396	– 1.10E +06	– 709340	– 356482	– 337307	– 308805
瑞典	2.60E +06	3.10E +06	3.60E +06	3.20E +06	2.80E +06	3.10E +06	3.20E +06
瑞士	– 130221	– 133700	– 137735	– 142314	– 136065	– 157438	– 219932
塔吉克斯坦	– 28600	– 43599	– 64816	– 97890	– 69258	– 70291	– 91168
泰国	– 277763	– 106382	– 82948	– 94419	63908	216032	381793
突尼斯	– 107639	– 118347	– 164257	– 153142	– 142630	– 150476	– 148177
土耳其	– 51202	– 85065	– 96882	– 147459	– 86546	– 117393	– 196889

续表

国家	2005 年	2006 年	2007 年	2008 年	2009 年	2010 年	2011 年
乌干达	17	32	−77	−493	−898	−971	−618
乌克兰	228005	236946	315904	264921	191867	225710	279861
英国	−2.00E +06	−2.10E +06	−2.90E +06	−2.00E +06	−1.40E +06	−1.80E +06	−1.70E +06
美国	−7.60E +06	−6.70E +06	−4.90E +06	−2.90E +06	−1.30E +06	−1.40E +06	−1.00E +06
乌拉圭	14661	17648	20974	18594	14869	29766	40791
乌兹比克斯坦	−69212	−103396	−173577	−261110	−222280	−214820	−282805
委内瑞拉	4297	−3385	0	−16692	−9787	−3145	−4602
越南	−262767	−327113	−406481	−404183	−323623	−423828	−448663

资料来源：国际贸易中心贸易统计。

表5　　　　　　　　　　　　　　其他木材净出口值　　　　　　　　　单位：千美元

国家	2005 年	2006 年	2007 年	2008 年	2009 年	2010 年	2011 年
阿尔巴尼亚	1251	1057	1163	2057	3247	4400	5718
阿尔及利亚	−47	−45	−39	21	−63	−250	−70
亚美尼亚	4	−36	−42	−71	−50	−21	−133
澳大利亚	630696	679665	823366	956749	671769	821684	793042
奥地利	30898	−25950	−20527	−25926	−75356	−58036	−108873
阿塞拜疆	4	−45	−8	−71	−232	−358	−381
孟加拉共和国	−170	−390	−26	27	−170	−64	−1209
白俄罗斯	2741	5280	9389	15424	17786	21137	34474
比利时	3179	−59073	−143767	−118594	−227209	−133502	−123472
不丹	−1310	−1178	−4491	−10070	−11531	−14950	−22721
巴西	−740755	−740753	−740751	−740749	−740747	−740745	−740743
保加利亚	15800	18258	16269	13591	13691	23177	39436
布基纳法索	−3	0	−2	−3	0	−3	−20
布隆迪	−1	−2	0	1	12	−6	0
柬埔寨	−740755	−740753	−740751	−740749	−740747	−740745	−740743

续表

国家	2005 年	2006 年	2007 年	2008 年	2009 年	2010 年	2011 年
喀麦隆	− 740755	− 740753	− 740751	− 740749	− 740747	− 740745	− 740743
加拿大	119283	154281	118390	113519	151278	240434	252078
乍得	0	10	0	− 1	− 8	0	0
治理	156466	185098	212899	329845	266550	327397	392733
中国	− 12752	− 33362	− 120685	− 159932	− 341676	− 656309	− 1.20E +06
哥伦比亚	667	1443	1817	1190	1469	1269	1298
哥斯达黎加	− 52	− 33	− 48	− 82	− 66	− 120	− 6
克罗地亚	13855	20465	27001	33315	53874	54869	79764
塞浦路斯	− 3092	− 3552	− 4201	− 5289	− 5656	− 5526	− 6201
捷克	− 740755	− 740753	− 740751	− 740749	− 740747	− 740745	− 740743
丹麦	− 110496	− 171648	− 151770	− 184744	− 196254	− 319707	− 502860
萨尔瓦多	− 208	− 173	− 285	25	80	106	175
厄立特里亚	− 465	− 509	0	− 1011	542	− 1331	− 4435
爱沙尼亚	78439	93703	114731	103124	88041	112232	131198
埃塞俄比亚	21	− 2	31	− 68	3	− 1	− 9
芬兰	− 78968	− 90625	− 140726	− 257597	− 170134	− 178888	− 195450
法国	3927	9778	− 1282	1489	12496	3929	14011
德国	3995	24900	72402	130853	93434	47191	40107
圭亚那	− 2	0	− 4	− 6	135	479	0
匈牙利	516	− 2724	− 9923	− 1947	10574	4594	20349
冰岛	− 1172	− 1199	− 2203	− 2096	− 1931	− 1443	− 1290
印度	− 31	1085	833	1302	1720	4877	14493
印度尼西亚	57876	69229	81932	62187	97653	122364	193927
爱尔兰	− 6931	− 6392	− 13712	− 8254	− 6204	− 7942	− 2297
以色列	− 5581	− 6040	− 7368	− 8962	− 8432	− 8392	− 8544
意大利	− 168548	− 261543	− 238385	− 212273	− 310682	− 398728	− 495520
日本	− 2.10E +06	− 2.20E +06	− 2.50E +06	− 3.00E +06	− 2.20E +06	− 2.60E +06	− 2.80E +06

国家	2005 年	2006 年	2007 年	2008 年	2009 年	2010 年	2011 年
约旦	− 869	− 1243	− 1727	− 2516	− 2522	− 3895	− 6608
卡扎克斯坦	− 202	− 605	− 849	− 991	− 604	− 374	− 1147
韩国	− 132532	− 147260	− 146556	− 198448	− 138233	− 181109	− 197758
吉尔吉斯斯坦	0	− 2	− 12	− 68	− 19	− 8	− 28
老挝	361	683	1108	2347	3468	4940	9635
拉脱维亚	116787	146801	177913	191950	202030	266872	292870
黎巴嫩	− 1798	− 1971	− 2497	− 3411	− 4957	− 9046	− 9626
立陶宛	20657	33686	19590	23096	49582	49977	58563
马其顿	102	111	66	0	− 2419	− 2190	− 1679
马拉维	3	40	75	89	− 86	743	− 426
马来西亚	41207	47496	50942	53919	55721	55584	68818
毛里塔尼亚	− 102	0	− 83	− 43	0	− 36	− 17
毛里求斯	− 44	− 61	− 73	− 95	− 61	− 122	− 125
墨西哥	5890	8712	11957	8869	10992	14689	19410
摩尔多瓦	− 180	− 156	− 171	− 537	− 235	− 344	− 466
摩洛哥	− 681	− 891	− 1191	− 921	− 1006	− 3896	− 17080
莫桑比克	6	5	− 19	80	− 33	− 34	1074
荷兰	− 51083	− 65142	− 71795	− 81460	− 143739	− 138444	− 180981
新西兰	26907	25224	44058	59136	28146	53700	66840
挪威	− 79588	− 53219	− 76262	− 130061	− 91106	− 124598	− 138763
巴基斯坦	29	− 65	− 51	− 4	790	− 192	824
巴拿马	29	− 65	− 51	− 4	790	− 192	824
秘鲁	− 115	− 165	− 198	− 121	− 184	− 153	− 126
菲律宾	9023	4386	8060	8449	11957	11028	9989
波兰	40887	71914	76700	77502	80227	88610	54331
葡萄牙	− 1994	4000	13034	− 2052	22149	− 40261	− 43199
罗马尼亚	10997	17129	13978	13047	23630	41985	117668
俄罗斯	61034	76553	98057	132932	183507	191836	232076
卢旺达	15	0	− 13	− 9	− 346	0	− 80

续表

国家	2005 年	2006 年	2007 年	2008 年	2009 年	2010 年	2011 年
沙特阿拉伯	− 9545	− 13208	− 9020	− 13921	− 14018	− 10624	− 13899
塞内加尔	− 9	19	− 10	− 7	− 8	− 11	− 28
新加坡	448	570	− 739	− 499	645	− 987	− 1599
斯洛伐克	33255	38523	28503	25197	34840	49828	33592
斯洛文尼亚	7663	19453	24922	21325	28290	27822	34411
西班牙	− 40946	− 34204	− 28768	− 52718	− 17323	− 95603	− 68586
瑞典	− 123750	− 134150	− 171138	− 175339	− 217759	− 243645	− 266510
瑞士	− 9093	− 15083	− 26434	− 30660	− 19058	− 14275	− 35748
塔吉克斯坦	− 1	0	− 36	− 2	− 10	− 1	− 6
泰国	37301	17704	27739	87130	93888	194492	290597
突尼斯	− 394	− 316	− 256	270	309	− 389	− 142
土耳其	− 74036	− 129546	− 154403	− 158280	− 135008	− 166981	− 200463
乌干达	− 2	− 137	− 49	75	12	80	174
乌克兰	22481	32829	51008	58719	79957	95293	121913
英国	− 60711	− 41067	− 63413	− 119364	− 64700	− 129193	− 218060
美国	36754	13741	111619	196422	161177	201384	236966
乌拉圭	62100	68932	64065	164509	78913	129964	158412
乌兹别克斯坦	− 45	− 41	− 80	− 166	− 127	− 76	− 175
委内瑞拉	85	599	0	659	1418	4782	2115
越南	110612	130936	182777	265553	246691	473480	711131

资料来源：国际贸易中心贸易统计。

表 6   **人造板净出口值**   单位：千美元

国家	2005 年	2006 年	2007 年	2008 年	2009 年	2010 年	2011 年
阿尔巴尼亚	− 21604	− 27911	− 35337	− 31181	− 40393	− 37546	− 40146
阿尔及利亚	− 80819	− 53282	− 117286	− 112742	− 103744	− 121292	− 114981
亚美尼亚	− 21604	− 27911	− 35337	− 31181	− 40393	− 37546	− 40146
澳大利亚	− 11711	− 73195	− 140268	− 133454	− 85669	− 147998	− 233993
奥地利	772208	904232	1.20E +06	1.20E +06	957477	953818	1.10E +06

续表

国家	2005 年	2006 年	2007 年	2008 年	2009 年	2010 年	2011 年
阿塞拜疆	− 19292	− 19594	− 24740	− 31643	− 28695	− 57275	− 72960
孟加拉共和国	− 6189	− 6252	− 3991	− 6739	− 10506	− 11343	− 12397
白俄罗斯	11102	− 17813	− 22048	− 63089	− 26163	− 32637	− 47968
比利时	678106	781801	804840	779685	546508	536297	547832
不丹	5792	− 583	5851	− 1156	4622	4150	2662
巴西	975278	818952	789860	711863	400122	457309	413982
保加利亚	16797	− 3928	− 5804	− 66313	13380	39377	54155
布基纳法索	− 1056	0	− 1132	− 1374	− 448	− 1385	− 1634
布隆迪	− 898	− 726	− 995	− 775	− 807	− 1402	− 2002
柬埔寨	1132	− 299	− 455	− 1443	− 1117	− 2727	− 2565
喀麦隆	18349	49165	11579	27039	18219	22657	21508
加拿大	3. 50E +06	2. 60E +06	1. 50E +06	823443	490316	537638	462728
乍得	− 69	− 218	− 1137	− 1237	15	− 486	− 4052
治理	426557	454674	502391	601235	510411	543401	665515
中国	1. 70E +06	3. 10E +06	4. 30E +06	4. 30E +06	3. 30E +06	4. 30E +06	5. 60E +06
哥伦比亚	− 24431	− 34682	− 62598	− 77040	− 64629	− 105722	− 123129
哥斯达黎加	− 1909	− 4281	− 15383	− 15712	− 4443	− 18773	− 18908
克罗地亚	− 23963	− 27301	− 19448	− 28622	− 22474	− 15543	− 17136
塞浦路斯	− 45648	− 46277	− 60375	− 64981	− 37560	− 36984	− 34130
捷克	53581	99227	135772	105907	113866	161250	197002
丹麦	− 334752	− 373098	− 449231	− 388453	− 207444	− 212988	− 242777
萨尔瓦多	− 9156	− 11405	− 13254	− 13671	− 9480	− 10810	− 11378
厄立特里亚	− 1278	− 693	0	− 447	11	− 1026	− 2769
爱沙尼亚	32991	36519	31406	46036	50629	73920	69811
埃塞俄比亚	− 11276	− 17227	− 16610	− 16522	− 18849	− 17159	− 20615
芬兰	726761	789647	854781	769786	374968	421201	473852
法国	101137	185882	92817	− 40471	− 226537	− 264212	− 222629

续表

国家	2005 年	2006 年	2007 年	2008 年	2009 年	2010 年	2011 年
德国	1.50E +06	1.40E +06	1.60E +06	1.90E +06	1.50E +06	1.20E +06	891589
圭亚那	− 712	8687	423	− 894	− 575	1468	− 1057
匈牙利	− 20082	− 36306	− 29632	1856	− 13325	28820	1175
冰岛	− 21385	− 22067	− 26347	− 21407	− 12156	− 12184	− 12225
印度	− 20117	− 37475	− 69042	− 26419	− 83494	− 168192	− 281919
印度尼西亚	1.40E +06	1.50E +06	1.50E +06	1.50E +06	1.10E +06	1.60E +06	1.80E +06
爱尔兰	122121	122992	156471	129422	110680	151365	145973
以色列	− 145303	− 149155	− 204021	− 218597	− 173407	− 212339	− 230927
意大利	− 414687	− 436400	− 561441	− 558299	− 302552	− 396346	− 337331
日本	− 2.30E +06	− 2.80E +06	− 2.60E +06	− 2.30E +06	− 1.80E +06	− 2.20E +06	− 3.00E +06
约旦	− 59115	− 60353	− 74940	− 77542	− 60662	− 73685	− 75267
卡扎克斯坦	− 101719	− 140845	− 218764	− 46652	− 172433	− 111947	− 249996
韩国	− 678272	− 848407	− 957764	− 968092	− 722625	− 780483	− 818048
吉尔吉斯斯坦	− 9842	− 13717	− 24716	− 31359	− 28089	− 29464	− 46213
老挝	7453	3371	797	2959	1015	194	− 1186
拉脱维亚	113520	125000	184828	235578	187829	261330	306934
黎巴嫩	− 55125	− 52478	− 72632	− 86360	− 86933	− 96919	− 100358
立陶宛	− 62831	− 97921	− 144247	− 123914	− 68960	− 69010	− 97602
马其顿	− 21982	− 24191	− 31741	0	− 33934	− 30644	− 39561
马拉维	2216	2087	4285	4122	842	1942	2138
马来西亚	1.80E +06	2.30E +06	2.30E +06	2.00E +06	1.70E +06	1.90E +06	2.00E +06
毛里塔尼亚	− 694	0	− 959	− 1236	− 280	− 655	− 770
毛里求斯	− 10835	− 11508	− 9565	− 16365	− 13819	− 14989	− 16006
墨西哥	− 480171	− 518866	− 441952	− 608473	− 448051	− 530273	− 543253
摩尔多瓦	− 15453	− 11121	− 23864	− 48577	− 87367	− 66429	− 88555

续表

国家	2005 年	2006 年	2007 年	2008 年	2009 年	2010 年	2011 年
摩洛哥	-15453	-11121	-23864	-48577	-87367	-66429	-88555
莫桑比克	-224	-116	190	-471	-830	-224	1296
荷兰	-557751	-659900	-807334	-879891	-601629	-617100	-790247
新西兰	341298	280391	292908	291264	245964	292857	347767
挪威	-96826	-119899	-171557	-206955	-142225	-155368	-158693
巴基斯坦	-22587	-31046	-18867	-27671	-18469	-12182	-9585
巴拿马	-14743	-15149	-14908	-29059	-22415	-23768	-27638
秘鲁	-7559	-17621	7388	-56578	-53379	-73992	-94575
菲律宾	-72361	-72557	-58662	-54070	-31019	-57737	-110408
波兰	275070	249578	197054	124639	145009	152764	210709
葡萄牙	106666	107591	117417	91433	7895	-21273	17721
罗马尼亚	-51743	-46266	-152706	-108654	74814	197914	304923
俄罗斯	427372	412986	552685	406451	382226	376806	467501
卢旺达	-1748	-2135	-2315	-3398	-3613	0	-3680
沙特阿拉伯	-204989	-183744	-276526	-78517	-94870	-465703	-559218
塞内加尔	-7140	-7894	-8925	-10768	-6649	-7534	-7160
新加坡	-56535	-68633	-88556	-125950	-90150	-120577	-143761
斯洛伐克	-5369	-34575	-68264	-67128	-73051	-56839	-92046
斯洛文尼亚	11577	28893	62946	57106	34386	30219	38984
西班牙	-68353	-50805	-83044	192010	192437	231927	357245
瑞典	-175117	-206221	-290553	-253466	-182877	-279691	-366465
瑞士	-56545	-18312	-11922	-52655	-83243	-116526	-142945
塔吉克斯坦	-5310	-6267	-7808	-17328	-13402	-17509	-27725
泰国	204001	298385	370296	400364	392397	510224	554042
突尼斯	-15493	-17956	-14868	-36826	-33051	-47977	-55827
土耳其	-241417	-186696	-218056	-144934	15632	-176544	-287571
乌干达	-438	427	-18	-3532	-3017	1116	1118
乌克兰	2461	-594	14604	-71899	28801	31819	16944

续表

国家	2005 年	2006 年	2007 年	2008 年	2009 年	2010 年	2011 年
英国	- 1.40E +06	- 1.30E +06	- 1.60E +06	- 1.40E +06	- 919143	- 1.10E +06	- 1.10E +06
美国	- 5.70E +06	- 4.90E +06	- 3.20E +06	- 1.90E +06	- 1.50E +06	- 1.70E +06	- 1.50E +06
乌拉圭	- 7340	3987	20352	28670	15157	33200	27110
乌兹比克斯坦	- 54725	- 72208	- 101336	- 151614	- 95465	- 102551	- 149881
委内瑞拉	- 247	- 21550	0	- 49675	- 50161	- 22227	- 26090
越南	- 115347	- 158425	- 217772	- 226885	- 187543	- 196865	- 211037

资料来源：国际贸易中心贸易统计。

表 7　　　　　　　　　　　**木浆净出口值**　　　　　　　　　单位：千美元

国家	2005 年	2006 年	2007 年	2008 年	2009 年	2010 年	2011 年
阿尔巴尼亚	- 21	- 192	133	261	- 460	- 593	- 945
阿尔及利亚	- 4775	- 8454	- 12529	- 20150	- 20904	- 33336	- 25978
亚美尼亚	- 93	- 33	- 94	- 230	- 36	- 84	- 209
澳大利亚	- 80402	- 64505	- 48535	- 27491	21101	68311	71134
奥地利	- 394263	- 463853	- 433918	- 529978	- 311515	- 437635	- 504047
阿塞拜疆	4	- 17	- 21	- 241	- 271	- 524	- 328
孟加拉共和国	- 48549	- 54566	- 69502	- 70833	- 66637	- 94308	- 109374
白俄罗斯	- 26756	- 25449	- 30773	- 34611	- 18010	- 43822	- 38055
比利时	- 60437	8376	57558	91798	7954	79555	137914
不丹	- 2	- 8	15	- 14	82	127	170
巴西	1.80E +06	2.30E +06	2.80E +06	3.60E +06	3.10E +06	4.40E +06	4.60E +06
保加利亚	3420	14964	5595	31671	- 1129	66156	52692
布基纳法索	0	0	0	- 24	- 1	- 2	- 7
布隆迪	- 156	- 58	- 30	- 74	- 3	0	- 60
柬埔寨	56	98	84	234	170	510	131
喀麦隆	- 492	- 785	- 521	- 884	- 430	- 554	- 763

国家	2005 年	2006 年	2007 年	2008 年	2009 年	2010 年	2011 年
加拿大	4.90E+06	5.50E+06	6.40E+06	6.30E+06	4.30E+06	6.70E+06	7.20E+06
乍得	-96	-88	-45	-104	-71	0	0
治理	1.20E+06	1.30E+06	2.30E+06	2.50E+06	2.00E+06	2.40E+06	2.80E+06
中国	-6.10E+06	-7.10E+06	-9.50E+06	-1.20E+07	-1.10E+07	-1.40E+07	-1.90E+07
哥伦比亚	-88776	-109638	-130390	-160772	-99690	-175059	-168656
哥斯达黎加	-10303	-14226	-11409	-19177	-2347	-11767	-4625
克罗地亚	4191	8033	9023	11998	19063	10580	6894
塞浦路斯	426	1128	2374	3729	2926	5417	7349
捷克	90780	106639	161731	171959	162343	235420	286201
丹麦	-4749	15913	22033	26711	12857	44018	82306
萨尔瓦多	-21242	-25395	-27542	-39023	-28679	-39552	-49196
厄立特里亚	-79	-20	0	-115	3	-1416	-2410
爱沙尼亚	3487	28249	88560	95506	71192	96659	100036
埃塞俄比亚	-3791	-5413	-3959	-6035	-3189	-3132	-7056
芬兰	892560	1.40E+06	1.40E+06	1.20E+06	616819	1.30E+06	1.60E+06
法国	-836062	-808424	-824446	-859509	-581323	-942386	-764891
德国	-2.30E+06	-2.60E+06	-3.10E+06	-3.30E+06	-2.10E+06	-3.60E+06	-3.70E+06
圭亚那	0	0	0	-2	-3	-4	-1
匈牙利	-119664	-91922	-24379	-52960	-30929	-95320	-113835
冰岛	279	358	1082	1714	826	1742	3072
印度	-554968	-602726	-742813	-863956	-767440	-1.10E+06	-1.30E+06
印度尼西亚	149109	273679	45619	-49470	-82065	-127565	-242956
爱尔兰	34705	42049	41525	50307	23215	25633	654

续表

国家	2005 年	2006 年	2007 年	2008 年	2009 年	2010 年	2011 年
以色列	-71380	-81486	-99264	-98015	-72428	-128811	-120832
意大利	-1.90E+06	-2.10E+06	-2.40E+06	-2.30E+06	-1.60E+06	-2.30E+06	-2.30E+06
日本	-771042	-876527	-708442	-702959	-273480	-350400	-397654
约旦	-25192	-32084	-36873	-70039	-26655	-54256	-72819
卡扎克斯坦	-2.70E+06	-2.70E+06	-2.70E+06	-2.70E+06	-2.70E+06	-2.70E+06	-2.70E+06
韩国	-1.50E+06	-1.50E+06	-1.80E+06	-2.10E+06	-1.40E+06	-2.10E+06	-2.20E+06
吉尔吉斯斯坦	-2.60E+06	-2.60E+06	-2.60E+06	-2.60E+06	-2.60E+06	-2.60E+06	-2.60E+06
老挝	64	509	613	-2083	720	1456	1702
拉脱维亚	2036	2257	2697	3639	2528	5778	8131
黎巴嫩	-17084	-19535	-30057	-31937	-25457	-20393	-27381
立陶宛	-2388	3355	3529	-3729	-2874	-15086	-18398
马其顿	171	-546	-1995	0	-358	124	2999
马拉维	16	23	48	40	153	14	12
马来西亚	-121433	-184724	-215896	-197113	-142928	-190712	-216090
毛里塔尼亚	0	0	0	-2	-1	-2	-1
毛里求斯	-646	-363	-570	-162	-457	-686	120
墨西哥	-717305	-772717	-894606	-1.00E+06	-784067	-1.10E+06	-1.10E+06
摩尔多瓦	-4130	-5447	-9223	-2124	785	1455	1685
摩洛哥	34745	36394	45125	30048	26297	92275	36730
莫桑比克	-22	-249	-95	-1038	-739	-482	-1056
荷兰	-428027	-338702	-330753	-277873	-15059	-115240	-251815
新西兰	341996	399816	472377	444905	370795	472224	519235
挪威	180379	208790	238468	310580	244318	250093	340868
巴基斯坦	-54208	-55590	-69063	-97099	-84787	-86779	-97353

续表

国家	2005 年	2006 年	2007 年	2008 年	2009 年	2010 年	2011 年
巴拿马	− 2519	− 2100	− 2637	− 3542	− 2940	− 4599	− 2437
秘鲁	− 41929	− 46603	− 64404	− 88688	− 50571	− 88156	− 90651
菲律宾	− 20097	− 18996	− 20336	778	− 3039	21627	25010
波兰	− 217043	− 238189	− 274275	− 365505	− 306486	− 444018	− 453196
葡萄牙	189841	193511	180697	242125	472831	499897	638242
罗马尼亚	− 3543	− 9888	− 16966	− 20343	− 36599	− 46368	− 34611
俄罗斯	743526	809000	985841	1. 10E +06	668153	1. 10E +06	1. 20E +06
卢旺达	− 1	− 63	− 33	− 14	− 40	0	− 125
沙特阿拉伯	− 7214	− 28236	− 30520	− 17787	− 10710	− 64204	− 60882
塞内加尔	− 577	− 766	− 864	− 783	− 637	− 461	− 736
新加坡	75817	81486	113938	131808	84111	147864	142097
斯洛伐克	− 1917	− 31855	− 20210	− 15301	− 27110	− 15406	− 27452
斯洛文尼亚	− 119329	− 142524	− 207771	− 216490	− 155950	− 213949	− 205622
西班牙	52827	294	− 19142	35502	− 19717	76739	148228
瑞典	1. 60E +06	1. 60E +06	2. 00E +06	2. 30E +06	1. 70E +06	2. 20E +06	2. 30E +06
瑞士	− 164416	− 200813	− 196879	− 217523	− 189903	− 283531	− 164218
塔吉克斯坦	45	29	50	52	42	− 160	− 180
泰国	− 285792	− 309884	− 367649	− 534707	− 347784	− 649667	− 674627
突尼斯	− 29455	− 35149	− 50458	− 57382	− 37656	− 67605	− 60470
土耳其	− 277158	− 345147	− 409715	− 465585	− 336731	− 530344	− 574829
乌干达	− 185	− 67	− 39	− 132	120	108	− 174
乌克兰	− 62567	− 63948	− 94858	− 103517	− 76039	− 116665	− 142831
英国	− 442417	− 403848	− 249973	− 268338	− 192089	− 107139	− 63581
美国	2. 00E +06	2. 50E +06	3. 20E +06	3. 80E +06	4. 20E +06	4. 80E +06	5. 90E +06
乌拉圭	− 7043	− 7800	− 6955	− 8299	− 12424	− 14356	− 15180
乌兹别克斯坦	− 3962	− 1904	− 4389	3034	2145	2785	5388

国家	2005 年	2006 年	2007 年	2008 年	2009 年	2010 年	2011 年
委内瑞拉	﹣83600	﹣78129	0	﹣177253	﹣120667	﹣124185	﹣197582
越南	﹣99557	﹣118731	﹣144292	﹣214859	﹣165688	﹣184168	﹣238240

资料来源：国际贸易中心贸易统计。

表 8　　　　　　　　　　　　　　纸张净出口值　　　　　　　　单位：千美元

国家	2005 年	2006 年	2007 年	2008 年	2009 年	2010 年	2011 年
阿尔巴尼亚	﹣17573	﹣22951	﹣27635	﹣33225	﹣29637	﹣32593	﹣37550
阿尔及利亚	﹣240341	﹣286327	﹣379390	﹣449354	﹣381502	﹣453261	﹣562754
亚美尼亚	﹣13567	﹣17567	﹣25906	﹣33067	﹣30371	﹣27714	﹣33469
澳大利亚	﹣1.10E+06	﹣1.10E+06	﹣1.20E+06	﹣1.30E+06	﹣1.00E+06	﹣1.20E+06	﹣1.20E+06
奥地利	1.80E+06	2.00E+06	2.30E+06	2.50E+06	2.00E+06	2.00E+06	2.20E+06
阿塞拜疆	﹣12072	﹣15355	﹣18453	﹣32126	﹣26138	﹣32105	﹣42435
孟加拉共和国	﹣152806	﹣231350	﹣228346	﹣274562	﹣286777	﹣324849	﹣372605
白俄罗斯	﹣85738	﹣133676	﹣148249	﹣200452	﹣166584	﹣183108	﹣194464
比利时	﹣297497	﹣314041	﹣577350	﹣571357	﹣453619	﹣366081	﹣616597
不丹	﹣2526	﹣2375	﹣4074	﹣3371	﹣3702	﹣3704	﹣4211
巴西	630529	504427	557329	470696	573352	504520	534736
保加利亚	﹣109642	﹣154917	﹣188579	﹣220570	﹣220143	﹣200794	﹣196777
布基纳法索	﹣8279	0	﹣8784	﹣11117	﹣9203	﹣12632	﹣14967
布隆迪	﹣2313	﹣1345	﹣2424	﹣28441	﹣1339	0	﹣2325
柬埔寨	﹣23653	﹣26078	﹣43360	﹣38780	﹣46279	﹣41152	﹣49059
喀麦隆	﹣35841	﹣41021	﹣40349	﹣54926	﹣35963	﹣44486	﹣64143
加拿大	7.70E+06	7.20E+06	6.40E+06	6.80E+06	4.40E+06	4.30E+06	4.50E+06
乍得	﹣1215	﹣2012	﹣1065	﹣603	4597	﹣573	﹣707
治理	﹣41145	209	﹣80588	﹣56195	47761	﹣91111	﹣24022

续表

国家	2005 年	2006 年	2007 年	2008 年	2009 年	2010 年	2011 年
中国	- 2.20E +06	- 1.20E +06	- 386055	- 282648	- 9367	102844	1.10E +06
哥伦比亚	- 216058	- 277788	- 346612	- 336052	- 211480	- 305463	- 363613
哥斯达黎加	- 97139	- 136763	- 181303	- 215509	- 135266	- 187931	- 240251
克罗地亚	- 173565	- 188184	- 224821	- 247720	- 212875	- 176944	- 178238
塞浦路斯	- 62127	- 68738	- 74421	- 85960	- 66491	- 73449	- 77579
捷克	- 316341	- 315561	- 375716	- 492698	- 448518	- 449692	- 519162
丹麦	- 849653	- 949828	- 1.10E +06	- 1.10E +06	- 791710	- 794182	- 859005
萨尔瓦多	- 109545	- 130467	- 154512	- 169801	- 124957	- 145698	- 147811
厄立特里亚	- 49	- 12	- 13	- 288	28	- 1085	- 1566
爱沙尼亚	- 41054	- 35744	- 52362	- 75413	- 57632	- 51828	- 51441
埃塞俄比亚	- 38145	- 43384	- 48905	- 69953	- 57553	- 53662	- 63763
芬兰	8.20E +06	9.60E +06	1.00E +07	1.00E +07	8.10E +06	9.00E +06	9.60E +06
法国	7407	- 220497	- 701162	- 824066	- 670652	- 388406	- 527229
德国	3.50E +06	3.90E +06	4.50E +06	4.40E +06	3.70E +06	5.00E +06	4.80E +06
圭亚那	- 1452	- 1523	- 1429	- 1700	- 2132	- 3973	- 2812
匈牙利	- 257500	- 264786	- 276625	- 446970	- 282832	- 274904	- 264752
冰岛	- 42042	- 43223	- 44048	- 39315	- 28412	- 31645	- 37301
印度	- 535676	- 768616	- 849087	- 1.30E +06	- 885766	- 1.10E +06	- 1.60E +06
印度尼西亚	1.60E +06	2.10E +06	2.60E +06	2.70E +06	2.50E +06	3.10E +06	2.90E +06
爱尔兰	- 357248	- 369956	- 418515	- 420791	- 305333	- 299189	- 321890
以色列	- 450955	- 497886	- 569832	- 607632	- 410385	- 504661	- 499052
意大利	- 1.20E +06	- 1.20E +06	- 1.40E +06	- 1.30E +06	- 1.00E +06	- 1.10E +06	- 1.10E +06

续表

国家	2005 年	2006 年	2007 年	2008 年	2009 年	2010 年	2011 年
日本	31829	174592	476104	575768	− 383513	170609	− 741441
约旦	− 84339	− 108537	− 130698	− 124374	− 77487	− 90641	− 132011
卡扎克斯坦	− 172055	− 206330	− 258438	− 239435	− 199171	− 169285	− 293160
韩国	1.00E +06	1.00E +06	961604	1.10E +06	962289	1.00E +06	1.30E +06
吉尔吉斯斯坦	− 11627	− 13037	− 15793	− 17958	− 18704	− 20845	− 26544
老挝	− 4702	− 5463	− 6808	− 9295	− 8805	− 10353	− 12172
拉脱维亚	− 69441	− 93952	− 122648	− 123611	− 80229	− 109476	− 128811
黎巴嫩	− 123764	− 105172	− 150806	− 158539	− 135682	− 181860	− 182499
立陶宛	− 107572	− 121333	− 150336	− 167135	− 119388	− 113108	− 143955
马其顿	− 42253	− 44699	− 52005	0	− 56021	− 53425	− 62904
马拉维	− 15799	− 17528	− 17535	− 20341	− 27509	− 26220	− 25061
马来西亚	− 876859	− 940630	− 1.10E +06	− 1.10E +06	− 898697	− 1.20E +06	− 1.20E +06
毛里塔尼亚	− 2373	0	− 2189	− 3623	− 2807	− 2475	− 3537
毛里求斯	− 32817	− 32720	− 36706	− 43767	− 32515	− 39864	− 43412
墨西哥	− 1.80E +06	− 2.20E +06	− 2.30E +06	− 2.40E +06	− 2.00E +06	− 2.50E +06	− 2.60E +06
摩尔多瓦	− 24980	− 12263	− 13585	− 31004	− 25906	− 34943	− 42482
摩洛哥	− 202111	− 210552	− 263131	− 318690	− 283843	− 308614	− 394130
莫桑比克	− 13252	− 16009	− 13049	− 18425	− 18659	− 13216	− 18522
荷兰	− 257066	− 239025	− 358801	− 956153	− 700957	− 411976	− 826423
新西兰	− 183483	− 245865	− 254524	− 230200	− 183703	− 194454	− 221694
挪威	352328	284306	192112	305552	254118	315943	171059
巴基斯坦	− 237479	− 294969	− 311802	− 327987	− 294621	− 333507	− 410266
巴拿马	− 61646	− 78793	− 102145	− 108170	− 82124	− 79771	− 88685
秘鲁	− 268514	− 306403	− 351565	− 456488	− 374100	− 459834	− 518576
菲律宾	− 232708	− 274934	− 320063	− 368719	− 318245	− 410950	− 503272

续表

国家	2005 年	2006 年	2007 年	2008 年	2009 年	2010 年	2011 年
波兰	− 628869	− 837761	− 1.10E + 06	− 1.30E + 06	− 782926	− 814998	− 883937
葡萄牙	− 453003	− 393024	− 471233	− 471017	172976	262038	822802
罗马尼亚	− 279626	− 337060	− 415931	− 524191	− 445881	− 440778	− 552202
俄罗斯	99240	− 4222	− 227996	− 401434	− 313533	− 708620	− 741197
卢旺达	− 4178	− 3750	− 4350	− 5966	− 5367	0	− 8448
沙特阿拉伯	− 660286	− 647403	− 704122	− 458832	− 244242	− 947041	− 1.10E + 06
塞内加尔	− 28932	− 31290	− 43574	− 48525	− 38938	− 25477	− 34769
新加坡	− 1.40E + 06	− 1.10E + 06	− 752329	− 512808	− 272317	− 247161	− 225849
斯洛伐克	156535	139852	156093	317913	250444	147397	135198
斯洛文尼亚	203011	189263	237586	265892	253484	242137	257018
西班牙	− 1.30E + 06	− 1.10E + 06	− 1.20E + 06	− 848246	− 525045	− 282738	− 181549
瑞典	7.30E + 06	7.80E + 06	8.50E + 06	9.40E + 06	7.90E + 06	8.40E + 06	9.60E + 06
瑞士	250839	171765	135358	76413	25898	74894	− 103490
塔吉克斯坦	− 1828	− 2383	− 4274	− 6137	− 4722	− 4877	− 7427
泰国	− 134763	− 48183	− 70560	− 177720	− 65580	− 213398	1.00E + 06
突尼斯	− 95917	− 125655	− 155019	− 191015	− 171966	− 188014	− 213349
土耳其	− 1.40E + 06	− 1.60E + 06	− 2.00E + 06	− 2.00E + 06	− 1.70E + 06	− 2.20E + 06	− 2.40E + 06
乌干达	− 33945	− 40957	− 42553	− 63286	− 56976	− 58087	− 75452
乌克兰	− 419355	− 468740	− 607624	− 805670	− 549505	− 680200	− 710717
英国	− 4.40E + 06	− 4.80E + 06	− 5.50E + 06	− 4.80E + 06	− 4.20E + 06	− 4.50E + 06	− 4.80E + 06
美国	− 5.80E + 06	− 5.80E + 06	− 3.60E + 06	− 2.70E + 06	− 1.00E + 06	253284	853272

续表

国家	2005 年	2006 年	2007 年	2008 年	2009 年	2010 年	2011 年
乌拉圭	− 19197	− 20869	− 32745	− 46289	− 44028	− 48689	− 55568
乌兹比克斯坦	− 32078	− 46990	− 58809	− 66674	− 71331	− 92065	− 96333
委内瑞拉	− 380514	− 281128	0	− 490020	− 483283	− 369298	− 301266
越南	− 383337	− 432799	− 555526	− 717864	− 778837	− 865881	− 929741

资料来源：国际贸易中心贸易统计。

表 9　　　　　　　　　　　　**家具净出口值**　　　　　　　　　单位：千美元

国家	2005 年	2006 年	2007 年	2008 年	2009 年	2010 年	2011 年
阿尔巴尼亚	− 9438	− 8557	− 14374	− 14427	− 13142	− 11409	− 6536
阿尔及利亚	− 33298	− 39095	− 57144	− 80539	− 77382	− 114838	− 131301
亚美尼亚	− 5926	− 8439	− 12726	− 28506	− 15676	− 19628	− 21233
澳大利亚	− 393345	− 461810	− 571083	− 671992	− 601847	− 656697	− 804070
奥地利	− 335794	− 304611	− 387895	− 414752	− 538482	− 536252	− 599038
阿塞拜疆	− 15104	− 8077	− 7857	− 8887	− 12870	− 21427	− 37679
孟加拉共和国	− 4651	− 3247	− 4299	10630	− 1028	− 1581	− 3893
白俄罗斯	170687	189254	245811	271911	145357	165095	203219
比利时	− 247352	− 303790	− 420489	− 469590	− 412492	− 367663	− 399667
不丹	− 5	175	107	− 998	329	− 561	− 29
巴西	697295	652651	683403	657959	487139	506884	440368
保加利亚	18883	5622	− 25164	− 62414	− 24496	− 13613	2914
布基纳法索	− 3372	0	− 1826	− 3633	− 2749	− 2913	− 2373
布隆迪	− 1527	− 922	− 185	− 2485	− 669	− 1749	− 2607
柬埔寨	− 2027	− 2198	− 3248	− 3383	− 1937	− 4415	− 3651
喀麦隆	− 3119	− 2822	− 4826	− 6482	− 5760	− 5453	− 6776
加拿大	1.20E +06	1.10E +06	620344	102092	− 124322	− 276593	− 295066
乍得	− 564	− 188	− 1062	− 937	− 4587	− 2811	− 4068
治理	− 8079	− 40884	− 68309	− 69024	− 46678	− 74337	− 93436

续表

国家	2005 年	2006 年	2007 年	2008 年	2009 年	2010 年	2011 年
中国	4.60E+06	5.70E+06	6.50E+06	6.60E+06	7.40E+06	1.00E+07	1.10E+07
哥伦比亚	39562	42834	56554	39190	19415	17518	10431
哥斯达黎加	-9477	-10227	-16605	-17529	-8205	-10733	-18942
克罗地亚	-105065	-139442	-159385	-170142	-116647	-80513	-81518
塞浦路斯	-70763	-86713	-115417	-126210	-95155	-78993	-72241
捷克	42879	23453	5476	-41226	-48284	-29256	-35476
丹麦	1.30E+06	1.20E+06	1.30E+06	1.10E+06	839047	680910	743777
萨尔瓦多	-13565	-14322	-15242	-8869	920	-5197	-6158
厄立特里亚	-10	-12	-1	-164	220	-1973	-451
爱沙尼亚	67333	57036	55224	57564	69414	86014	107902
埃塞俄比亚	-7332	-12142	-15578	-14034	-13922	-18877	-21796
芬兰	-13294	-58152	-38474	-68272	-121224	-160126	-169737
法国	-1.20E+06	-1.20E+06	-1.50E+06	-1.70E+06	-1.50E+06	-1.80E+06	-1.70E+06
德国	669575	1.20E+06	2.00E+06	2.30E+06	1.70E+06	1.30E+06	1.60E+06
圭亚那	-1964	-906	-1739	-3796	-1677	-4018	-2651
匈牙利	-89084	-104206	-102285	-77764	-54747	-15997	-20839
冰岛	-49633	-55115	-72461	-51073	-14876	-12815	-15703
印度	136689	142004	145327	101002	59058	68467	31284
印度尼西亚	987769	1.00E+06	1.10E+06	1.10E+06	915364	1.10E+06	772512
爱尔兰	-262763	-304978	-424514	-332269	-168408	-147197	-122780
以色列	-87323	-90427	-109706	-132342	-117033	-128705	-159626
意大利	2.90E+06	3.30E+06	4.10E+06	4.50E+06	3.10E+06	3.10E+06	3.30E+06

续表

国家	2005 年	2006 年	2007 年	2008 年	2009 年	2010 年	2011 年
日本	−1.30E +06	−1.30E +06	−1.40E +06	−1.40E +06	−1.40E +06	−1.50E +06	−1.70E +06
约旦	−14789	−21813	−33138	−23022	−25046	−22900	−37579
卡扎克斯坦	−102024	−160020	−246773	−206857	−152742	−132852	−235450
韩国	−192662	−302137	−351654	−355900	−219006	−300658	−320161
吉尔吉斯斯坦	−4998	−6945	−16382	−12767	−9409	−9956	−15271
老挝	190	432	122	314	−815	−5254	−33596
拉脱维亚	49031	36082	1948	21038	50227	52526	65402
黎巴嫩	−930	11159	15162	14247	−10237	−10598	−18050
立陶宛	259728	304223	396557	431302	393856	456267	571084
马其顿	−5112	−3812	−4123	0	−3704	−6246	−4670
马拉维	−3438	−3668	−1811	−1942	−7801	−5985	−4316
马来西亚	1.00E +06	1.20E +06	1.20E +06	1.40E +06	1.30E +06	1.50E +06	1.50E +06
毛里塔尼亚	−413	0	−1102	−974	−541	−1196	−1393
毛里求斯	−3652	−3656	−7432	−12350	−6948	−10763	−11634
墨西哥	170351	118603	52697	13735	89999	104408	107521
摩尔多瓦	−8118	−11956	−17317	−21801	−13410	−16193	−12953
摩洛哥	−32643	−40492	−59463	−87328	−101983	−86952	−100734
莫桑比克	−8092	−9116	−9292	−11580	−12946	−11641	−17244
荷兰	−679800	−662729	−768697	−904731	−676795	−650919	−665850
新西兰	−43999	−47114	−51864	−54647	−36969	−54384	−55975
挪威	−415123	−452173	−582107	−614311	−497415	−503646	−608948
巴基斯坦	4439	−703	−2171	−312	−4571	−1410	−5400
巴拿马	−21647	−33959	−50898	−59799	−54237	−62661	−73221
秘鲁	6960	5143	749	−11872	−13507	−30596	−32357
菲律宾	96618	89552	68634	58079	23238	17292	8479
波兰	1.60E +06	1.70E +06	2.00E +06	2.30E +06	1.80E +06	1.90E +06	2.30E +06

续表

国家	2005 年	2006 年	2007 年	2008 年	2009 年	2010 年	2011 年
葡萄牙	19691	33844	58149	94992	152069	241651	304519
罗马尼亚	657344	650274	583821	544233	412982	466167	532506
俄罗斯	−179248	−252599	−387600	−589422	−481383	−606652	−726555
卢旺达	−2219	−1904	−3109	−4549	−5354	0	−4028
沙特阿拉伯	−266298	−292474	−317167	−9469	−84415	−428623	−582643
塞内加尔	−9006	−8622	−9667	−21113	−13050	−10750	−11241
新加坡	−100569	−102549	−128292	−140144	−130029	−151110	−167531
斯洛伐克	196171	230299	300172	273797	200634	215249	211912
斯洛文尼亚	135633	145683	153421	137726	86477	67143	53837
西班牙	−27850	17564	−248701	−271362	−120619	−187028	−53217
瑞典	184881	229185	266059	298408	392313	374721	435347
瑞士	−739710	−815199	−988457	−1.00E+06	−956179	−1.00E+06	−1.30E+06
塔吉克斯坦	−8593	−12951	−15410	−26025	−24879	−15997	−17061
泰国	575704	486312	468990	418656	383714	421242	374011
突尼斯	7344	10316	8754	8025	5348	5646	499
土耳其	104803	82322	115517	209095	282278	369772	426858
乌干达	−4295	−5247	−10369	−6600	−6827	−7313	−7561
乌克兰	2096	3710	2969	−54639	−3859	8262	9420
英国	−1.80E+06	−1.90E+06	−2.60E+06	−2.50E+06	−2.00E+06	−2.00E+06	−1.80E+06
美国	−1.10E+07	−1.10E+07	−1.10E+07	−9.40E+06	−7.10E+06	−8.40E+06	−8.10E+06
乌拉圭	−8716	−12215	−15655	−21021	−21237	−31700	−39633
乌兹比克斯坦	−9125	−7315	−9300	−15542	−17046	−16432	−12927
委内瑞拉	−27116	−33746	0	−76483	−62744	−53547	−36795
越南	863110	1.10E+06	1.30E+06	1.60E+06	1.40E+06	1.70E+06	1.80E+06

资料来源：国际贸易中心贸易统计。

表 10　　　　　　　　　　　林产品总体净出口值　　　　　　　　单位：千美元

国家	2005 年	2006 年	2007 年	2008 年	2009 年	2010 年	2011 年
阿尔巴尼亚	- 54884	- 70161	- 92138	- 93165	- 96447	- 94426	- 96468
阿尔及利亚	- 613051	- 741892	- 1.10E + 06	- 1.20E + 06	- 1.00E + 06	- 1.30E + 06	- 1.40E + 06
亚美尼亚	- 42958	- 60076	- 85145	- 107639	- 98191	- 95886	- 105287
澳大利亚	- 1.20E + 06	- 1.10E + 06	- 1.30E + 06	- 1.40E + 06	- 1.10E + 06	- 1.20E + 06	- 1.40E + 06
奥地利	2.50E + 06	2.60E + 06	3.50E + 06	3.50E + 06	2.40E + 06	2.30E + 06	2.30E + 06
阿塞拜疆	- 73639	- 70707	- 89427	- 112148	- 114045	- 203873	- 314758
孟加拉共和国	- 251822	- 336199	- 359200	- 342621	- 366395	- 489642	- 503063
白俄罗斯	262238	149381	239306	126585	36588	86097	174158
比利时	- 212172	- 245610	- 755981	- 633648	- 848377	- 620496	- 838935
不丹	2198	- 4070	- 2795	- 15777	- 10439	- 15309	- 24347
巴西	4.30E + 06	4.30E + 06	5.00E + 06	5.40E + 06	4.20E + 06	5.50E + 06	5.70E + 06
保加利亚	- 12384	- 71174	- 153676	- 286229	- 189421	- 29490	34902
布基纳法索	- 14777	0	- 14266	- 19163	- 14708	- 18749	- 20618
布隆迪	- 4912	- 3126	- 3724	- 31774	- 2845	- 3127	- 7658
柬埔寨	- 757327	- 760025	- 778961	- 780833	- 786291	- 754015	- 746256
喀麦隆	- 634273	- 335710	- 347699	- 255549	- 455725	- 374792	- 361028
加拿大	2.60E + 07	2.40E + 07	2.20E + 07	1.90E + 07	1.20E + 07	1.60E + 07	1.80E + 07
乍得	- 1971	- 2750	- 3326	- 3090	- 209	- 4643	- 9745
治理	2.40E + 06	2.70E + 06	3.70E + 06	4.10E + 06	3.20E + 06	3.60E + 06	4.40E + 06
中国	- 6.60E + 06	- 4.80E + 06	- 5.90E + 06	- 8.50E + 06	- 6.30E + 06	- 9.60E + 06	- 1.60E + 07
哥伦比亚	- 286373	- 376033	- 475674	- 527167	- 345986	- 561898	- 642574
哥斯达黎加	- 119485	- 161600	- 228044	- 279195	- 147744	- 214781	- 263707

续表

国家	2005 年	2006 年	2007 年	2008 年	2009 年	2010 年	2011 年
克罗地亚	− 158551	− 177750	− 166419	− 188299	− 115382	613	66661
塞浦路斯	− 223490	− 246585	− 323691	− 335234	− 234272	− 221599	− 211122
捷克	− 564017	− 437893	− 312402	− 536023	− 579151	− 383740	− 305867
丹麦	− 515482	− 919014	− 1. 10E +06	− 1. 00E +06	− 678699	− 955836	− 1. 20E +06
萨尔瓦多	− 161254	− 190032	− 219324	− 238425	− 167071	− 206866	− 219395
厄立特里亚	− 2535	− 2232	− 23	− 3716	778	− 9650	− 12758
爱沙尼亚	270616	248047	262510	349689	316276	503377	557163
埃塞俄比亚	− 65904	− 84013	− 93688	− 115124	− 100353	− 103064	− 118143
芬兰	1. 00E +07	1. 30E +07	1. 40E +07	1. 30E +07	9. 80E +06	1. 10E +07	1. 20E +07
法国	− 2. 70E +06	− 2. 80E +06	− 4. 20E +06	− 4. 60E +06	− 3. 70E +06	− 4. 20E +06	− 3. 90E +06
德国	4. 10E +06	4. 80E +06	6. 50E +06	6. 60E +06	5. 40E +06	4. 40E +06	4. 00E +06
圭亚那	− 2930	20950	− 2873	9609	− 3049	12598	− 4946
匈牙利	− 537598	− 555514	− 496949	− 584814	− 378600	− 335743	− 346920
冰岛	− 148995	− 156719	− 196054	− 147054	− 72891	− 78034	− 85481
印度	− 1. 80E +06	− 2. 10E +06	− 2. 60E +06	− 3. 40E +06	− 2. 80E +06	− 3. 70E +06	− 5. 10E +06
印度尼西亚	4. 10E +06	4. 90E +06	5. 20E +06	5. 20E +06	4. 50E +06	5. 60E +06	5. 30E +06
爱尔兰	− 783682	− 837628	− 995835	− 756128	− 392215	− 278019	− 282202
以色列	− 899730	− 979462	− 1. 20E +06	− 1. 30E +06	− 953405	− 1. 20E +06	− 1. 20E +06
意大利	− 3. 10E +06	− 3. 30E +06	− 3. 40E +06	− 2. 40E +06	− 1. 80E +06	− 3. 10E +06	− 3. 00E +06
日本	− 1. 10E +07	− 1. 20E +07	− 1. 10E +07	− 1. 10E +07	− 8. 80E +06	− 9. 80E +06	− 1. 20E +07

续表

国家	2005 年	2006 年	2007 年	2008 年	2009 年	2010 年	2011 年
约旦	– 235275	– 288013	– 350201	– 381575	– 264871	– 313253	– 393981
卡扎克斯坦	– 3. 10E +06	– 3. 20E +06	– 3. 50E +06	– 3. 20E +06	– 3. 30E +06	– 3. 10E +06	– 3. 50E +06
韩国	– 2. 40E +06	– 2. 80E +06	– 3. 50E +06	– 3. 70E +06	– 2. 40E +06	– 3. 40E +06	– 3. 40E +06
吉尔吉斯斯坦	– 2. 70E +06	– 2. 70E +06	– 2. 70E +06	– 2. 70E +06	– 2. 70E +06	– 2. 70E +06	– 2. 80E +06
老挝	156128	184889	187540	230043	180223	299357	554385
拉脱维亚	784370	763344	899701	889753	825621	1. 20E +06	1. 40E +06
黎巴嫩	– 245474	– 215460	– 312939	– 357596	– 355702	– 404715	– 432780
立陶宛	220762	233218	295121	278150	325029	443173	571079
马其顿	– 76520	– 80349	– 94152	0	– 109700	– 103808	– 120712
马拉维	– 16881	– 18376	– 12763	– 13612	– 24677	– 22158	– 21928
马来西亚	3. 20E +06	3. 80E +06	3. 60E +06	3. 50E +06	3. 10E +06	3. 30E +06	3. 40E +06
毛里塔尼亚	– 4720	0	– 9096	– 10411	– 6450	– 7250	– 10315
毛里求斯	– 63915	– 65597	– 85353	– 103651	– 76591	– 91737	– 95219
墨西哥	– 3. 40E +06	– 3. 90E +06	– 4. 10E +06	– 4. 50E +06	– 3. 40E +06	– 4. 40E +06	– 4. 50E +06
摩尔多瓦	– 61384	– 57362	– 81816	– 127708	– 144260	– 134733	– 163831
摩洛哥	– 494044	– 570992	– 742152	– 890095	– 794613	– 749147	– 970765
莫桑比克	3204	– 2519	2060	– 11564	– 10074	17925	96505
荷兰	– 2. 70E +06	– 2. 80E +06	– 3. 40E +06	– 4. 10E +06	– 2. 80E +06	– 2. 70E +06	– 3. 70E +06
新西兰	1. 30E +06	1. 30E +06	1. 40E +06	1. 50E +06	1. 40E +06	2. 10E +06	2. 50E +06
挪威	– 468006	– 475273	– 936036	– 727958	– 445176	– 502040	– 684766
巴基斯坦	– 341378	– 422834	– 452377	– 499796	– 456475	– 490062	– 584901

续表

国家	2005 年	2006 年	2007 年	2008 年	2009 年	2010 年	2011 年
巴拿马	−101083	−127966	−167533	−199687	−161604	−165379	−174898
秘鲁	−225738	−260467	−313591	−539085	−455877	−634011	−721360
菲律宾	−352681	−374781	−421537	−414388	−362579	−474103	−642086
波兰	996385	851308	739969	694571	815763	903964	1.00E+06
葡萄牙	−233054	−105873	−175846	−58199	796241	873432	1.70E+06
罗马尼亚	822032	791391	591689	440330	552933	908648	1.20E+06
俄罗斯	5.90E+06	6.60E+06	8.40E+06	7.00E+06	4.90E+06	5.10E+06	5.80E+06
卢旺达	−8176	−7807	−9875	−15370	−16329	0	−19128
沙特阿拉伯	−1.30E+06	−1.40E+06	−1.60E+06	−765084	−642257	−2.50E+06	−2.90E+06
塞内加尔	−86739	−89566	−111034	−132143	−98420	−80025	−94647
新加坡	−1.50E+06	−1.20E+06	−918261	−719791	−465907	−437036	−468098
斯洛伐克	717499	643268	660009	846350	675041	668897	594472
斯洛文尼亚	234239	247310	272475	332275	315179	229226	276516
西班牙	−2.60E+06	−2.40E+06	−3.00E+06	−1.80E+06	−915191	−630207	−117879
瑞典	1.10E+07	1.20E+07	1.40E+07	1.40E+07	1.20E+07	1.30E+07	1.40E+07
瑞士	−751619	−893601	−1.10E+06	−1.30E+06	−1.30E+06	−1.50E+06	−1.80E+06
塔吉克斯坦	−45093	−66726	−93962	−149491	−113912	−110228	−145252
泰国	3226	226894	255583	−12764	471435	416614	1.90E+06
突尼斯	−249756	−291947	−381083	−435869	−384426	−453267	−481920

续表

国家	2005 年	2006 年	2007 年	2008 年	2009 年	2010 年	2011 年
土耳其	−2.10E+06	−2.50E+06	−3.00E+06	−2.90E+06	−2.10E+06	−3.00E+06	−3.40E+06
乌干达	−39763	−49519	−54325	−78387	−69690	−65183	−81526
乌克兰	−100187	−128744	−165136	−571201	−211988	−256134	−193531
英国	−1.00E+07	−1.10E+07	−1.30E+07	−1.10E+07	−8.90E+06	−9.70E+06	−9.80E+06
美国	−2.70E+07	−2.50E+07	−1.80E+07	−1.10E+07	−5.30E+06	−4.40E+06	−1.60E+06
乌拉圭	89649	123066	162519	309013	226962	347298	370387
乌兹比克斯坦	−177994	−242743	−376243	−529382	−424548	−442483	−560626
委内瑞拉	−486883	−417339	0	−809500	−725250	−567620	−564158
越南	−84859	49290	−57365	−26102	−52837	303527	416005

资料来源：国际贸易中心贸易统计。

附录 2 引力模型使用的部分数据

表 1　　　　　　中国与主要贸易伙伴国林产品双边贸易流量

（2005 年美元不变价）　　　　　　单位：百万美元

国家	2001 年	2002 年	2003 年	2004 年	2005 年	2006 年	2007 年	2008 年	2009 年	2010 年	2011 年	2012 年
阿尔及利亚	2.83	5.58	3.83	10.25	13.04	25.43	46.29	37.73	35.93	40.11	43.21	55.70
阿根廷	3.16	28.50	62.75	47.40	36.46	15.44	24.70	37.56	45.68	36.65	61.50	27.56
澳大利亚	210.03	303.68	400.58	446.04	522.25	536.44	602.55	630.69	591.10	715.39	844.28	844.44
奥地利	51.78	53.59	51.78	60.14	57.26	61.70	61.93	59.85	47.42	59.40	53.84	67.03
孟加拉共和国	4.69	10.40	12.22	3.42	2.13	2.73	5.70	3.89	5.27	5.35	4.10	4.04
比利时	92.33	114.52	117.64	136.06	190.08	218.36	346.50	324.47	214.64	272.50	310.90	252.16
贝宁	0.07	0.49	0.41	0.19	1.32	1.46	9.03	10.38	12.04	19.72	47.38	58.62
巴西	191.96	210.20	405.34	460.04	390.27	542.81	481.44	689.18	937.75	1168.09	1183.92	1026.36
柬埔寨	31.88	17.91	16.03	16.80	12.55	13.15	24.06	11.17	7.66	20.22	46.23	35.49
喀麦隆	38.35	60.78	51.42	46.35	23.07	101.46	80.95	77.45	69.07	115.23	101.78	114.33
加拿大	712.56	744.91	984.89	1305.21	1341.77	1545.27	1717.08	1631.91	1647.28	2553.76	3465.41	2913.68
中非共和国	1.51	1.25	2.60	6.32	7.92	7.42	5.28	13.13	9.31	14.98	14.45	18.67
智利	293.59	273.82	271.06	396.71	425.36	384.35	644.57	635.18	697.70	534.01	692.21	672.75
哥伦比亚	0.39	0.10	0.33	0.47	2.36	7.11	12.55	16.81	18.79	24.80	27.98	34.99
刚果（布）	16.71	52.14	90.04	132.24	120.28	101.85	105.69	112.52	95.30	139.26	165.83	148.94
哥斯达黎加	0.12	0.68	1.70	2.48	3.64	4.54	5.22	7.26	3.59	6.62	6.06	8.47
丹麦	21.20	15.95	18.47	44.21	68.83	85.91	89.54	89.56	60.97	78.74	67.73	60.69
埃及	20.70	11.45	15.93	23.49	31.51	73.98	103.93	81.66	54.59	70.83	68.24	69.09
芬兰	145.82	192.74	192.85	222.72	192.22	270.33	270.77	277.19	236.41	327.67	428.97	451.36
法国	134.45	125.75	145.97	175.44	194.99	213.03	308.76	287.18	294.91	369.67	420.85	371.43
德国	449.24	472.37	443.02	498.61	577.46	610.06	689.58	528.53	489.21	541.87	638.86	577.02
加纳	5.39	4.26	3.90	6.06	9.10	10.75	9.63	7.33	9.11	14.01	20.57	47.87
希腊	3.99	6.82	6.52	14.52	32.99	49.43	68.92	65.56	44.74	32.90	34.33	25.72
危地马拉	0.66	0.86	1.56	4.07	4.14	7.70	5.92	5.41	5.47	5.31	6.96	5.90
几内亚	368.70	326.06	243.41	218.73	194.80	143.62	77.13	76.55	49.63	116.71	144.96	128.12

续表

国家	2001 年	2002 年	2003 年	2004 年	2005 年	2006 年	2007 年	2008 年	2009 年	2010 年	2011 年	2012 年
圭亚那	2.44	3.91	0.17	0.61	5.92	14.90	13.03	10.00	3.98	9.28	7.79	8.03
洪都拉斯	0.05	0.06	0.03	0.19	0.48	1.18	1.82	1.67	1.02	0.91	1.57	145.21
匈牙利	502.83	536.29	581.83	644.31	685.25	721.90	666.27	673.54	434.66	593.44	689.02	608.21
印度	195.78	224.81	272.58	224.73	227.57	480.27	522.42	479.43	379.66	442.49	364.01	302.83
印度尼西亚	730.75	696.08	699.33	662.50	498.17	426.35	400.89	277.03	263.30	536.05	465.16	381.10
爱尔兰	2.10	2.45	5.22	28.95	54.18	72.82	91.41	69.94	44.19	52.46	47.26	38.42
以色列	20.35	32.19	36.67	47.96	57.99	63.81	101.36	76.69	71.74	78.41	87.17	69.95
意大利	74.63	86.60	109.92	133.96	142.96	179.78	327.07	325.45	261.85	290.48	340.12	303.13
日本	823.67	1023.07	1234.38	1488.49	1714.96	1740.37	1784.47	1710.61	1456.34	1781.70	1769.38	1678.52
约旦	9.29	6.54	9.86	20.61	33.66	49.91	47.77	50.10	66.97	67.32	95.07	88.21
肯尼亚	0.99	2.06	3.52	2.24	4.30	7.94	22.14	15.46	10.97	12.89	25.16	24.64
韩国	858.66	746.03	687.41	715.81	655.99	762.31	772.07	605.47	514.18	567.15	632.63	649.22
科威特	4.70	8.02	15.21	21.83	33.34	45.71	51.89	41.32	29.70	42.76	42.51	45.92
马来西亚	523.99	630.60	810.07	785.10	621.26	581.47	612.76	452.78	529.10	553.26	505.97	568.26
墨西哥	5.44	5.36	7.77	22.33	34.57	45.95	59.45	64.74	40.42	66.20	114.60	362.26
摩洛哥	0.58	2.58	5.50	4.90	7.35	11.22	17.31	15.16	24.17	30.33	30.33	28.37
莫桑比克	13.15	22.13	29.97	29.34	41.69	48.98	82.91	66.69	48.19	89.43	92.70	120.47
缅甸	111.07	122.36	139.91	155.58	199.80	161.26	170.16	178.20	140.06	156.70	213.17	203.46
荷兰	54.60	56.85	94.30	168.51	242.20	282.66	371.81	426.80	300.57	359.75	395.59	311.06
新西兰	281.82	324.46	378.88	370.75	352.71	347.84	416.95	403.63	512.44	780.49	958.33	882.16
尼日利亚	20.42	5.99	25.64	13.01	23.59	57.76	40.88	42.18	21.45	32.26	49.96	56.35
挪威	12.13	17.90	39.14	31.48	49.49	45.88	57.57	67.33	70.94	70.81	66.47	78.04
巴基斯坦	3.33	5.99	7.80	6.09	7.24	13.62	12.50	10.52	16.00	14.75	18.39	21.29
巴拿马	1.68	3.02	4.97	4.45	6.83	12.43	12.35	13.16	13.13	72.16	238.55	283.57
巴布亚新几内亚	119.78	143.87	175.61	179.26	275.37	329.88	349.43	295.59	196.84	315.28	339.14	292.75
巴拉圭	1.94	3.24	4.76	3.41	6.97	9.58	7.18	8.09	3.26	4.96	3.46	2.95
秘鲁	0.96	0.96	1.47	5.18	14.42	38.27	34.95	41.10	43.73	51.11	34.12	29.36
菲律宾	42.03	30.57	46.89	32.86	45.83	46.75	68.00	71.90	77.85	183.08	151.82	185.06
波兰	9.04	11.92	19.30	29.61	36.57	45.79	68.50	76.70	51.82	53.71	70.98	83.19
罗马尼亚	43.91	39.49	40.69	36.35	33.53	32.72	46.33	62.22	40.04	59.22	103.40	79.47
俄罗斯	1222.64	1752.44	1730.43	2091.67	2401.97	2683.16	3241.78	2862.66	2118.33	2369.71	2743.49	2234.72
沙特阿拉伯	30.13	60.36	96.33	117.34	168.91	239.40	281.57	263.15	262.43	305.09	368.78	404.22
新加坡	73.53	107.52	120.36	91.06	81.46	124.24	143.61	110.98	467.49	418.48	468.66	272.97

续表

国家	2001 年	2002 年	2003 年	2004 年	2005 年	2006 年	2007 年	2008 年	2009 年	2010 年	2011 年	2012 年
所罗门群岛	6.88	20.97	36.60	60.82	96.60	117.03	151.45	150.10	122.45	183.33	196.98	207.34
南非	37.67	37.64	55.71	46.77	51.52	58.02	94.53	78.93	97.09	125.35	193.99	210.33
西班牙	32.16	33.23	56.71	100.55	166.18	182.01	213.66	220.79	156.22	172.49	179.48	169.11
斯里兰卡	5.89	3.03	6.31	6.68	7.29	9.88	14.20	8.76	6.49	8.22	14.11	14.52
瑞典	166.95	194.51	285.07	345.47	392.74	437.80	423.30	373.27	455.54	439.58	489.84	511.51
瑞士	7.43	16.48	20.24	20.67	18.20	25.78	20.14	18.27	30.47	20.94	23.58	25.34
坦桑尼亚	1.23	2.46	18.49	15.47	11.44	5.24	12.84	7.07	7.97	10.55	13.44	14.25
突尼斯	0.00	0.06	0.06	0.16	0.78	1.31	0.84	0.87	1.28	1.29	1.99	2.66
土耳其	4.65	9.88	12.66	6.89	42.88	115.36	141.20	64.77	18.21	42.58	35.87	37.55
英国	108.45	145.41	206.48	326.79	495.84	675.23	860.73	842.11	628.72	851.60	876.89	878.99
美国	2197.92	2940.59	3849.22	4725.92	5551.62	6286.45	6690.06	6031.24	4999.95	6442.18	6988.96	6696.03
乌拉圭	1.12	0.89	1.64	1.51	1.83	2.58	3.15	116.67	165.39	193.45	178.04	181.50
委内瑞拉	0.42	0.91	0.08	1.42	6.65	13.48	12.36	11.49	15.14	19.60	22.85	32.38

资料来源:根据国际贸易中心贸易统计资料,换算得到 2005 年不变价。

表2   中国主要贸易伙伴国治理非法采伐规则数目

国家	2001 年	2002 年	2003 年	2004 年	2005 年	2006 年	2007 年	2008 年	2009 年	2010 年	2011 年	2012 年
阿尔及利亚	2	2	2	2	2	2	2	2	2	2	2	2
阿根廷	2	2	2	2	2	2	2	2	2	2	2	2
澳大利亚	3	3	3	3	3	3	3	3	3	3	3	4
奥地利	2	2	2	3	3	3	3	3	3	3	3	3
孟加拉共和国	2	2	2	2	2	2	2	2	2	2	2	2
比利时	3	3	4	4	5	5	5	5	5	5	5	5
贝宁	2	2	2	2	2	2	2	2	2	2	2	3
巴西	3	3	3	3	3	3	3	3	3	3	3	3
柬埔寨	3	3	3	3	3	3	3	3	3	3	3	3
喀麦隆	3	3	3	3	3	3	3	3	3	3	3	4
加拿大	4	4	4	4	4	4	4	4	4	4	4	4
中非共和国	2	2	2	2	2	2	2	2	2	2	2	3
智利	3	3	3	3	3	3	3	3	3	3	3	3

国家	2001年	2002年	2003年	2004年	2005年	2006年	2007年	2008年	2009年	2010年	2011年	2012年
哥伦比亚	3	3	3	3	3	3	3	3	3	3	3	3
刚果（布）	3	3	3	3	3	3	3	3	3	4	4	4
哥斯达黎加	3	3	3	3	3	3	3	3	3	3	3	3
丹麦	3	3	5	5	5	5	5	5	5	5	5	5
埃及	3	3	3	3	3	3	3	3	3	3	3	3
芬兰	3	3	4	4	4	4	4	4	4	4	4	4
法国	3	3	4	5	5	5	5	5	5	5	5	5
德国	3	3	4	4	5	5	5	5	5	5	5	5
加纳	3	3	3	3	3	3	3	4	4	4	4	4
希腊	3	3	4	4	4	4	4	4	4	4	4	4
危地马拉	3	3	3	3	3	3	3	3	3	3	3	3
几内亚	3	3	3	3	3	3	3	3	3	3	3	3
圭亚那	2	2	2	2	2	2	2	2	2	2	2	2
洪都拉斯	3	3	3	3	3	3	3	3	3	3	3	3
匈牙利	2	2	2	3	3	3	3	3	3	3	3	4
印度	3	3	3	3	3	3	3	3	3	3	3	3
印度尼西亚	3	3	3	3	3	3	3	3	3	3	3	3
爱尔兰	2	2	4	4	4	4	4	4	4	4	4	4
以色列	2	2	2	2	2	2	2	2	2	2	2	2
意大利	3	3	4	4	4	4	4	4	4	4	4	4
日本	3	3	3	3	3	4	4	4	4	4	4	4
约旦	2	2	2	2	2	2	2	2	2	2	2	2
肯尼亚	2	2	2	2	2	2	2	2	2	2	2	2
韩国	3	3	4	5	5	5	5	5	5	5	5	5
科威特	1	1	2	2	2	2	2	2	2	2	2	2
马来西亚	3	3	3	3	3	3	3	3	3	3	3	3
墨西哥	3	3	3	3	3	3	3	3	3	3	3	3
摩洛哥	2	2	2	2	2	2	2	2	2	2	2	2

续表

国家	2001年	2002年	2003年	2004年	2005年	2006年	2007年	2008年	2009年	2010年	2011年	2012年
莫桑比克	2	2	2	2	2	2	2	2	2	2	2	3
缅甸	3	3	3	3	3	3	3	3	3	3	3	3
荷兰	3	3	4	5	5	5	5	5	5	5	5	5
新西兰	3	3	4	4	4	4	4	4	4	4	4	4
尼日利亚	2	2	2	2	2	2	2	2	2	2	2	2
挪威	3	3	4	4	4	4	5	5	5	5	5	5
巴基斯坦	2	2	2	2	2	2	2	2	2	2	2	2
巴拿马	3	3	3	3	3	3	3	3	3	3	3	3
巴布亚新几内亚	3	3	3	3	3	3	3	3	3	3	3	3
巴拉圭	2	2	2	2	2	2	2	2	2	2	2	2
秘鲁	3	3	4	4	4	4	4	4	4	4	4	4
菲律宾	3	3	3	3	3	3	3	3	3	3	3	3
波兰	2	2	2	3	3	4	4	4	4	4	4	4
罗马尼亚	2	2	2	2	2	2	3	3	3	3	3	4
俄罗斯	2	2	2	2	2	2	2	2	2	2	2	2
沙特阿拉伯	2	2	2	2	2	2	2	2	2	2	2	2
新加坡	2	2	2	2	2	2	2	2	2	2	2	2
所罗门群岛	1	1	1	1	1	1	2	2	2	2	2	2
南非	2	2	2	2	2	2	2	2	2	2	2	2
西班牙	3	3	4	4	4	4	4	4	4	4	4	4
斯里兰卡	2	2	2	2	2	2	2	2	2	2	2	2
瑞典	3	3	4	4	4	4	4	4	4	4	4	4
瑞士	3	3	3	3	3	3	3	3	3	3	3	3
坦桑尼亚	2	2	2	2	2	2	2	2	2	2	2	3
突尼斯	2	2	2	2	2	2	2	2	2	2	2	2
土耳其	2	2	2	2	2	2	2	2	2	2	2	2
英国	4	4	5	5	5	5	5	5	5	5	5	5
美国	3	3	3	3	3	3	3	4	4	4	4	4

续表

国家	2001年	2002年	2003年	2004年	2005年	2006年	2007年	2008年	2009年	2010年	2011年	2012年
乌拉圭	2	2	2	2	2	2	2	2	2	2	2	2
委内瑞拉	2	2	2	2	2	2	2	2	2	2	2	2

表3 **中国与主要贸易伙伴国人造板双边贸易流量**

（2005年美元不变价） 单位：百万美元

国家	2001年	2002年	2003年	2004年	2005年	2006年	2007年	2008年	2009年	2010年	2011年	2012年
阿尔及利亚	2.52	4.10	2.15	6.44	6.40	13.61	25.52	16.99	16.73	22.17	24.93	35.69
阿根廷	0.43	11.22	38.63	13.14	3.82	2.82	4.34	5.36	6.89	8.43	10.67	7.32
澳大利亚	36.48	48.93	60.16	52.30	53.31	54.20	52.47	44.05	37.10	44.70	39.83	42.38
奥地利	17.77	15.32	12.99	15.27	18.79	20.04	19.82	18.16	14.41	17.63	11.05	5.61
比利时	36.84	65.37	60.74	58.19	82.72	90.05	106.66	102.54	75.64	92.73	97.85	83.12
巴西	0.34	4.54	5.21	6.17	5.22	6.37	24.14	12.12	5.46	15.70	18.39	11.22
柬埔寨	28.32	16.17	9.83	5.67	2.75	0.04	0.09	0.46	0.10	0.16	1.39	0.71
喀麦隆	0.06	1.09	0.66	0.41	0.88	0.47	0.21	0.15	0.29	0.44	0.39	0.63
加拿大	10.10	18.22	23.73	60.30	94.33	109.49	135.17	111.78	101.77	126.66	130.56	139.29
智利	4.32	2.38	5.16	9.14	7.73	10.72	9.09	12.58	8.09	11.42	18.12	22.24
哥伦比亚	0.00	0.04	0.06	0.16	1.16	3.49	7.10	8.70	9.36	13.57	17.13	21.50
刚果（布）	0.07	0.53	0.38	0.57	0.19	0.45	0.18	0.44	0.51	0.51	0.36	0.71
哥斯达黎加	0.04	0.25	0.62	1.63	1.77	3.29	3.30	5.23	2.49	4.36	3.81	4.34
丹麦	0.94	0.99	1.09	15.34	28.27	29.79	27.18	28.01	12.85	14.97	10.55	10.18
埃及	0.08	1.18	1.38	15.34	19.80	44.18	85.73	59.59	41.29	50.20	52.82	45.70
芬兰	2.20	1.99	1.86	3.12	5.39	9.81	15.78	10.99	3.94	9.36	9.20	9.90
法国	4.85	4.45	7.65	12.63	12.01	24.26	39.34	34.33	32.08	39.97	39.28	34.94
德国	119.47	105.17	71.91	81.02	89.45	101.27	127.66	83.88	63.31	86.08	98.19	77.88
加纳	0.02	0.05	0.13	0.71	0.85	1.37	1.47	2.17	1.99	2.17	1.87	2.74
希腊	1.40	1.83	2.87	8.50	15.00	25.10	26.40	22.47	8.43	6.27	6.52	4.58
印度	2.35	1.36	1.64	4.32	10.09	18.80	37.23	28.59	39.28	47.93	84.37	62.01

续表

国家	2001 年	2002 年	2003 年	2004 年	2005 年	2006 年	2007 年	2008 年	2009 年	2010 年	2011 年	2012 年
印度尼西亚	238.73	254.61	316.57	316.13	223.51	170.57	125.10	85.58	42.78	57.76	85.73	79.63
爱尔兰	0.49	1.05	2.28	15.18	32.60	42.36	50.47	34.57	19.79	19.05	16.95	14.96
以色列	15.33	29.12	31.78	40.86	47.95	50.95	69.03	56.88	52.15	56.21	58.93	51.96
意大利	23.08	26.43	25.53	39.77	39.00	58.39	98.68	103.76	68.38	84.68	77.71	61.60
日本	50.47	94.90	107.87	150.06	188.91	233.70	244.73	204.88	146.59	186.30	246.79	231.26
约旦	0.76	3.04	5.32	17.23	27.81	37.83	41.16	42.26	45.82	46.71	61.09	65.23
肯尼亚	0.28	1.01	1.21	1.35	1.72	2.12	3.59	4.29	4.30	5.46	8.23	9.57
韩国	86.28	92.04	88.38	124.83	124.80	190.38	181.57	116.47	83.63	96.11	153.77	163.78
科威特	0.23	1.21	5.29	11.75	20.58	22.98	28.99	18.99	12.56	13.67	15.34	21.04
马来西亚	185.55	179.94	189.45	186.91	176.91	150.98	127.73	95.06	71.21	88.41	92.28	89.52
墨西哥	2.71	1.39	1.72	13.86	22.26	30.50	33.97	26.74	23.68	32.37	38.35	38.55
摩洛哥	0.00	0.01	0.07	1.52	1.05	0.72	3.96	1.77	6.04	10.24	5.22	4.92
莫桑比克	0.02	0.07	0.08	0.07	0.12	0.26	0.37	0.28	0.69	1.11	1.24	1.30
缅甸	0.01	0.25	1.77	0.94	0.74	1.69	4.08	3.78	1.44	2.33	3.50	3.34
荷兰	3.87	8.91	12.74	22.18	30.56	62.21	73.62	74.53	45.70	46.35	43.41	32.25
新西兰	24.95	36.61	35.13	36.41	31.05	33.79	25.48	19.89	18.22	17.97	16.78	16.99
尼日利亚	0.49	0.65	0.42	0.47	0.80	1.88	7.18	9.98	8.26	16.48	31.18	36.13
挪威	0.72	0.85	0.29	2.46	5.99	8.08	16.04	20.24	10.22	18.43	13.58	11.83
巴基斯坦	0.08	0.37	0.68	1.91	2.76	5.22	6.80	5.32	5.32	6.07	6.91	9.94
巴拿马	0.48	1.10	1.70	2.12	3.21	3.86	4.72	5.19	4.51	4.21	4.72	6.71
巴布亚新几内亚	1.35	1.08	0.72	4.34	4.05	3.10	2.55	1.33	1.39	1.92	2.75	2.63
菲律宾	1.54	2.32	3.90	4.52	7.76	7.44	11.05	10.74	8.45	14.12	30.25	57.71
波兰	1.59	0.16	0.64	0.73	1.73	3.78	11.16	10.98	6.03	8.93	14.76	12.53
罗马尼亚	3.61	6.73	13.05	8.68	9.77	7.44	18.48	32.73	12.14	19.07	27.88	29.74
俄罗斯	3.94	7.85	14.87	20.07	42.25	56.22	101.26	111.64	60.13	91.26	130.44	159.02
沙特阿拉伯	6.84	21.60	20.50	49.69	73.32	102.50	131.16	103.74	71.45	103.98	143.24	162.12
新加坡	12.48	17.15	25.92	38.33	37.54	42.94	48.87	42.38	33.57	45.06	50.38	50.63
南非	1.94	1.58	1.57	2.53	9.94	20.01	23.61	14.66	10.73	12.62	14.70	18.71

续表

国家	2001 年	2002 年	2003 年	2004 年	2005 年	2006 年	2007 年	2008 年	2009 年	2010 年	2011 年	2012 年
西班牙	3.70	6.30	4.11	29.56	51.61	63.06	86.22	58.76	21.78	26.51	18.24	15.57
斯里兰卡	0.57	1.18	2.52	5.54	5.76	6.56	7.14	5.14	3.72	4.78	6.47	6.58
瑞典	2.66	2.21	8.57	5.64	9.89	16.52	22.97	18.14	9.69	18.39	21.29	28.49
瑞士	3.07	4.26	1.29	3.06	3.78	4.56	3.82	2.89	2.81	3.30	2.97	2.93
坦桑尼亚	0.03	0.09	0.21	0.26	0.88	1.21	2.41	3.18	3.39	3.97	6.82	6.63
土耳其	0.01	0.09	0.74	5.19	36.20	77.40	75.90	27.50	2.71	4.28	4.23	2.50
英国	7.22	15.43	14.87	55.87	96.85	160.96	160.91	142.80	105.21	155.58	148.75	165.12
美国	65.98	131.62	188.28	506.66	770.89	1042.26	1016.42	732.34	620.57	736.97	666.70	784.66

资料来源：根据国际贸易中心贸易统计资料，换算得到2005年不变价。

表4   **中国与主要贸易伙伴国家具双边贸易流量**

（2005 年美元不变价） 单位：百万美元

国家	2001 年	2002 年	2003 年	2004 年	2005 年	2006 年	2007 年	2008 年	2009 年	2010 年	2011 年	2012 年
阿尔及利亚	0.16	0.71	0.91	3.41	5.55	9.59	17.71	20.09	16.91	16.77	17.21	18.88
阿根廷	0.26	0.03	0.04	0.22	0.61	0.85	1.82	2.96	1.21	2.83	4.64	1.28
澳大利亚	25.51	37.42	60.30	93.78	121.94	153.98	183.32	204.45	191.86	215.00	239.02	246.45
奥地利	0.08	1.22	0.81	0.29	0.45	0.88	1.12	1.57	1.17	0.91	2.32	3.65
孟加拉共和国	0.17	0.10	0.09	0.24	0.24	0.31	0.08	0.19	0.32	0.35	1.03	0.87
比利时	7.15	12.39	10.84	15.98	20.67	29.55	39.37	46.59	49.68	60.82	57.68	52.52
贝宁	0.03	0.39	0.17	0.13	0.13	0.21	0.66	1.02	0.73	1.35	1.03	1.66
巴西	0.16	0.14	0.27	0.56	0.67	1.00	1.90	2.31	1.98	3.08	28.15	11.37
柬埔寨	0.07	0.08	0.11	0.08	0.12	0.41	0.61	1.08	0.54	5.48	19.12	17.58
喀麦隆	0.00	0.03	0.00	0.01	0.10	0.14	0.15	0.36	0.30	0.31	0.83	0.74
加拿大	19.69	31.56	38.75	60.51	94.78	129.95	143.67	146.55	163.00	219.32	198.65	212.33
智利	0.61	0.66	0.98	1.26	1.40	3.41	7.16	6.85	6.52	10.18	22.08	21.05
哥伦比亚	0.03	0.03	0.08	0.20	0.41	0.90	1.67	2.85	2.68	3.42	4.59	9.46
刚果（布）	0.00	0.00	0.06	0.05	0.17	0.09	0.20	0.19	0.16	0.34	0.24	0.46
哥斯达黎加	0.07	0.11	0.29	0.49	0.66	1.05	1.05	1.32	0.79	1.20	1.13	1.43
丹麦	4.93	8.37	13.64	23.72	37.27	50.88	58.75	57.99	44.68	57.99	46.71	38.58
埃及	0.37	0.58	0.73	2.02	2.48	3.53	5.99	8.51	4.95	6.73	2.85	3.67
芬兰	0.54	0.79	1.10	2.72	5.52	7.36	8.90	10.64	7.03	7.97	7.40	7.88
法国	20.15	25.73	28.04	47.29	71.00	77.98	108.38	109.94	114.94	157.55	157.85	166.62

国家	2001 年	2002 年	2003 年	2004 年	2005 年	2006 年	2007 年	2008 年	2009 年	2010 年	2011 年	2012 年
德国	28.31	31.92	50.06	66.62	79.13	102.32	143.77	137.05	176.38	220.14	242.24	255.07
加纳	0.01	0.03	0.10	0.43	0.89	1.10	1.89	1.49	1.64	1.81	3.24	4.03
希腊	0.90	1.60	2.98	5.65	10.49	14.01	16.39	23.45	12.42	9.90	8.51	3.81
危地马拉	0.02	0.02	0.01	0.29	0.55	0.49	0.37	0.48	0.35	0.32	0.69	0.42
几内亚	0.04	0.13	0.15	0.13	0.15	0.22	0.49	0.52	0.31	0.33	0.48	0.47
印度	0.38	1.23	1.58	2.54	4.71	12.07	18.33	21.03	32.42	181.01	96.09	72.71
印度尼西亚	1.09	3.29	4.51	5.30	6.45	6.64	12.75	12.64	38.66	244.75	96.55	59.38
爱尔兰	0.86	0.98	1.48	6.41	10.20	19.00	22.55	13.85	8.77	8.18	5.14	4.92
以色列	2.67	2.88	4.31	6.44	8.22	10.93	15.48	15.68	16.75	16.93	20.24	14.12
意大利	15.07	17.46	29.07	36.92	47.80	49.52	59.84	60.65	69.22	85.31	98.69	82.45
日本	232.30	263.37	339.42	391.25	448.47	452.21	423.96	398.55	392.97	404.34	401.76	421.22
约旦	0.48	0.49	2.28	2.53	4.29	5.46	4.67	6.27	17.09	10.36	11.56	7.89
肯尼亚	0.09	0.10	0.29	0.35	0.42	0.98	1.49	2.69	1.48	2.36	3.46	6.22
韩国	12.89	25.47	42.99	53.82	88.48	141.36	160.75	126.00	94.32	116.54	117.50	122.06
科威特	2.64	5.39	8.30	9.79	12.02	19.27	15.73	20.58	16.52	25.23	24.97	21.93
马来西亚	6.03	12.25	11.95	12.40	16.85	37.29	57.30	66.62	266.87	201.55	176.45	282.58
墨西哥	1.65	2.68	4.02	5.70	9.87	12.47	14.72	15.38	10.77	13.94	20.81	282.58
摩洛哥	0.34	1.01	1.22	3.30	6.12	10.27	12.93	13.09	17.98	19.74	24.56	20.54
莫桑比克	0.29	0.00	0.08	0.17	0.23	0.24	0.50	0.45	0.47	0.98	2.43	3.78
缅甸	0.13	0.10	0.12	0.15	0.10	0.08	0.31	0.39	1.34	17.89	40.88	21.74
荷兰	12.01	16.50	26.86	33.17	44.08	47.76	58.08	60.15	65.19	76.21	65.69	67.43
新西兰	1.39	2.69	4.59	8.08	11.03	12.37	17.40	15.22	11.24	16.21	16.31	20.14
尼日利亚	0.14	0.27	0.73	0.56	0.33	0.34	0.70	1.32	1.65	2.01	3.94	5.17
挪威	0.36	0.72	1.24	2.02	3.22	6.14	9.77	10.66	11.76	14.20	14.61	17.37
巴基斯坦	0.06	0.15	0.26	0.58	1.30	1.34	1.70	1.83	1.92	2.16	2.36	1.37
巴拿马	0.69	1.02	2.07	1.88	3.19	4.51	6.86	5.96	6.49	61.98	211.34	261.16
巴布亚新几内亚	0.00	0.02	0.04	0.01	0.02		0.08	0.32	0.21	0.32	0.63	1.29
秘鲁	0.07	0.21	0.05	0.14	0.11	0.36	0.63	1.10	1.04	4.16	3.31	4.56
菲律宾	2.02	3.62	3.73	4.78	6.97	6.79	8.26	8.17	17.66	79.03	22.54	22.35
波兰	1.61	4.33	7.08	10.75	19.22	26.38	39.77	55.36	38.32	37.71	44.22	42.09
罗马尼亚	0.02	0.06	0.23	0.32	0.48	1.44	3.36	5.79	5.06	4.02	4.60	4.23
俄罗斯	0.70	2.40	5.18	9.06	14.41	20.66	29.97	41.35	20.37	28.01	39.21	52.99

续表

国家	2001年	2002年	2003年	2004年	2005年	2006年	2007年	2008年	2009年	2010年	2011年	2012年
沙特阿拉伯	14.10	30.95	54.80	63.83	90.68	123.08	122.69	143.23	182.03	166.34	192.16	211.10
新加坡	15.90	27.65	29.40	20.46	22.14	23.96	48.32	28.51	398.51	330.94	365.75	172.94
南非	1.14	1.66	1.81	5.89	15.78	26.83	27.72	24.37	22.64	37.77	40.89	44.40
西班牙	8.28	10.92	25.89	36.46	52.66	60.45	66.58	56.64	45.28	49.05	37.78	31.90
斯里兰卡	0.02	0.02	0.14	0.19	0.13	0.38	0.20	0.65	0.37	0.33	0.51	0.61
瑞典	7.92	10.94	17.62	24.33	33.58	44.32	57.01	52.78	42.51	50.11	51.90	47.59
瑞士	0.19	0.38	0.80	0.75	1.54	1.87	3.20	3.25	4.14	3.81	4.28	4.72
坦桑尼亚	0.15	0.02	0.16	0.38	0.63	0.70	0.91	0.99	2.15	2.56	2.65	2.43
突尼斯	0.00	0.01	0.02	0.00	0.00	0.09	0.20	0.66	1.01	1.08	1.38	2.16
土耳其	0.21	0.13	0.53	1.34	3.77	4.81	6.15	5.11	4.74	6.08	7.61	6.22
英国	49.54	62.11	81.33	114.63	143.42	207.15	252.43	228.30	238.80	294.49	274.72	321.68
美国	780.66	1253.06	1654.98	1976.82	2333.08	2675.37	2591.90	2053.18	1849.45	2212.20	1944.08	2085.88
乌拉圭	0.23	0.04	0.03	0.07	0.35	0.38	0.47	0.74	0.66	2.68	9.73	8.57
委内瑞拉	0.40	0.57	0.08	0.52	1.27	4.00	3.58	5.08	8.70	14.30	15.32	16.07

资料来源：根据国际贸易中心贸易统计资料，换算得到2005年不变价。

表5　　　　　中国与主要贸易伙伴国原木双边贸易流量

（2005年美元不变价） 单位：百万美元

国家	2001年	2002年	2003年	2004年	2005年	2006年	2007年	2008年	2009年	2010年	2011年	2012年
阿根廷	0.03	0.00	0.04	0.83	0.87	1.38	5.23	3.82	0.60	2.00	3.54	3.55
澳大利亚	2.91	9.44	25.70	30.15	23.14	33.08	44.55	35.35	45.04	80.84	121.69	79.74
奥地利	1.49	0.27	0.02	0.00	0.02	0.11	0.26	0.19	0.00	0.02	0.59	0.00
比利时	8.26	5.58	3.50	5.67	15.85	16.08	19.05	11.99	6.92	11.20	19.93	14.11
贝宁	0.00	0.01	0.03	0.00	0.01	0.39	6.33	7.45	9.04	14.52	38.19	50.27
巴西	0.02	0.03	0.15	0.00	0.06	0.06	0.26	0.11	0.00	0.67	1.51	0.55
柬埔寨	0.00	0.00	0.00	0.09	0.08	0.08	13.41	3.56	4.00	3.03	12.51	8.26
喀麦隆	30.47	51.76	38.75	32.53	16.35	93.69	74.02	60.59	61.05	97.43	76.95	79.92
加拿大	3.89	6.58	12.65	12.33	18.87	12.09	14.99	29.71	35.71	116.65	255.40	217.38
中非共和国	1.51	1.25	2.60	6.32	7.92	7.42	5.28	13.08	9.16	14.81	14.38	18.60
智利	0.01	0.02	0.11	0.04	0.00	0.03	0.24	0.10	0.01	0.07	3.30	0.45
刚果（布）	15.95	50.31	86.99	126.87	118.34	97.29	103.52	107.30	92.12	133.96	162.54	142.93
哥斯达黎加	0.00	0.16	0.19	0.25	0.40	0.01	0.86	0.68	0.23	0.98	0.90	2.24
科特迪瓦	0.00	0.00	0.00	0.00	0.04	0.27	0.20	0.21	0.33	0.46	1.97	9.45

国家	2001 年	2002 年	2003 年	2004 年	2005 年	2006 年	2007 年	2008 年	2009 年	2010 年	2011 年	2012 年
丹麦	11.42	3.29	2.03	0.20	0.47	1.17	2.16	1.61	2.02	4.24	8.83	9.86
赤道几内亚	91.50	65.43	107.16	71.43	71.75	87.40	108.33	53.22	4.95	54.38	70.23	72.37
法国	37.58	13.67	4.81	2.47	4.98	8.38	16.77	15.05	26.33	34.25	64.05	50.80
加蓬	241.76	212.90	230.89	174.14	232.54	273.21	328.67	292.06	261.74	205.85	8.84	10.23
德国	131.54	80.79	64.85	65.34	78.97	75.68	92.26	46.81	31.94	39.91	43.98	28.78
加纳	0.00	0.06	0.02	0.00	0.02	0.01	0.19	0.46	0.70	4.23	9.61	33.17
希腊	0.00	0.00	0.24	0.04	0.00	0.00	0.12	0.05	0.02	0.13	1.35	1.84
几内亚	0.04	0.91	0.12	0.00	0.86	5.95	2.26	13.76	3.11	34.41	8.04	2.10
圭亚那	2.44	3.78	0.16	0.58	5.85	14.84	12.98	9.98	3.86	9.15	7.77	7.99
印度尼西亚	198.07	42.32	17.44	13.32	6.95	6.96	4.84	1.71	1.49	1.39	6.13	4.67
意大利	1.79	0.14	0.07	0.04	0.00	0.04	0.05	0.62	0.00	0.02	0.03	0.00
日本	5.72	3.59	3.89	2.43	2.87	3.36	1.88	1.83	0.91	1.23	1.49	1.48
肯尼亚	0.00	0.00	0.03	0.20	0.00	0.03	0.03	0.00	0.00	0.15	1.05	0.09
韩国	2.50	4.21	7.59	11.88	6.14	12.98	9.41	4.32	5.64	1.76	0.84	0.95
马来西亚	176.96	280.02	444.59	437.92	268.87	212.76	207.30	121.55	89.48	132.57	98.14	61.70
墨西哥	0.07	0.00	0.03	0.08	0.05	0.06	0.18	0.32	0.41	1.51	4.83	7.71
莫桑比克	12.80	21.94	29.81	28.94	40.51	46.40	79.28	51.74	35.59	65.81	57.46	81.80
缅甸	67.14	64.63	86.40	105.82	129.07	106.38	117.16	124.97	86.52	89.99	120.64	135.94
荷兰	0.15	1.30	0.32	0.76	0.80	0.58	1.00	0.81	0.38	0.82	1.46	0.63
新西兰	60.46	115.72	143.73	82.98	64.16	88.94	128.13	172.96	297.90	514.94	672.33	614.89
尼加拉瓜	0.00	0.00	0.00	0.02	0.08	0.02	0.00	0.02	0.28	0.76	6.55	57.19
尼日利亚	0.08	0.05	0.10	0.02	0.01	0.00	0.10	0.30	0.23	0.50	0.35	1.41
巴拿马	0.00	0.03	0.01	0.01	0.05	0.11	0.34	0.58	1.46	0.84	3.10	14.06	10.53
巴布亚新几内亚	115.55	141.87	173.86	178.21	270.52	323.71	344.62	290.51	191.42	309.40	334.40	287.33
巴拉圭	0.03	0.18	0.85	0.35	0.35	0.60	1.43	0.95	0.10	0.17	0.27	0.57
菲律宾	0.00	0.01	0.01	0.04	0.01	0.09	0.08	0.08	0.55	0.99	1.09	1.04
波兰	1.27	0.91	0.93	0.36	0.01	3.90	2.32	0.42	0.01	0.03	0.00	0.04
罗马尼亚	5.35	0.06	0.12	0.00	0.08	0.00	1.51	3.13	4.53	13.43	38.01	13.10
俄罗斯	639.22	1122.87	1087.62	1374.91	1621.56	1843.91	2248.11	1803.43	1209.72	1179.38	1211.78	857.52
所罗门群岛	6.87	20.93	36.53	60.77	96.54	116.90	151.13	149.45	122.15	182.94	196.65	207.01
南非	0.74	5.83	0.04	0.12	0.22	0.11	0.02	0.02	0.01	0.04	0.06	0.13
瑞典	0.03	0.24	0.01	0.12	0.05	0.09	0.07	0.13	0.07	0.06	0.11	0.20

国家	2001 年	2002 年	2003 年	2004 年	2005 年	2006 年	2007 年	2008 年	2009 年	2010 年	2011 年	2012 年
瑞士	0.24	0.21	0.17	0.05	0.16	0.09	0.05	0.09	0.00	0.05	0.07	0.29
坦桑尼亚	0.87	2.19	17.66	14.13	8.19	1.27	5.98	0.62	0.47	0.49	0.22	1.02
泰国	3.09	1.13	1.39	1.13	2.59	3.67	1.84	1.11	0.83	1.37	1.10	0.26
乌克兰	1.36	0.32	0.23	0.19	0.19	0.21	0.38	0.01	0.08	13.60	49.45	33.48
美国	28.16	41.84	51.47	78.45	100.59	115.60	124.37	103.71	117.15	375.57	589.07	406.69
乌拉圭	0.00	0.04	0.60	0.15	0.05	0.03	0.20	0.37	0.92	2.58	10.69	3.99

资料来源：根据国际贸易中心贸易统计资料，换算得到 2005 年不变价。

附录3 专用指标及英文关键词注释

英文名词	注　释
SITC	《国际贸易标准分类》
FAO	联合国粮农组织
HS	《商品名称及编码协调制度》
Chatham house	英国皇家国际事务研究所
ITTO	国际热带木材组织
illegal logging portal	非法采伐门户网站
CPI	清廉指数
FLEG	森林执法和治理机制
FLEGT	《森林执法、治理和贸易行动计划》
VPA	自愿伙伴协议
CBD	《生物多样性公约》
CITES	《濒危野生动植物种国际贸易公约》
CBD	《生物多样性保护公约》
ITTA	《国际热带木材协定》
AFPA	《美国林纸协会》
TTF)	英国木材贸易联盟
CEPI	欧洲造纸工业联合会
GFTN	全球森林贸易网络
AFP	亚洲森林伙伴关系
UNFF	联合国森林论坛
APEC	亚太经合组织
REDD +	发展中国家毁林及森林退化机制
FSC	森林管理委员会
PEFC	森林认证认可计划

续表

英文名词	注　　释
Rainforest Alliance	雨林联盟
VLO	合法源验证
VLC	守法性检验
DDR	尽职调查体系
Ramsar	《国际重要湿地公约》
HOV	赫克歇尔—俄林—瓦耶克
Pooled OLS	混合最小二乘法
FEM	固定效应
REM	随机效应
RCA	显示性比较优势指数
CIESIN	国际地球科学信息中新网
GDP	国内生产总值
WTO	世界贸易组织
SDGs	联合国可持续发展目标
ASEAN	东盟
AEC	非洲经济共同体
COMESA	东部和南部非洲共同市场
SADC	南部非洲发展共同体
EITI	采掘业透明度行动计划